湛庐文化 Cheers Publishing
a mindstyle business
与 思 想 有 关

科技界的达尔文

史蒂文·约翰逊

STEVEN JOHNSON

湛庐文化 Cheers Publishing 特别制作

WHERE GOOD IDEAS COME FROM

为创新而生

在华盛顿特区长大的史蒂文·约翰逊天生就对所有新事物拥有无限的好奇心，而在布朗大学研究符号学以及在哥伦比亚大学学习文学的经历，更练就了他对于细节的洞察力和宏大历史的掌控力。

成年后的史蒂文一直聚焦于科技和创新前沿，他的8本著作都和创新与科技息息相关，他还创建了三个有影响力的网站：Feed、Plastic. com、outside. in。他还担任《连线》杂志的特约编辑，并为《纽约时报》、《华尔街日报》、《金融时报》等权威报刊撰写专栏文章。

作为当今科技与跨界创新的领导者，史蒂文被英国《展望》杂志誉为“数字化未来十大科技思想家”之一。

他的文章《Twitter 如何改变我们的生活》登上了《时代周刊》杂志的封面；《纽约客》杂志特别邀请他和凯文·凯利（KK）对谈，畅聊技术对创新的影响。而在 TED 上，他与本书同名的演讲 *Where good ideas come from* 更被广为流传。他的研究已经广泛影响到政治活动利用网络的方式、城市规划的理念，甚至如何对抗恐怖分子。

STEVEN JOHNSON

数字化未来十大科技思想家之一

最具洞察力和探索精神的畅销书作家

The Natural History of Innovation

《伟大创意的诞生》是约翰逊最为重要的作品，而他为写作这本书也曾殚精竭虑：酝酿了 10 年后动笔，之后又写作了 4 年。书中不仅展现了他对创意诞生的各种思考，更考察了人类 600 年的创新历程。

特别值得一提的是，他在书中使用的素材非常广博而异彩纷呈。难怪有人说，“阅读这本书的体验，就像一边在科罗拉多大峡谷高空跳伞，一边品着拿铁咖啡”。他特别使用一个叫 DEVONthink 的软件帮助他收集素材。他大概收集了 5 万条素材，而 DEVONthink 软件帮助这些想法和知识点之间产生链接。正如畅销书《史蒂夫 · 乔布斯传》作者沃尔特 · 艾萨克森所言：

他是“科技界的达尔文”。他以引人入胜的观察与独树一帜的见解，引领我们认识创意的起源。如何构建能够促进创新的环境与网络？约翰逊发现的 7 大关键模式提供了答案。

WHERE GOOD IDEAS COME FROM

Where Good Ideas Come From

The Natural History of Innovation

伟大创意的诞生

创新自然史

[美] 史蒂文·约翰逊（Steven Johnson）◎著
盛杨燕◎译

浙江人民出版社
ZHEJIANG PEOPLE'S PUBLISHING HOUSE

中文版序

为什么创新对当下的我们如此关键

激发国人的创新精神是我们制胜未来的基石。

巴拉克·奥巴马
国情咨文演说，2011年1月

早在2006年夏天，我开始创作第一本关于创意以及环境是如何激发创新的书籍，那是我首次明确地就创新这一问题进行研究。不过，事实上，直到写完那本书，我才意识到在过去差不多20年的时间里，我其实都在以各种各样的方式与创新进行搏斗。我第一次发表文章是在20多岁的时候，那时，我还是一个容易患得患失的本科生，修的是英国文学，却被硅谷的数字革命所吸引。从那以后，我所有的书籍都着重于描写创意和它的革新力，例如科技、政治或娱乐行业的创新——其中有一些是近期的热点，还有一些则有着悠久的历史。

创新的漫长历史或许有助于解释为何我在创作有关创新的书籍时，几乎是自然而然地认为创新并不存在特别的时效性，也不见得和21世纪的时代文化有何迥异之处。当然，我们总是大肆地赞扬，甚至神化如史蒂夫·乔布斯和马克·扎克伯格一类的企业家。不过，在此之前，这种赞扬和崇拜同样属于托马斯·爱迪生和本·富兰克林。在创作有些书的时候，我是有意识地把它当作时代精神来创作的。而创新并非如此。事实上，**创新不是昙花一现的潮流，**

而是历久弥新的恒长——这也是我所发现的创新令人耳目一新的一个特质。

之后，随着世界经济开始走出2008—2009年的大危机，而我们也希冀从一片废墟中探寻出一些线索，得以解释我们之所以被如此巨大的危机所席卷的原因（或许这些线索也能为我们指出一条明路，让我们不要在未来重蹈覆辙），似乎有什么悄然发生了。在经历了10年的金融伪创新之后，信用违约掉期（CDS）和债务抵押债券（CDO）让房产泡沫严重膨胀，甚至于当房产泡沫不可避免地破裂时，差点就摧毁了世界经济。人们突然就发自内心地明白了，经济增长必须重新依赖于创造有价值的事物，不管是电动车还是数字代码，而不能仅仅依赖于通过复杂的衍生计划来创造虚拟价值。

我在美国直接见证了这一改变，比在英国更明显，不过，我怀疑这一观念的改变已经席卷全球，创新似乎已经挂在每个人的嘴边了：公立学校的管理者、风险投资人、制造清洁能源的企业家和专栏作家都在说创新。因此，在2011年1月，当奥巴马总统在做国情咨文演说的时候，花了差不多1/3的时间来讲关于创新的举措，也就没什么值得惊讶的了。奥巴马总统构建这个问题的方式，有助于我们理解为什么创新对于当下的我们如此关键，所以这是值得引用来一读的：

> 激发国人的创新精神是我们制胜未来的基石。没有人能够断定下一个龙头行业是什么，或者新的就业岗位会来自哪里——就像30年前，我们不会知道，这个叫因特网的家伙会带来经济革命。我们能做的——这也正是美国人民做得比别人好的地方，就是激发美国人民的创造力和想象力。记住！美国发明了汽车和电脑；美国拥有爱迪生和莱特兄弟；美国创造了谷歌和Facebook。在美国，创新不仅仅改变了我们的生活，更为重要的是，这是我们赖以谋生的方式。
>
> ……

> 现在，是我们这一代人创造“斯普特尼克号”，走在时代前沿的时候了。我在两年前说过，我们需要将美国的研究和发展的高度，提升到一个自从太空竞赛之后再未实现过的高度上。未来几周之内，我将向国会提交一个预算方案，它将有助于我们实现这一目标。我们将在生物医药研究、信息技术，尤其是清洁能源技术方面进行投入，而这一投入将有助于强化我们的安全设施、保护我们的星球，并为我们的人民创造无数的新就业岗位。

就像奥巴马总统所说的，创新的社会影响很久远；但是必须指出的是，创新并不是以美国为核心的：想想英国的蒸汽机——那可是18世纪世界第一次工业革命的动力来源，或者是想想数千年前，伊斯兰黄金时代在代数方面的发明，以及复式记账法。人类的发展史就是一部好创意的绝妙践行史。

不过，国情咨文演说也从两个基本方面，阐明了我们当下为什么会转变对待创新的态度。第一个就是现在人们所抱持的一个截然不同的观点，即认为创新能够、而且必须通过培养得来。创新，并不是因为传说中的美国人的创业精神，就会自然而然出现的东西。从社会层面上所做的决策，会教授、鼓励、支撑或者压制创新。仅仅是通过降低资本收益税，以及让企业人和风险投资人去尽情发挥是远远不够的——创新的真正繁荣，需要更微妙的干预措施。

政府在培育创新型社会的过程中，扮演着不可或缺的角色。而且，深入本质来说，政府本身就能体现出一些创造力，尽管过去创造力一直被盖上了私营部门的印章。虽然在过去的20年间，有关创新的学术成就繁荣昌盛，并为我们打开了很多扇大门，使我们得以了解新产品和新服务如何涌现，但是，这些学术成就基本上都是在这样一个思想前提下实现的，即认为最重要的创新成果都是源自市场的竞争压力。但是，因特网和万维网作为当代两个最具革命性意义的创新成果，都并非产生于传统意义的市场环境之中，而且两者都非常有效地被集体所有和运作着。因此，因特网和万维网的革命性影响表明创新并不是私营部门的专属物。

我猜想在接下来的 10 多年间，人类最重要的突破会来源于交叉环境，即公共部门和私营部门的重合处。以过去几年的两个例子为例：众筹网（Kickstarter）和 SeeClickFix。众筹网是一个允许个人为创新性项目提供资助的网站，这些项目可以是电影、艺术设施、唱片等。资助人进行资助，有可能会得到一些特别的小礼物作为回报——比如说，一张签名的 CD 唱片或者一张首映礼的邀请函，但是他们不对自己资助的创新产品拥有所有权。仅仅两年的时间，众筹网就为数以千计的项目募集到了超过 6 000 万美元的资金，而众筹网只会从每一笔交易当中收取一点点的费用。众筹网提供的这个平台，让资助人和有创意的人之间得以发生这样一种经济交易行为，但是这种交易行为却是在传统的市场逻辑之外实现的。一方面，人们在这里“投资”不是为了后续的经济回报，而是希望通过资助重要的创新工作取得社会回报；另一方面，艺术家们则是依赖于分散式的网络来获得资助，而不再依赖于政府拨款。然而，众筹网本身却是一个以营利为目的的公司，而且它很有可能给自己的投资者和创始人带来不菲的回报。

SeeClickFix 则是一个手机应用程序，通过它，社区居民能够报告他们发现的问题，比如，打开的消防栓、危险的十字路口、不安全的树枝，还有其他紧迫的当地需求（几年前，英国曾推出 FixMyStreet，提供类似的服务）。在 Web 2.0 版本之下，所有的投诉对社区居民都是可见的，而社区的其他居民可以投票赞同，表示确实存在这一问题。SeeClickFix 已经开始为当地政府提供免费指示板，并且只要按月支付，就能享受优质服务。这一服务还捆绑了网站用户生成的报告，并且会将这些报告以电子邮件的形式发送给当地相应的政府部门。这就是一种有意思的交叉模式：私营部门搭建了这样一个管理和描绘城市问题的端口，而公共部门则依然充当着解决这些问题的传统角色。

我欣赏这两种服务，并不只是因为它们立志实现的目标，我更欣赏它们提供服务方式的创新性。它们都解决了一个长期存在的社会问题：我们如何为其作品尚未得到市场认可的艺术家提供支持？我们如何监控现实世界中社区里不断变化的需求？这两家公司提出了非常新颖的解决方法。事实上，该解决方法是如此新颖，以至于你甚至会怀疑它们根本不可能在实际应用当中发挥作用。不过在 10 年前，当吉米·威尔士 (Jimmy Wales) 推出一个让用户自己编辑内容的网络百科全书时，也曾遭遇到同样的质疑。然而目前，在通常情况下，维基百科的表现已经胜过《大英百科全书》。事实上，这些看似不靠谱的项目最后都被证实是具有实际效用的。这也就证明了网络和移动计算新技术的效用，以及普通民众的冒险精神。普通民众是实际使用和支持这些服务的人，而且在多数情况下，会帮助拓展它们的范围，这一过程被哥伦比亚大学的阿玛尔·毕海德 (Amar Bhidé) 教授称为“无畏的消费” (venturesome consumption)。

这个时代的巨大机遇就是：我们不仅拥有许多非比寻常的新工具，让我们得以设计出类似众筹网和 SeeClickFix 这样的产品，而且还拥有愿意“吃螃蟹”的消费者和民众，他们乐意尝试疯狂的新事物——以至于两年前大家还觉得不可思议的东西，在两年后看来已是再平常不过了。

因此，无论是在美国，还是在全球任何一个地方，那些将“制胜未来”的好创意，无疑也是由各种不同的成分共同“调制”而来的。我的这本《伟大创意的诞生》正是体现了这一“调制”的过程。

欢迎大家踏上充满灵感的创新之旅！

目 录

WHERE GOOD COME FROM IDEAS

引 言
珊瑚礁，城市，网络

当想象力

使未知事物有了形状

当诗人的笔

让它们成形

并给空中的虚无，一处居所，一个名号

——莎士比亚《仲夏夜之梦》，第5幕第1景第14~17行

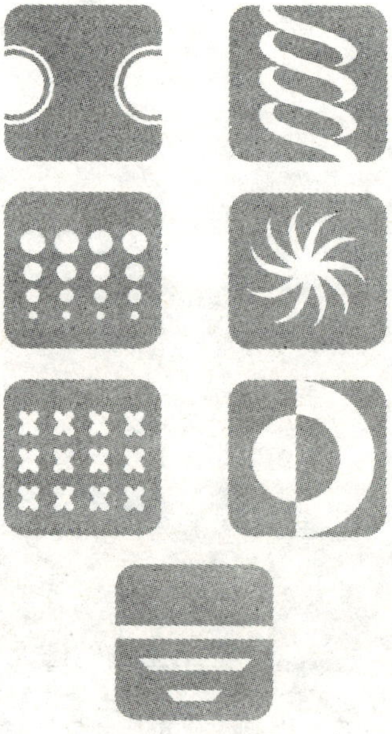

达尔文的悖论

1836年4月4日，在印度洋东部广阔的海面上，东北季风已慢慢停息。夏天的海面风平浪静。基林群岛（Keeling Islands）由两个小环礁合围而成，包括离苏门答腊岛以西970公里的27个珊瑚岛。群岛边，蓝蓝的海水平静无波，触手温润，令人沉醉；解体珊瑚上的白沙闪闪发亮，令海水增加了几分蓝意。在一处岸边，平常都会见到更大一些的海浪，而那一天，却异常平静。在热带广袤无边的蓝天下，查尔斯·达尔文（Charles Darwin）走到水边，看到了岛边围绕的活珊瑚。

几个小时的时间，达尔文走走停停，仔细观察着那些长势极好的珊瑚。那一年，达尔文27岁。在远离伦敦约11 300公里的这个小岛上，他站在悬崖上——双脚踩在根基位于海洋深处、而顶部几乎触及海面的海底山顶，思维徘徊在关于这座山峰如何形成的想法边缘。在他的脑海里，一个猜想即将破土而出。这个猜想可以解释这座山峰的形成原因，也将被证明是他科研生涯中第一个伟大的突破。同时，他也开始对另一个灵感进行探索，虽然它有些模糊，还没有完全成形。但这个灵感最终引领达尔文登上了19世纪知识殿堂的顶峰。

在达尔文的四周，珊瑚生态系统里的各种生物迅速移动，闪闪发亮。种类之多让人惊叹不已，有蝴蝶鱼、雀鲷、鹦嘴鱼、拿破仑鱼、神仙鱼；此外，还可以看见金色的小鱼群“仰仗”盛开的珊瑚花上的浮游生物为生，以及长有尖刺和触手的海胆与海葵。虽然眼前的奇景令达尔文眼花缭乱，但他的思绪却已穿过表面，去探寻更深处的秘密。4 年后，达尔文出版了《乘小猎犬号环球航行》（*The Voyage of the Beagle*）。在书中，他写道：“热带海洋里到处是有机生物，数不胜数。对这些生物充满好奇是可以理解的。但是我个人觉得，很多自然学家在描述那些海底洞穴里的美景时，用词不实，过于渲染。”

从那一天开始到几周以后，达尔文并非只是沉醉于所见到的海底奇景，而是一直思考着一些问题，并试图解开那些不计其数的生物背后的秘密。在基林群岛的地面上，动植物的数量和种类并不多。就植物而言，只有少量椰子树、苔藓和杂草。他写道：“陆地上的动物，比植物还贫乏。”只能见到少量蜥蜴，很难见到真正的陆地上的鸟类。此外，就是一些随着欧洲的船只漂洋过海“移民”到当地的老鼠。达尔文对这种情况不屑地摇头说：“除了猪，再也看不到任何本土四足动物了。”

然而，在距离这片生物稀少的陆地几米远的珊瑚礁里，现象却千奇百怪，成千上万的生物都在蓬勃生长，其壮观程度堪比热带雨林。这真是一个谜。为什么环状珊瑚岛边的水域里可以有这么多的生物存在？从印度洋里任何一处取 1 万立方米的水，全面调查一下水中能找到的生物，可以发现，生物种类与达尔文笔下基林群岛上动物的情况一样，非常贫乏。倘若足够幸运，那么在取出的水中可以见到几十条鱼。然而，在达尔文观察的珊瑚礁边，上千条鱼却随处可见。根据达尔文自己的讲述，在海洋中遇到一片珊瑚礁生态系统，就像在沙漠里遇到一片葱茏的绿洲。人们把这一现象称作“达尔文的悖论”（Darwin’s Paradox）——在营养极少的水域里却生存着大量的生物，其生态位（ecological niche）的数量多得惊人。珊瑚礁仅占地球表面积的 1/1 000，然而约占海洋生命种类1/4的物种都生长在珊瑚礁边。当1836年达尔文站在珊瑚礁边时，上面的这些数据他还无法取得。但在那之前，他乘坐“小猎犬号”航行了4年，所见所闻足以让他对珊瑚礁边的生物多样性产生研究兴趣，他知道这些不同寻常的现象并非偶然。

第二天，达尔文与“小猎犬号”的船长、海军中将詹姆斯·菲茨罗伊（James FitzRoy）一起，去勘察环状珊瑚岛的向风地带，只见冲天巨浪冲刷着珊瑚礁的白色边沿。对于见多了英吉利海峡或地中海平静海面的人，会本能地为眼前翻滚的波涛所震惊（达尔文观察到那些碎浪的力量“近似温带地区的烈风，且绝不会停止肆虐”）。但吸引达尔文注意力的并非海浪的壮观，而是抵御海浪的神秘力量——组成珊瑚礁的那些微生物。

> 大海波涛翻涌，越过宽大的珊瑚礁，力量之大似乎无可匹敌。奇怪的是，它却遇到了克星。这些克星表面上毫无抵抗力，似乎一攻即破。然而，并非是大海饶了珊瑚礁，相反是它死攻不下。巨浪冲过珊瑚，形成猛烈的碎浪，扑上沙滩，砸上高高的椰子树，树干都弯曲甚至折断了，可见海浪威力之凶猛……然而，那些其貌不扬、个头低矮的珊瑚礁却屹立不倒，久攻不败。为什么呢？因为有另一种力量参与其中，并与海浪博弈。这种神秘的力量将碳酸钙的原子与碎浪阻隔开，并把那些原子拼排成一种对称结构。尽管飓风把海浪撕扯成无数碎浪，但这种神秘的力量像建筑家一样，一直在修筑能抵抗海浪的结构，因此，珊瑚礁安然无损。

“小猎犬号”的此次出航是为了完成一些科学探索。那些微小的“建筑师”们吸引了达尔文的注意，他甚至认为它们就是解答那些问题的关键。在海军中将詹姆斯·菲茨罗伊批准出航的公文中记录了探索的目标，其中之一就是调查环状珊瑚岛的成因。达尔文的导师查尔斯·赖尔（Charles Lyell）是一位杰出的地质学家。他提出一种新论断，认为地壳的猛烈运动导致了海底火山的爆发，然后，珊瑚群沿着火山口周边生成了珊瑚礁。因为火山口的形状是圆的，所以形成的珊瑚岛便为圆环状。虽然导师赖尔关于地壳深处运动的理论对达尔文的影响十分深刻，但站在海滩上，看到层层碎浪撞击珊瑚时，他知道导师关于环状珊瑚岛成因的论断并不正确。**达尔文认为，简单的地质运动并不能解释眼前的一切，答案应该是一种绝不屈服的生命创造力。**达尔文沉思了一会儿后，脑子里闪过一些想法，那些想法似乎正在慢慢聚集，合并成一种理论，以解释那种伟大的生命创造力。一些思考和问题的答案，虽然尚未成形，却正在渐渐地变得清晰。

几天的考察结束后，达尔文回到"小猎犬号"上再次翻看考察日志时，他陷入了沉思，那些海浪撞击珊瑚礁的画面一直在他眼前不断地浮现。他在日志上添加了一句话："虽然我现在并不知道确切的原因，但我认为那些珊瑚岛海岸水域里的壮观景象一定有其成因。"这一句话将在 30 年后出现在达尔文的名著《物种起源》（*On the Origin of Species*）中。最终，达尔文找到了问题的答案。

超线性城市

瑞士科学家马克斯·克莱伯（Max Kleiber）从小就成了拷问传统和规则的小怪才。20 世纪初期，克莱伯在苏黎世大学读本科，白天他在街头行走时的着装让人们大为惊叹。通常他只穿着凉鞋，衣领大开，这种装扮在正式场合是较为少见的。克莱伯在瑞士军队中服役时，无意中发现自己的长官们将情报出卖给德国军方，而瑞士官方早已公开表态在第一次世界大战中保持中立。这种情况让他非常惊恐，于是，在下一次征集令传到时，他悄悄地躲了起来。最终，他因此获刑几个月。几经辗转，当克莱伯终于在农业科学领域里一展抱负时，他早已对苏黎世社会中的种种规则与限制忍无可忍了。在之后的几十年里，无数的反传统人士和反战运动者们都效仿克莱伯的着装法，仅穿一双凉鞋就在大街上大步行走。后来，克莱伯搬到了加利福尼亚居住。

加利福尼亚大学戴维斯分校地处沃野千里的美国中央谷（Central Valley）中心区域。在该分校区的农业学院里,克莱伯在事业上取得了初步成就。起初,他的研究对象是牛，主要测量动物体重与其新陈代谢速度之间的关系，以及有机体燃烧能量的速度。测定新陈代谢率对养牛业有重要的意义，因为该数据能帮助牛农们合理地估算出牛群需要的食物量，同时，估算出在屠宰这些牛后，最终能产出多少牛肉。克莱伯刚到戴维斯分校不久，在研究中就发现了一条奇特的规律。为了验证这条神奇的数字规律的适用范围，克莱伯将研究对象扩展到牛以外的各种不同生物，包括老鼠、鸽子、狗，甚至是人。

科学家和一些热爱动物的人们很早之前就发现了这样一种情况：生物体的体积越大，它的生命进程就越慢。比如，苍蝇的生命短则数小时，长则几天，但大象却可以生存半个世纪之久。鸟类和其他体积小的哺乳动物，其心脏传输血液的速度非常快，是长颈鹿和蓝鲸的数倍。但生物体的体积与其生命长短之间的关系却并非是线性的。比如，马的体重可能是兔子的500倍，但马的脉搏速度却并非兔子的1/500。克莱伯在戴维斯实验室中做了大量的测量，最终发现在这种标度现象中，隐藏着一条不变的数学关系——克莱伯定律（Kleiber’s Law）。如果将所测得的质量数据和新陈代谢率画到对数坐标中，将得到一条由低点往高点延伸的完美的直线——从位于低端的老鼠和鸽子到位于高端的公牛和长颈鹿。

在物理学家们的研究中，经常会发现一些美丽的方程式。但生物学研究的现象却要复杂和混乱得多，要得出完美的数学定律是极其困难的。随着克莱伯和他的研究团队们所研究物种的数量的增加，这条定律也更加清晰：

生物体的新陈代谢率与其体重的 1/4 次幂呈反比。算法可简单表示为:（1）先将 1 000 进行开平方根运算，运算结果约为 31。（2）再将 31 进行开平方根运算，运算结果约为 5.5。比如，奶牛的体重大约为土拨鼠的 1 000 倍，那么一般情况下，奶牛的生命比土拨鼠长 5.5 倍，而土拨鼠的心率却比奶牛快 5.5 倍。科学作家乔治·约翰逊（George Johnson）曾指出，克莱伯发现的定律中有一"可爱"之处，即不同物种之间的心跳数差异有一定的稳定性，较大体积的动物则需要更长的时间来耗尽其心跳总数。

在克莱伯发现这条定律后的几十年里，人们发现这一定律对细菌类微生物体和细胞的新陈代谢率也适用。人们甚至发现连植物的生长也遵循克莱伯定律。生命个体需要寻找适当的分配能量的方式，克莱伯定律就是这些生命个体发展过程中共同"遵守"的一条规律。

几年前，理论物理学家杰弗里·韦斯特（Geoffrey West）决定考察克莱伯发现的这条定律是否适用于人类最伟大的创造之一，即人类修建的超级有机体城市。城市的发展会不会引起其"生命的新陈代谢率"降低？大都市的"生命系统"里是否存在一些发展规律？杰弗里·韦斯特在一家颇具传奇色彩的研究所担任总负责人，这家研究所就是后来著名的圣塔菲研究所（Santa Fe Institute）。韦斯特召集了一些来自不同国家的研究人员和咨询人员，共同组建了一个团队，在世界各地的城市里收集数据，了解各种相关信息，包括犯罪率、家庭用电量情况、新发明的数量、汽油的消耗情况等。

最后，当韦斯特的团队在对所获数据进行分析时，发现克莱伯定律也适用于城市的能源和交通增长。这个发现证实了韦斯特之前的猜测，令他露出欣慰的笑容。能量在生物体体内消耗的速度遵照一定的规律，这条规律也同样支配城市"生命系统"内的各个部件，比如，加油站的数量、汽油消耗情况、公路的宽窄、电缆的长度等。从能量消耗的情况来看，如果把大象比作一只

“放大”的老鼠，那么城市就是一头“放大”的大象。

在韦斯特团队的研究结果中，有一些数据并不遵照克莱伯定律，这一点最令人震惊。在他们取得的海量城市调查数据库中，还发现了另一条能量消耗的规律。根据这个团队取得的数据，各种与创造性相关的活动，包括专利发明、研发预算、“高创新性”的职业、发明创造等，都遵循另一条幂指数定律。唯一的不同之处在于，创新能力的幂指数大于 1。**如果一座城市比另一座大 9 倍，那么这座城市的创意能量则不是高出 9 倍，而是要高出 16 倍；而如果一座国际大都市的规模是一个小镇的 50 倍时，它的创意能量则约是小镇的 130 倍。**

克莱伯定律表明，当生命体的体积增大时，它的代谢率会降低。但根据韦斯特的新发现，人造城市的发展与生命体的生长模式之间有一个重大的不同之处。当城市的规模增大时，城市内会快速地诞生更多新的创意。这种现象被称为“超线性标度”（superlinear scaling）。根据超线性标度，如果城市的规模大小与其所具备的创造力能量呈直线增长比例关系，那么在更大的城市中，则更容易找到更多的专利和发明，但每个城市里的人均专利与发明数量则是大体相等的。韦斯特发现的这一规律较克莱伯的新发现更加引人深思：**尽管在大都市里，噪音不断，人群拥挤，令人分心的干扰无数，然而如果这里居住着 500 万人，这个城市的创造力则是一个人口数量为 10 万人的小镇的 3 倍。**

简·雅各布斯（Jane Jacobs）在韦斯特发现这条定律的 50 年前，就曾在书中写道：“大城市并非只是一个放大版的小镇。”韦斯特的幂指数定律给这种说法提供了新的数学依据。人们开始思考这样一个问题，大城市的环境中独具了一种什么特点，使它可以让其中的居民比小镇居民创造出更多的新事物呢？

10/10 规则

1954 年 1 月 1 日，美国全国广播公司（NBC）完成了世界上第一次彩色电视节目转播。转播内容是为时一个小时的玫瑰花车游行，转播范围包括美国境内的 22 个城市。对于当时有幸观看到这一节目的人来说，在一个小小的屏幕上，不停闪动着的多彩画面极具魔力。《纽约时报》曾评论转播节目的画面为“色度与色调的彩色整合”。而《泰晤士报》的评论是：“在这样的小小屏幕上集中显现如此丰富的色彩与画面，哪怕对于‘静物’画法了如指掌的天才画家来说，也是一个极难完成的‘高难度’动作。而如果要连续地播放这样的图片，那对于普通人来说，简单是‘天方夜谭’的魔法。”但美中不足的是，那次的玫瑰花车游行转播，并非真正意义上的电视节目转播，因为该节目当时只能在美国无线电公司（RCA）陈列室里的原型电视上才可以看到。直到 20 世纪 60 年代，彩色电视节目转播才成为主流，演变为每天黄金节目时段的主角。在电视节目的转播中出现彩色画面的尝试之后，节目录制与转播的常规标准却在此后长期维持不变。直到 20 世纪 70 年代，由于录像机和有线电视的发明，电视节目转播的机制与方案才开始进入多元化的新发展阶段。但转播节目的画面却长期不变，依旧是传统的黑白电视画面。

当时间的指针转到 20 世纪 80 年代中期时，很多传媒界与技术领域的高层管理者，以及一些有远见卓识的政治家们共同认识到了一个亟需改变的现状，即应当尽快改变与提高电视转播节目的画面质量。自此，大量的宣传与演讲相继涌现，各个发展委员会组建起来，各种实验性的原始模型也研制出来了。这种情况一直维持到 1996 年 7 月 23 日，地处北卡罗来纳州罗利市（Raleigh）的哥伦比亚广播公司（CBS）分公司，才第一次成功实现了真正意义上面向公众的彩色电视节目转播，信息转播模式为高清电视（HDTV）。这次尝试也和之前的玫瑰花车游行的连续镜头一样，一般的观众并没有可以收看该节目的电视设备，也不能随意观看这种“彩色魔法”式的节目。[①]从1999年起，多家广播公司开始转播高清电视节目信息，但这种信号转播模式要5年后才成为主流。后来，尽管在2009年12月，美国联邦通信委员会（FCC）明文规定，所有电视节目转播站都必须停止转播旧式的模拟电视节目，但当时仍有10%的美国家庭还在继续观看黑白电视节目。

我们生活在一个科技日新月异的时代，新的典范不断地涌现，而且两个不同典范之间的间隔时间也越来越短。这种快速的增长与变化不仅反映在如雨后春笋般不断推出的新产品上，还反映在人们对这些新产品的接受程度上。人们总是急于将新产品以最快的速度投入使用，随着新产品发展的浪潮不断向前涌进，我们大部分人也跟着它的脚步变成了熟练的冲浪者。一旦有新产品推出，我们就涉水前进，希望能在第一时间一试新奇。但高清电视的发展故事告诉我们，这种加速现象并非普适法则。如果测量一个新的创意发展到其成品被大众主流接受的时间，我们会发现：高清电视的发展速度与40年前的彩色电视发展速度是大体一致的。彩色电视前后一共耗时10年才取

① 如果讲述高清电视（HDTV）诞生和普及的曲折史，那么完全可以写成一部长篇巨著。这里提供一个简短版：早在20世纪80年代，日本NHK为美国国会和其政府官员提供了可以转播高清电视节目的平台设备。那时正是美国提防日本经济大崛起之时，因为当时日本索尼公司生产的电视销量已远超多个美国电视自产品牌。时任参议员的阿尔·戈尔在观看日本NHK的演播展示后，对美国的一些半导体生产企业指出，日本将提供高质量的电视节目给美国大众，从而会对美国本土的电子消费市场构成威胁。而这些半导体企业后来为大众普及的电视生产了芯片。在之后的几个月内，美国联邦通信委员会（FCC）正式着手研究如何提高转播节目和有线转播节目的质量。所以这一切都为电视传媒的下一步重大发展做足了准备。罗纳德·里根（Ronald Reagan）一直坚信电视节目是可以通过信号进行传输与转播的，他甚至把推出美国生产的高清电视节目提升到影响美国国家利益的高度。

然而，接下来的几年里，高清电视的发展却并非“大跃进”式的激进式发展，而更像是遥无尽头的、蛇行式曲折发展。美国联邦通信委员会指定了一个管理委员会：先进电视服务咨询委员会（ACATS），由其利用接下来一年的时间，审查和检验了23份不同的节目转播方案，最后将选择范围减少为6选1。进入终选的6个方案都采用了不同的系统，以提供高质量、高清晰的电视节目转播。这6个方案，有的采用数字信息，有的则采用模拟信息；有的采用向后兼容，与现存的设备使用并不冲突，有的则需要用户更新使用设备才能兼容。在历时5年间，相关机构与单位一共花去数亿美元用于研发新的节目转播平台。原本预计这种情况会在1993年得到彻底改变，先进电视服务咨询委员会决定在完成最后一轮实验以后，从6个方案中选出最佳的方案。但历史证明，这一轮实验只是历史的又一前言，先进电视服务咨询委员会最终只得出一个结论：数字信息转播优于模拟信息转播。这只是让最终的选择范围略微缩小了一些。但几个方案都采用数字信息系统，以至于委员会无法作出最后的裁决。最终的解决方案是让几家方案提供机构在同一个标准下进行合作。这个合作性的新组织被称为大联盟（Grand Alliance）。该组织在1995年制定了关于进行高清晰度的图像和声音的信息转播的操作方案。美国联邦通信委员会于1996年批准了这一方案。

得大众的认可，而20年后，高清电视成功取得大众的认可也花了近10年的时间。

实际上，如果从整体上来看20世纪的科技发展情况，其中最重要的大众——一对多式的交际平台的发展模式，也和彩色电视以及数字高清电视的发展模式大同小异，这一点十分神奇。我们把这神奇的一致性称为“10/10规则”。根据这条规则，**一项新的发明若要建成平台，需要10年；若要在所建平台上推广并取得主流大众的认可，又需要再花去10年的时间。**频率可调节的收音机，即我们现在见到的调幅广播（AM Radio），其技术标准是在20世纪初逐步成形的。第一座商用调幅广播的机站在1920年开始进行节目转播，但直到20世纪20年代末期，收音机才成为每个家庭的必备品之一；索尼公司于1969年就开始研发第一台适用于消费者的录像机，但7年后世界上才出现了索尼公司生产的第一款盒式录像机（Betamax）。盒式录像机直到20世纪80年代中期才发展成美国家庭的普及家用电器。而据统计数据显示，直到2006年，DVD播放器才最终取代盒式录像机在美国家庭中的地位，那时距第一台DVD投入使用已经9年了。手机、个人计算机、全球定位系统（GPS）等各种新发明都经历了相似的时间跨度，才能从一项新发明发展成为一项普通应用。

我们来看看另一项新发明的故事。

查德·赫利（Chad Hurley）、陈士骏（Steve Chen）和乔伊德·卡里姆（Jawed Karim）是在线支付网站PayPal前任雇员。2005年初，他们认为网页的发展已经具备了充分条件，可以在网页处理视频与声音文件方面作出新的更新。当然，视频文件的处理并非是网页与生俱来的功能。网页在15年前才开始成为学术研究人员用以共享超文本文件的一个研究平台。但随着时间的推移，视频剪辑文件慢慢地在网页上寻找到了自己的生存之道。这归功于最新出现的各种视频文件标准，如 Quick-Time、Flash、Windows Media 等。但要在网页上自由地上传和分享自己的视频文件，对于普通人来说，仍是一件极具挑战性的事。在这种情况下，赫利、陈士骏和卡里姆共同筹集了大约 1 000 万美元的风险投资基金，雇用了约 24 名员工，利用现有资源开始研制一种新的数据平台。这种平台可以为网络用户提供服务，轻松上传和下载视频软件，克服了之前网页上的一些不足之处，并最终创办了一个可供网民上传、观看及分享短片的网站 YouTube。这彻底地改变了视频文件在网上分享的传输模式。在 YouTube 创建 16 个月后，每天通过这个网站涌入网络的视频文件高达 3 000 万个。两年后，YouTube 成为访问人数最多的网站之一，排名在前 10 位。在赫利、陈士骏和卡里姆想到创办这个网站之前，视频文件在网上的地位与电影的字幕相差无几。网页最初只是用于处理文本文件的平台，只在偶有需要时会上传一些图片。最终因为 YouTube，网页上的视频文件得到大众化的普及。

现在我们来做一下比较，看看高清电视和 YouTube 这两个创意是如何在各自的领域内改变了基本的运作规则的。从旧式的模拟电视发展到高清电视，这种改变只是在程度上改变，而非在本质上改变。比如，电视的像素增加了，画面更逼真，色彩更鲜艳，然而大众观看旧式模拟电视的方式与他们观看高清电视一样，总是先选择一个喜欢的频道，然后观看节目。而与之不同的是，YouTube 彻底改变了媒体平台的运行规则。首先，YouTube 使得在网上观看视频成为了一个大众普及现象。其次，通过 YouTube，网络用户可以不用局限于静坐观看节目——就像观看电视节目一样无法互动。YouTube 的用户还可以上传自己的视频，推荐别人的视频，给视频打分，并就某一视频在网上发起讨论。只需要按几个键，就可以轻松地复制别人的 YouTube 视频，并让它挂在自己的 YouTube 主页上。YouTube 的技术使普通的视频爱好者可以快速、高效地编辑自己的私人电视网络，并将世界各地的视频剪辑进行拼接，打造个性化的 YouTube 节目。

有人会说，YouTube 作为一种软件，其本身比硬件，如手机和电视，具有更大的变通性。但在 20 世纪 90 年代中期，网页的发展应用取得了主流大众的认可之前，软件的发展也遵从同一条“10/10 规则”，即我们之前提到的、20 世纪的其他技术进展都遵循的那条规则。比如，图形用户界面的出现可以追溯到 1968 年，当时掌握了领先技术的科学家道格·恩格尔巴特（Doug Engelbart）提出该界面的原形样本。在 20 世纪 70 年代，该界面的多个组成部件，像我们现在普通使用的电脑桌面，都由施乐帕克研究中心（Xerox PARC）进行研发。直到 1981 年，第一个提供图形用户界面的商品才以 Xerox Star 工作站的面貌出厂。到了 1984 年，由于麦金塔电脑（Macintosh）的投入使用，图形用户界面才得到了大众化的应用，并取得了主流地位。但直到 1990 年，Windows 3.0 系统的推出，才让图形用户界面成为行业的标准，这时距 Xerox Star 上市已经整整 10 年了。同样的发展模式也适用于各种软件的研究与发展过程，比如，文字处理软件、电子制表软件、电子邮件客户端。它们的组成单位都是比特（二进制信息单位 bit），而非原子。它们都从一个新创意成功地发展为大众使用的一样普通产品，而且其发展模式与高清电视的发展模式完全一样。

衡量创新的方法有很多，但就技术本身而言，最基本的准绳之一应当是这项新技术可以帮助人们实现某种功能。在其他各项条件均等的前提下，一项产品如果允许使用者同时完成两项不同的工作，那么它的创新程度一定是另一项只能允许完成单一工作的产品的两倍。从这种意义上讲，YouTube 的创新度是 HDTV 的两倍，尽管 HDTV 的技术复杂度更高。有了 YouTube，用户可以更加高效地在网络上发布和分享视频文件，并进行打分，发起相关讨论和观看视频。HDTV 则让用户观看到更高像素的节目画面。尽管集合各种创新的思维，YouTube 也花了近两年的时间才成为主流应用。可以猜测网页环境中具备某种特有的“特点”，因而赫利、陈士骏和卡里姆提出的创意才能以极快的速度在全球得到推广。他们的这条创意的发展也遵循“10/10 规则”，但却将它突破为“1/1 规则”。

创新模式与“长焦距视角”

本书将介绍利于创新产生的环境特点。有些环境对创新思想具有压制作用，而另一些环境则较易滋生各种创新。**城市与网络一直是推动创新产生的发动机，因为一些复杂的历史与现实原因，这两个环境对于好创意的产生、传播与推广都极其有利。**当然，这两个环境也有自己的先天不足，绝对称不上完美，比如，大城市里的高犯罪率、网络上的垃圾邮件。但根据相关记载，在城市与网络中，各种创新都层出不穷，这一点无可否认。[①]同样，达尔文日记中的那些珊瑚礁就像“无数的微型建筑师”，搭建了一个生态创新可以百花齐放的有利环境。如果我们要找出好创意的来源，就应当在一定的环境里来思考这个问题。达尔文提出的新思想改变了我们对世界的看法，虽然这种思想是在他的大脑里形成的，但我们发现这一思想的形成离不开各种相关的环境与思维部件，包括一条船、一座群岛、一个笔记本、一座图书馆、一片珊瑚礁等。我们的思想对我们居住的环境进行描述，同时，我们居住的环境也对我们的思想产生一种反作用。**本书讨论的焦点之一，是关于一系列不断重复出现的创新发明的共有特点和发展模式。这类创新发明一般都只在一些非常利于其发生的“肥沃”土壤环境里才能出现。**我将这些特点与模式进行了归纳与精细化，一共分为 7 种，每一种都将在书中用一章进行讲述。如果我们能从根本上领会这 7 大特点与模式，并在我们养成新的工作习惯、打造新

① 这一点可能与两种环境各自的先天不足有关。具有讽刺意味的是，犯罪与垃圾邮件之所以在两种环境中大量增长，或许是因为在这样的环境下，它们也更能进行“创新”。

的办公环境，以及设计新的软件工具时，都能尽量地加以应用，那么我们将能更好地汲取非凡的创新思考能力。①

事实证明，书中提到的这些模式已经有不短的历史了，其古老的程度甚至超过通常会与创新相关的一些体制或系统。这种模式的发展史是相当丰富多彩的，因为它不仅和人类的发明创新相关，比如国际大都市或互联网，而对于创新的扩展补充和利用，在自然历史的进程中也并不少见。珊瑚礁有时被大众称作“大海之城”。同时，本书中的很多讨论都建立在这一比喻之上。因此，对“大海之城”的比喻我们应当这样来理解：在那些营养物质并不丰富的水域里，珊瑚礁生态系统中的创新是非常多的，原因就在于这个生态系统和我们的人造城市有一些本质性的共通之处。根据复杂理论（complexity theory）的观点，这些发明与创新的模式是分形（fractal）的，即当我们放大或缩小比例进行观察时，这些模式会以一种可辨认的形态呈现出来，不管是分子、神经元、像素，还是人行道都会再现同一种模式。无论你研究的对象是以碳为基础的生命体（carbon-based life）的原始创新，还是网络上大量涌现的、新的软件工具，这些相同的发展模式都会不断地再现。生物在发挥创造力时，往往会偏向某些反复出现的模式；那些模式有些是突然出现或自行组织的，有些是人为刻意精心营造的。

认为不同领域的经验具备相通性并且可以互换利用，这一观点稍显突兀。

① 最近一二十年中，一部分人对网页环境的各种现象比较关注，且在不断地探索网页环境创新的可能性。对于这部分人来说，书中所讲的各种观点并不陌生。我10年前写了一本关于网页的书。在那之后，大量的人怀着创业的激情，不断地突破网络媒体的可能性，并将这些可能性以实体的形式呈现给大众。同时，这些人又在思考这些新发展和突破对于我们的深层意义。我们中的每一个人，都第一时间见证了网络这种新媒体的创造力。我们也同时积累了一些个体的切身感受，知道了是什么原因让那些创新与发明成为可能。我试着将那些个体的感受进行分类，以便能更加有说服力和指导力。我希望我的分类总结能够给大众提供一些认识网络世界的新视角，虽然这些新视角可能会令对网络并不陌生的人们在开始时感到惊奇。就算是以自由、开放为特点的维基百科的条目中，人们也查不到网络上的创新经验对现实世界里的创新实验的指导作用是怎样的。如果一个发展模式对于谷歌的发展起到重大作用，并不能证明该模式对一个人员配备不足的非营利性组织或汽车部件生产商，或城市政府部门也同样适用。因此，理解本书以下几章的一个线索是接受一种观点，即我们在网络环境中看到的各种“魔法”，在网页出现前就已经有很长的历史了，而这些“魔法”是可以在其他环境中重复再现的。

但实际上，我们不断地在生物学与文化之间进行相同概念的借喻，并且不以为奇。比如，“竞争”这一术语通常是与创新相关的，但当说到竞争模式对于以下三种情况具备关键的决定意义时，即在市场的争夺中，在一群精子与卵子的相互运动中，在生物为了争得有限能源而进行生态战时，人们并非只是利用了这一术语的比喻意义。因为“竞争”这个词语的意义非常广泛（或者说比较深广），既可以用来描述企业公司，又可以用来讲述精子的运动。这种相同的原则对于我在书中总结出的 7 种创新发展模式也同样适用。

在不同的创意环境与尺度之间进行转换并非是在玩一项智力游戏。据科学研究发现，将事物置于不同的环境进行比较，有利于我们获得对该事物的正确认识。当我们回答这样一个问题时：“为什么网络环境具有如此强大的创新潜力？”我们顺理成章地会想到网络的创立背景、工作空间、相关的组织机构，以及人们用以创立网络的信息。但事实证明，要理解和回答这一问题，应当从生态环境的创新模式中寻找对比，比如达尔文的珊瑚礁生态系统，或者我们大脑的结构。人类并没有相关理论用于指导如何具备更高的创新能力，或者解释为什么热带雨林能够催生如此种类丰富的生态多样性。我们实际上需要的是一个完整的理论，用来解释各种创新系统之间的一些共性。为什么珊瑚礁能成为这样一座生态创新引擎？为什么城市具有广阔的思想创新历史？为什么达尔文能想出他同时代的人都错过的一项重大发现？对于每一种具体的情况，我们都可以给出一部分正确答案。同理，对于每一种创新的尺度，也一样能找到一些不完整的答案，这些答案可能是珊瑚礁的生态发展历史，城市生活相关的社会学或科学家的成长传记。但本书的观点是，对于以上三种情况都适用的、更加有趣的答案是存在的。而且如果从这样一种分形的、跨学科的角度来分析问题，新的解题视角也会进入人们的视野。从不同的思维尺度来观察思想的火花，将比从单一尺度进行研究，更加容易发现一些有价值的发展模式。

我称书中采用的这种分析方法为“长焦距视角”（long zoom）。这种视角可以想象成一种沙漏的形状（见图 0—1）。当从上往下望向沙漏的中心时，生态层面的尺度在缩小：从全球化的深度演化到神经元或 DNA 的微观世界；在沙漏的中心，视角进行了转换，从自然层面转变为文化层面；再往下看，尺度就开始增大：从个人思想和单个工作空间增大到大城市和全球的信息网络。当我们以“长焦距视角”来看全球的创新史时，会发现在一些十分适于生成创新的环境中，不同等级的创新活动正在同时进行，并且这些活动都表现出一些相似的发展模式。

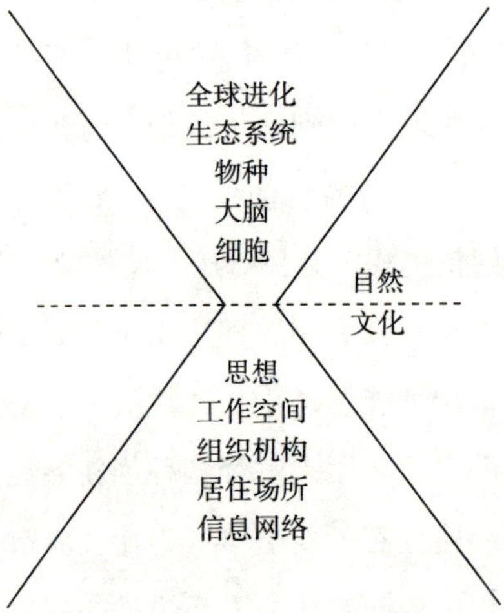

图 0—1　长焦距视角

如果仅仅是考察珊瑚的基因组成，那么将无法完整解释珊瑚礁的生态多样性。珊瑚能生成并维持如此种类丰富的生命形式，其原因在于细胞、有机体和更为广阔的生态系统中，存在着一些重复出现的等级分类模式。城市与网络中的各种创新来源都是不规则的。在这种意义上，从“长焦距视角”来研究与创新相关的问题，我们收获的不仅是一些新的比喻说法，更重要的是，我们可以发现许多之前不曾注意到的事实。

“竞争”模式是一个可以帮助我们看清创新问题的典型例子。随意翻看任何一本经济学的书，我们都能看到书上讲到竞争对手之间的良性竞争可以促进产品与服务的创新。但当我们以“长焦距视角”来看待这一问题时，竞争对于创新历史发展的重要性却轻微多了。从个人和机构两个分类来研究创新问题，这一般是教科书上的标准。但如此一来，我们的正确观点就会受到误导。因为这种标准虚拟了这样一幅图画：专利研究与“适者生存式的竞争”对于创新具有关键性的意义。而采用“长焦距视角”后，我们会发现注重研究的开放性和关联性对于最终催生创新将会更加有利，因为这样做比只注重竞争机制的建立更加有利于创新的发展。书中讲到的创新发展的模式应当引起大家的重视，不仅因为这样做能从本质上弄清楚创新出现与发展的历史原因，还因为接纳这些模式可以帮助我们去创建更加利于创新发明的有利环境，比如学校、政府、软件平台、诗歌研讨会、社会运动等。**如果我们更多地关注到利于创新的各种环境，以及这些环境之间的相互关联性，我们就可以更加富有创造性地进行思考。**

在关于创新与发明的学术文章中，两者之间的细微差别也得到细致地描述，将创新、发明，还有不同模式的创造活动都进行了区分。比如，将这些活动分为艺术的、科学的、技术的，等等。我故意在本书中选择了意义最广泛的一个术语来指代所有的活动，即“好创意”，这样也表明了我将在本书中采用多学科、跨学科的研究视角。本书中探讨的好创意是与软件平台、音乐流派、科学典范和政府的新组织形式等相关的。我这样思考的前提是，研究各种类型的不同创新与发明活动之间共通的特性，可以获得更多有价值的新发现。这将比只是记录它们之间的不同之处更胜一筹。诗人与工程师所在的行业之间的差别是巨大的，但好创意的问世过程却有着相似的发展与协作模式。

如果要将贯穿本书的观点浓缩成一句话，那就是：相比于将创意保护起来，连接创意会让我们更有收获。这种情形与自由市场相似，然而人们往往找一些借口来阻止创新思想的流动，比如，要遵循事物发展的“自然”规律这样的借口。但事实的真相是，如果我们回顾一下自然界或文化界里的各种创新活动，从长远来看，一个修筑各种墙体将好创意围住的环境将产生更少的创新，其创新量远远比不上开放式的环境。好创意可能并不倾向于自由放任，但它们希望可以与其他同类进行连接、融和与重组；它们希望跨过一些概念的边界，重新创造出一个全新的自我；它们不仅希望和其他创意进行竞争、一较高下，更希望可以相互帮助、共同创新。

WHERE GOOD IDEAS COME FROM

第1章
创新就是一扇不断打开的门

创新模式1：相邻可能

相邻可能有一种奇异的美，因为一旦对它的边界进行新的探索，之前的边界就会重新扩展。新的组合变化为另一些变化，提供了进入可能空间的钥匙。就好像是一座施了魔法的房子，你每打开一扇门，都会发现一些新的、别有洞天式的美景。如果你不停地推开眼前的新门，最终你就可以走遍一座宫殿。

从小鸡孵化器、婴儿恒温箱到育婴器

在 19 世纪 70 年代后期，妇产科医生斯蒂芬·塔尼（Stephane Tarnier）在繁忙的工作之后，给自己放了一天假。他在位于市区的巴黎妇产科医院（Maternité de Paris）工作。这家医院主要为城市里的贫困妇女们提供住院治疗。那天，他去巴黎动物园散步。这家动物园位于著名的巴黎植物园（Jardin des Plantes）内。当塔尼漫无目的地行走在大象和其他爬行动物居住的动物园内时，他偶然发现了一些小鸡孵化器。看着那些刚刚孵出的小鸡在孵化器温暖适宜的环境中蹦蹦跳跳，他的脑海里突然跳出了一个创意。那天之后不久，他就聘用了动物园里的家禽养殖员奥迪尔·马丁（Odile Martin），让他帮助制造一个类似于小鸡孵化器的设备，用于为刚出生的婴儿提供相似的保护。

根据现代的统计标准，在 19 世纪末期，新生婴儿的死亡率高得惊人。这一点，即使是巴黎这样的国际大都市也不能幸免。5 个婴儿中就会有一个在学爬行前就不幸夭折了。那些早产且体重不足的婴儿，死亡率则更高。塔尼清楚一点，那就是温度的控制对于这些婴儿的生存是极其重要的，他也知道法国的医疗机构对于统计数字有根深蒂固的依赖性。因此当塔尼研制的婴儿恒温箱在其工作的妇产科医院投入使用后，新生儿就在由热水瓶提供温度支持的恒温箱里得到了保护。他立即开始了一项数据调查，调查的对象包括 500

名使用过该装置的新生儿。调查结果让巴黎各家医疗机构和组织大吃一惊。体重过轻的新生儿，66% 在出生后几周内就不幸夭折。但这些婴儿如果使用了塔尼研发的恒温箱，其死亡率则降低为 38%。只要为早产的新生儿提供像小鸡孵化器一样的保护，就能大幅度地降低死亡率。

在斯蒂芬·塔尼研发出婴儿恒温箱之前，类似的研究尝试已经出现过几次。而在他与奥迪尔·马丁共同研制出这项小发明后的几十年里，各种新的改进又不断出现。斯蒂芬·塔尼为婴儿恒温箱的使用情况做的统计调查对这一设备的普及起到了极大的推动作用。在几年的时间里，巴黎市政委员会就明文规定，要求巴黎所有的妇产科医院都配备婴儿恒温箱。在 1986 年的柏林展览会上，一位名叫亚历山大·莱昂（Alexandre Lion）的雄心勃勃的企业家，在展会上展出了一系列的婴儿恒温箱，其中一些恒温箱还现场演示了婴儿生活的真实情景。莱昂展出的恒温箱德语名是“Kinderbrutenstalt”，意思为“婴儿孵化器”。自此后，关于婴儿恒温箱新产品的展出就不断出现，这种现象一直延续到 20 世纪（直到 20 世纪 40 年代，康尼岛公司［Coney Island］还在展出婴儿恒温箱产品）。现代的婴儿恒温箱中配备了氧气辅助和其他先进的功能，在第二次世界大战以后，成为美国每家医院的标准配置之一，从而使 1950—1998 年间的婴儿死亡率降低了 75%。如果只根据一项医疗发明能为人类提供的健康寿命期来作比较，由于婴儿恒温箱是在人的生命之初提供治疗，那么这项发明对于公众的建康有巨大的保护作用，超过了 20 世纪其他任何一项发明。放射治疗和安插双导管或许能让人多保住 10 年或 20 年的生命，但婴儿恒温箱却因为挽救了婴儿的生命而给他带来一个完整的人生。

然而，发展中国家的婴儿死亡率依旧居高不下，令人担忧。在欧洲和美国，每 1 000 个初生婴儿中只有 10 个会不幸夭折，但在利比里亚和埃塞俄比亚等发展中国家，每 1 000 个初生婴儿中会有 100 多个死亡。这些死亡的婴儿一般为早产儿。如果使用婴儿恒温箱，这些婴儿中的大多数都可以幸运地存活下来。但现代的婴儿恒温箱是一个非常复杂的设备，其售价也不便宜。美国医院使用的一台标准化婴儿恒温箱的售价约为 4 万美元。从根本上来说，售价高并非是一个不能攻克的难题。难点在于复杂的设备一般都会出故障，这时就要有技术人员去修理，更换新的配件。2005 年，即印度洋海啸发生后的第二年，一些国际救助组织捐给印度尼西亚的米拉务市（Meulaboh）8 台婴儿恒温箱。但在 2008 年末，当麻省理工学院教授蒂莫西·普莱斯蒂洛（Timothy Prestero）去这家医院访问时，8 台恒温箱全部因故障而停止使用，原因是当地的用电功率常常波动，电压不稳且热带湿度较高，而医院的工作人员们又看不懂恒温箱的英文维修手册。这 8 台恒温箱的故事就是一个典型的例子。很多案例表明，在捐赠给发展中国家的各项技术设备中，大约 95% 会在前 5 年因为故障而无法再投入使用。

普莱斯蒂洛本人对这些无法使用的婴儿恒温箱有极浓厚的兴趣。他建立的 DtM（Design that Matters）是一家非营利性社会组织。他们发现同一种技术设备在欧洲与美国等发达国家的使用状况与在发展中国家是完全不同的。普莱斯蒂洛和他的 DtM 研究人员几年来一直致力于为发展中国家研发一种新的简易婴儿恒温箱，这种新设备不仅应当更加可靠，还应当造价便宜；不仅要求设备能运作，还要求一旦出现故障，该设备不会完全瘫痪，稍加修理就可以再次投入使用。由于发展中国家不能提供足够的修理配件和维护技术人员，因此，普莱斯蒂洛和他的团队要研发新的婴儿恒温箱就需要在当地取材，这样才能确保配件的供应。最初想到这个好创意的人是一名波士顿的医生，名为乔纳森·罗森（Jonathan Rosen）。他通过观察发现，任何一个发展中国家的小城镇都能确保汽车的维修和护理。在这些城镇里，就算缺少空调、笔记本电脑或有线电视，也都能确保汽车在公路上行驶。于是，罗森向普莱斯蒂洛提议："可不可以用汽车的零部件来改良出一种新的简易式婴儿恒温箱呢？"

在罗森提出他的创意三年后，DtM 团队首创了一种新的设备原型，取名

“育婴器”（NeoNurture）。从设备呈流线型的外部观察，它和现代的婴儿恒温箱一样，但其内部则是利用汽车的部件来制造的。育婴器由旧车头前聚光灯提供主要供暖；仪表盘的风扇用来保持空气流通，循环空气；车门蜂鸣器用作报警系统，在供暖系统出现问题时提醒护理人员；其动力来源于标准的摩托车电瓶，或者一个改良的雪茄打火机。利用汽车零部件生产育婴器具有双重优势，不仅可以直接利用当地供货充足的零件，同时也受益于当地汽车修理工的技能。正如罗森经常提到的，那些配件都能轻易地在发展中国家获得。维修这种新型育婴器的人可以不必是受过训练的医疗设备技术人员，甚至根本不用去阅读维修手册，他只要会换一个出故障的车头聚光灯，便能轻松地胜任育婴器的维修和护理。

好创意就像“育婴器”。不可避免地，这两者都受到周边可供利用的材料和技能的限制。按照普遍的趋势，人们通常会把颠覆式创新的产生过程浪漫化，想象一个个伟大的创意超越环境的限制，横空出世，天才的眼睛会从一些旧思想和僵化的传统中发现一些全新的创意。但实际上，**新创意更像是一个个想法的拼接物，它们都是由思想的碎块拼组而成的。**我们继承了前人提出的一些旧点子，也会在偶然之间闪现一些其他的想法，于是我们把两者加工、组合成一些新想法的形状。我们喜欢把好创意想象成价值4万美元的婴儿恒温箱，从工厂制造完成并漂洋过海运到彼岸，但实际上，它却是利用那些恰巧在车库里闲置的零部件拼接而成的。

让创新的边界无限扩展

2002年，美国古生物学家斯蒂芬·杰伊·古尔德（Stephen Jay Gould）逝世。他有一个并不常见的收藏爱好。他生前喜爱去各个发展中国家旅行，并去到基多（Quito）、内罗毕（Nairobi）和德里（Delhi）等城市的户外市场，去采购一些鞋子进行收藏。那些鞋子多数是用回收的汽车轮胎生产的凉鞋。如果从时尚的角度思考这个现象，那可能意义不大，但古尔德却把那些汽车轮胎做成的鞋子看作人类独创性的证明。**自然界的发明创新同样也得依靠现存的零部件。自然界的进化与发展要依靠可用的资源，要将那些资源进行拼接、组合，从而产生新的功能。**法国生物学家弗朗索瓦·雅各布（François Jacob）在定义“进化”这一术语时，引用了这一比喻，认为进化的角色定位更像是一个“喜欢捣鼓小器具、小发明的人”，而非一个工程师。我们人类的身体也是一种拼图式的成品，都是由一些旧的部件连接、拼组后“推陈出新”而成。古尔德曾在书中写道：“轮胎变凉鞋的创新原理的适用性非常广泛，因此，自然界可以像最聪明的人一样具有创造力，可以做到像他一样去琢磨内罗毕市的废物堆积场具备何种可供用于新发明的潜力，结果是**无论任何时候，奇异和不可预测的创新都有可能产生**。”

这一创新过程的踪影在生命形式的最初就已经有迹可寻。生命的起源目前在科学界尚无一致看法。一部分人坚持认为生命的起源与海底火山有关，它可能产生于火山口的一些滚烫的金属热液。另一部分人则认为生命起源于大海之中。还有一部分人认为生命起源于一个“波浪翻滚的池塘”，这一观点与达尔文对生命起源的解释一致。还有很多著名的科学家则认为，生命的起源与从外太空掉入地球的流星有关。各种看法一直百花齐放地存在于生命起源理论的争论中，却达不成最终的一致。幸运的是，一门新兴学科前生命化学（Prebiotic）的出现，探明了在生命形式存在于地球前，空气的成分和特点是什么。在地球上不存在任何生命的时候，遍布着一些最基础的分子：氨、甲烷、水、二氧化碳、各种氨基酸，以及其他简单的有机化合物。在“原始汤”（Primordital Soup）里，这些分子之间可以产生一些有限的变形与发展，比如：甲烷和氧气重新组合，以形成甲醛和水。

试想这样一种情景，那些最早存在的原始分子们，随意地进行简单的碰撞（或者因为一次适时的闪电袭击，导致这些分子们慢慢地移动），这样一来就具备产生一些新化学组合物的可能性。假设你来扮演上帝的角色，当你命令那些基本化合物生成之后，你最终就能看到一些生命最初的“部件”出现在地球上，比如，形成细胞边界的蛋白质和对DNA生成最重要的糖分子等，但却无法立刻命令化学反应去生成蚊子、向日葵和人的大脑。甲醛是最基础的化合物，因为它可以从“原始汤”中的分子反应中生成。在生命起源于地球之前，可以最终生成向日葵的原子也已经存在了。但在当时的环境中，向日葵却不可能直接从“原始汤”中瞬间“破汤”而出，因为只有一系列层层递进的连锁式创新变化在地球上发生后，向日葵的出现才成为可能。而这些创新变化的出现则需要几十亿年的时间，其中包括：能捕捉太阳能量的叶绿体、帮助植物流通能量的维管组织、将能够生成向日葵下一代的相关基因指令传递给下一代的DNA分子。

科学家斯图尔特·考夫曼（Stuart Kauffman）为刚才提到的那些、能直接在“原始汤”中反应生成的化合物，取了一个意义丰富的名字：相邻可能（adjacent possible）。这个新造的名称同时界定了事物变化与创新的有限性和可能性。在前生命化学研究的这个案例中，创新的临界可能是指那些能在“原始汤”中直接进行的分子反应。之前提到的蚊子、向日葵、人的大脑则在相邻可能的范围之外。相邻可能是一种隐约可见的未来，在当前的事物与环境边缘若隐若现，也是一种事物发展变化的地图，图上已标注了当前事物可以变化和发展的各条线路。但这种可能性的空间却并非可以无限扩展，或者说，并非是一个完全自由的游戏场所。在“原始汤”中可以产生的最初级反应是数量巨大的，但却也是有限的。当代生物圈里的大部分物质都是在“原始汤”的相邻可能之外的，并不能直接生成。**相邻可能告诉我们：世界随时可能发生各种变化，但只有某些特定变化可以真正发生。**

相邻可能有一种奇异的美，因为一旦对它的边界进行新的探索，之前的边界就会重新扩展。新的组合变化为另一些变化，提供了进入可能空间的钥匙。就好像是一座施了魔法的房子，你每打开一扇门，都会发现一些新的、别有洞天式的美景。最初，你来到一个有四扇门的房间，每一扇门都通往一个新的房间，每个房间都是你之前没有踏足过的。这最近的四个房间可以比作“相邻可能”。然后，当你打开了其中任何一扇门，你便来到了另一个新的房间。这个房间的另三扇门又通往了三个不同的新房间，并且这三个新房间在你推开最初的一扇门之前，即你站在起点时是完全不可能靠近的。如果你不停地推开眼前的新门，最终你就可以走遍一座宫殿。

脂肪酸会自动生成具有以双分子层为边界的球状物，非常类似于在现代定义中，可以界定细胞边界的细胞膜。一旦脂肪酸化合生成那些具有边界的球状物质，一系列相邻可能就渐次出现了。因为那些具有边界作用的分子把球状物质的内部与外部进行了界定。这种界定对于细胞的生成具有关键性的作用。一旦分出了“内部”，则可以在内部放入各种物质，比如营养物、细胞器和遗传密码等。一些体积较小的分子则可以穿过那层界定边界的“细胞膜”，并与其他的分子进行化学反应，生成新的分子。因为这些新分子的体积较大，于是无法再穿过之前的“细胞膜”回到“原始细胞”内部。当最初存在的脂肪酸自动化合生成了那些双分子层的“细胞膜”后，一些新的相邻可能之门就打开了，从而出现了基于核苷酸的遗传密码，以及所有现代生物细胞都具有的、最原始的“居民”——叶绿体和线粒体。

在生命的进化过程中，同样的变化过程重复了无数次。实际上，可以把生命的进化看成是一条不断地开发和探索新的相邻可能的道路。比如，当一种叫迅猛龙的恐龙进化出了一种新骨头——新月形腕骨（这种骨头的形状像一轮半弯的新月）后，它们便能更加灵活地旋转腕关节。简而言之，这种新骨头的出现不仅让恐龙在捕食其他动物时更加迅速，还打开了新的相邻可能之门，并最终促成了在几百万年以后将进化出现的动物的翅膀，让有翅膀的动物们可以在空中飞行。当我们的祖先进化出了大拇指以后，一些新的相邻可能就出现了。这些可能性在人类文化的发展史上具有重大的意义：可以发明一些精巧的劳动工具和武器，并灵活地使用它们。

在我看来，考夫曼提出的“相邻可能”这一说法中，有一点具有非常重大的意义。它揭示了在自然界进化系统与人类创新发展道路上具有的连续统一性。他引入这一概念的一部分原因在于，揭示出一种事物发展变化的不变规律，且这一规律不仅适用于自然界，同时也适用于人类社会的发展过程。根据这一规律，相邻可能被不断地、持续地、渐次地无限扩展。他曾在书中写道：“在过去的48亿年里，很明显，有一些事情发生了。实际上，生物圈在不断扩大。可以说，生物圈里的相邻可能在持续地增加和拓宽。较为有趣的一点是，这种推断很显然是正确的，但却从来没有人清楚地表述过这一点。关于这种创新可能的扩展也从来没有进行过相关的理论研究。”

40亿年前，一个碳原子可能撞见几百种分子构型。但在今天，同一个碳原子，虽然其原子特性没有一丝改变，却能参与更多的化学变化过程。比如，那些可以最终生成抹香鲸、巨大的红木或H1N1病毒的化学变化。此外，在大量的，或者可以说无限量的，以碳为基础的生命体（这些生命体出现在“原始汤”的相邻可能之外）的进化过程中，碳原子的身影都随处可见。值得一提的是，人造的也在刚提及的这些之内，在无数的人造化合物中，碳原子的作用也不可缺少。比如，世界上任何一种用塑料做成的产品中必定含有碳原子。从中我们可以发现，当那些最初的脂肪酸自发、随意地组合成最初的“细胞膜”以后，相邻可能已经得到了怎样的一种扩展和延伸。

独立重复与创新的可能性

从这一角度来看，生命的进化史和人类社会的文化发展史都可以看作相邻可能在不断延伸与扩展的历史。每一种新的创新出现后，更多相邻可能就又出现了。但是，在一些系统或环境中，要探索新的相邻可能空间则会更容易些。在本书开篇，我们讲到“达尔文的悖论”。要解释那一悖论，需要先解答一个问题：为什么珊瑚礁的生态系统能极大地促进相邻可能得到扩展与延伸？在一个极小的珊瑚礁空间里，生命形式的数量却出奇得大；与之相比，在广阔的大海里，生物多样性却少得可怜。同样，与小镇和农村相比，在大城市里，与商业相关的相邻可能则能得到更快、更深入地开发。

在人类的通信技术史上，网络将通信媒体中存在的相邻可能进行最快速、最深入的开发。1994 年初，网络只是一种基于文本的媒体平台，各文本之间通过超链接取得关联。但只用了几年时间，网络的相邻可能空间就大大扩张了。网络这个平台可以实现金融交易，并最终演变成虚拟购物广场、拍卖行和赌场。不久，网络又发展成一种新的、双向互动式的媒体平台。在网络上，人们不仅可以阅读他人的作品，而且可以很方便地发布自己的作品，从而推动一些全新事物的出现，比如，用户编辑的百科全书、博客世界和网络社交。YouTube 的出现，让网络发展成为世界上最具影响力的视频传播系统。而其后，数字地图的出现，也引发了另一场制图革命。

在人类的文化史上，有一种非常明显的发展模式，现代科学家称其为发明的“独立重复”（the multiple）现象。在这一模式里，相邻可能同样起着作用。**在地球的某个角落里，一位聪明的科学家或发明家想到奇妙的新创意，并且把这个新创意公布于众。然后他却发现在过去的几年里，有三个人都先后想到了这个创意。**1611 年，居住在 4 个不同国家的 4 位科学家在不同的地方同时发现了太阳黑子的存在。1745—1746 年，居住在荷兰来登市（Leyden）的迪安·冯·克莱斯特（Dean Von Kleist）和康奈尔斯（Cuneus）先后发明了电池。

约瑟夫·普利斯特里（Joseph Priestley）和卡尔·威尔海姆·舍勒（Carl

Wilhelm Scheele）分别在1772年和1774年先后独立地分离出氧气。19世纪40年代，能量守恒定律先后4次被不同的人提出。柯斯金斯基（S. Korschinsky）和雨果·德弗里斯（Hugo de Vries，1848—1935）分别在1899年和1901年先后发现基因变异对于生物进化的重大意义。1927年，两位学者又分别独立发现X光的照射会影响基因的变异率。电话、电报、蒸汽机、摄影术、真空管、收音机，在现代生活中的几乎每一项重要技术突破与发明过程中，都存在一个“独立的重复”。

在20世纪20年代早期，两位哥伦比亚大学的学者威廉姆·奥格本（William Ogburn）和多萝西·托马斯（Dorothy Thomas）决定做一项新的研究，即尽可能地记录下创新历史上有关“独立重复”的案例。最终他们将研究结果写成了一篇极有影响力的论文，并取了一个引人思考、意义深远的标题：《创新是不是一种必然》（*Are Inventions Inevitable*）。他们一共找出了148份创新案例，每份案例的“独立重复”均发生在同一个时代里。这篇论文的读者不仅惊叹于案例数量之大，同时，更加惊叹于这些案例与未经过滤的伟大创新史没什么两样。

某些时代精神（Zeitgeist，尤指文学、哲学和政治中表现出来的）的相关理论至今并不明确，而人们常常引入发明的“独立重复”案例来为其佐证。而发明的“独立重复”现象之所以出现，有一个更加有根据的成因。好创意并非是凭空出现的，它们是由一些现存的部件加以组合、拼接而成，而这些部件的内容与数目会随着时间扩增（有时也会缩减）。在这些用来拼接或组合的部件中，一些是概念性的，如解决问题的新方法，或者是先确认问题所在的新定义；而另一些，实际上只是一些机械部件。

为了分离出氧气，普利斯特里和舍勒都必须先有一个理论框架，理解研究空气成分的重要性。同时，要清楚空气是由不同的气体混合而成的。这几点，直到 18 世纪后半叶才为大众所知。但要完成氧气的分离，他们还得有先进的称重工具。当实验中的物质发生氧化反应后，可以称出重量上的细微区别。这种称重技术于 1774 年出现，也只出现了几十年。当上述的几项概念性或技术性的部件出现以后，氧气的分离就进入了相邻可能空间中。将氧气分离出来，如俗语所说的似乎“近在咫尺”。不过，如果没有之前出现的各种前提条件，氧气分离的实验不可能成功进行。

超前的想法与创新的受限性

相邻可能这一术语不仅指出创新的可能性，也指出了创新的受限性。在生物圈不断扩张的时间表上，随意找一个时间点来分析，都可以看到，有一些创新的“大门”是没有钥匙可以打开的。在人类文化史上，我们喜欢把一个突破性的创意或点子看成是在发展史的时间表上的一次加速前进。当所有人都困在当前的各种条件限制里时，一个天才的思想一下就向前推进几十年，顿悟出一个普通人不可能想到的奇思妙想。但实际情况是，无论是科学思想还是技术上的前进，都极少出现偏离相邻可能的现象。在人类文明发展的历史过程中也毫无例外，可以比作对一座宫殿的探访：只能先穿过最近的一扇门，才能走到下一扇门；只能从一个房间走到另一个最近的房间，直到最后把整个宫殿一一走遍。

当然，人类的思想创新与分子的构成是有区别的，后者严格受限于分子反应的固定规律。所以，在人类的思想发展史上，偶尔会出现这样一种现象：有时候，有人会突然想到一个奇妙的创意，让创新的发展在它的相邻可能空间里稍微向前跃进几步，越过其中的一间或两间房间，达到另一个原来不能一步跨入的新房间。但事实证明，这样的创意和想法通常生命力不强，很快就会面临它的“死期”，而真正的原因就是因为这些创意和想法都脱离了所处的相邻可能空间。对于这类早夭的创意们，我们取了一个名字，称为“超前的想法”。

19 世纪，英国发明家查尔斯·巴贝奇（Charles Babbage）发明了富有传奇色彩的分析机（Analytical Engine，早期的机械通用计算机），许多科技史学家称他为“现代电子计算机之父”。不过，准确地说，他应当算是现代电子计算机的“爷爷”。这是因为在分析机出现以后，经过几代人的努力，人类才真正掌握了这一创新。

巴贝奇之所以在科技史上得到大家的尊崇，是因为他一共有两项伟大发明载入史册，虽然这两项发明在他的有生之年都没有真正制作成实物。第一项发明就是差分机（Difference Engine）。这种设备非常复杂，由 25 000 个机械部件组成，重达 15 吨，但设计却十分精确。它可以用于计算多项式函数，并生成三角函数表，这一点对于航海技术的发展十分重要。如果巴贝奇将这个设备真正制作出来，由他发明的差分机可能会成为世界上最先进的机械计算机。后来，伦敦科学博物馆（London Science Museum）为了纪念他逝世 100 周年，根据他的设计图制作了一台差分机。在几秒钟内，这台差分机就送出高达 31 位数的准确结果。这台差分机的速度和精确度，远超巴贝奇时代可能出现的其他设备。

尽管这台差分机的设计十分复杂，但是也没有超出维多利亚时代技术上的相邻可能空间。机械计算在 19 世纪下半叶得到了长足的进展，其中有很多装置都是建立在巴贝奇的设计模型之上的。

瑞典发明家乔治·舒尔茨（George Scheutz）曾经研制出一台可以实际操作的差分机，在 1855 年的世界博览会上首次向公众展示。之后的 20 年内，该设备又得到了巨大的改良，它的体积从一架钢琴缩小到缝纫机般大小。1884 年，一位美国的发明家威廉·巴罗斯（William S. Burroughs）创立了美国运算机公司（American Arithmometer Company），该公司批量生产计算器，并在全国进行销售（销售这些设备的收入，在大约一个世纪以后，足以支撑他同名孙子的生计，不仅可以让他专心追求自己的写作事业，还可以让他从吸毒爱好中取乐）。**巴贝奇设计的差分机原型是一个极其天才的创意，但它并没有超越当时的相邻可能空间。**

但巴贝奇的另一项神奇发明却并非如此：他发明的分析机一直不能实际生产出来。他人生的最后 30 年都耗在这个计划上，但却没有成功。分析机的设计方案太复杂了，于是一直停留在蓝图设计的阶段。巴贝奇于 1871 年去世。但在他生前，分析机中的一小部分曾经由他亲自研发、生产出来。只从设计方案来看，巴贝奇设计的分析机是世界上第一台可编程的电子计算机。可以进行编程的设计使计算机的未来发展变得具有开放性。这样的计算机并非只是为了完成单一的操作，这一点与差分机不同，差分机的设计目的是为了优化对多项式函数的计算。

分析机则和所有现代电子计算机一样，就像一个可以随意变形的“小精灵”。只要编程人员新编写出一组指令，这个“小精灵”就会相应幻化出新的形状。（诗人拜伦的女儿阿达·奥古斯塔［ Ada Lovelace ］天资聪颖，她曾经为巴贝奇设计的、但尚不能实际生产出来的分析机编写了几组指令，并因此赢得世界上第一位程序编写员的称号。）巴贝奇设计的分析机虽然没有最终问世，但却为后续电子计算机的发明提供了一个基本的参考构架。从分析机的设计上可以看出，程序可以通过穿孔卡片法进行输入，人们在几十年前就已经利用这一技术来为纺织机服务了。输入分析机的指令和数据都贮存在一个小小的“信息仓库”（Store）里，其实等同于现代计算机里的随机存储器，或者简称内存（RAM）。而具体的数据计算操作则由巴贝奇设计的一个系统工具来完成，这个系统工具被巴贝奇取名为“中央工厂”（Mill），而用工业时代的语言来说，就是中央处理器（CPU）。

巴贝奇于1837年就将这个分析机的系统设计完成了，但却要再等上100多年，世界上才出现第一台真正的电子计算机。差分机触发了一系列的改良与实际应用，分析机却如同从地球上消失了。巴贝奇在19世纪30年代想到的一些创意是非常先进的，但到了第二次世界大战期间，才被计算机科学界的前瞻性人士重新独立地发现，并将之最终运用于计算机的研发中。

巴贝奇关于分析机的设想无疑是先进的。可为什么他设计的分析机并不能设计成形，反而进入了一个发展的死胡同呢？**如果只是用语言对其进行打趣的话，那是因为分析机的设计创意“逃离”了当时的相邻可能空间。**但如果具体而实际地分析原因，则可以发现，分析机的发展之所以不成功，是因为巴贝奇手边没有正确的、可供利用的组成部件。假设巴贝奇按照自己的设计方案制作出分析机，人们并不能确定它是否可以正常运作。因为，巴贝奇企图在蒸汽机时代，为很多年以后的电子革命时代提前发明可用机器，虽然动机是美好的，但在现实中却行不通。

与我们日常使用的电子计算机不同，巴贝奇设计的分析机完全是由齿轮和开关组合而成的。所用的零件数量大得惊人，其复杂程度更是令人望而却步。在分析机的系统里，数据信息的传输好像是一些金属小颗粒在跳着芭蕾舞步前行，步法则是由编程员提前精心编写的舞步设计。这种机器的维修和护理是无比困难的，基本上无法实现。比这更不现实的是，其运作速度奇慢无比。巴贝奇曾经在阿达·奥古斯塔面前放豪言，他认为这种分析机在三分钟内就可以完成两个20位数字的乘法运算。巴贝奇肯定不可能是世界上第一个对自己的作品宠爱有加的技术人员。但即使假设他的说法是正确的，他引以为傲的运算速度却并不快。以那样的速度来运行一些复杂的程序时，系统基本上会慢到崩溃。数字时代的第一代计算机要完成同一项运算只需要几秒。而在巴贝奇的分析机做一次运算的三分钟时间里，一台iPhone手机就可以进行上百万次这样的运算了。可编程的计算机必须具备真空管，更加理想的情况是，必须具备集成电路。在这些器件里，信息可以像微小电子的脉冲一样流动，而不是像分析机里的那些因为蒸气动力催动的金属齿轮一样，“咔嚓声”、“叮当声”、“嗡嗡声”不断。

可以来看看另一个相似的案例 YouTube，它的时间跨度则短得多。

如果赫利、陈士骏和卡里姆提前 10 年想到 YouTube 的创意，那么这项发明就注定是失败的。因为，发明一个视频分享的网络平台是不在当时的相邻可能空间内的。首先，当时绝大多数网络用户都是通过拨号连接进入互联网，且网速十分缓慢。即使从互联网上下载一张小图片，也要花上几分钟的时间。使用当时速度只有 14.4 bps 的“猫”拨号联网，如果要下载一段普通的、两分钟的 YouTube 视频，则需要花一个小时左右的时间。

YouTube 面市初期便能一炮打响，还有另一个原因。那就是当时 Adobe 公司研发的 Flash 平台早已在网络上得到了大众的认可，而 YouTube 的服务平台是借了 Flash 平台的风，并不需要重新开发一个新平台，于是节省了人力和物力。同时，这也让 YouTube 的开发人员专注于解决如何优化视频的分享模式，如何创新视频的讨论界面。回顾一下，直到 1996 年下半年 Flash 才成功推出，而到了 2002 年，Flash 才可以支持视频格式的文件。

再来看看我们之前讨论过的关于微生物学的例子。如果要在 20 世纪 30 年代提出差分机的创意，这无疑于“原始汤”里的一堆脂肪酸企图成为细胞膜。差分机系统里的计算器是一个伟大的创举，也是非常先进的，但却依然没有超出相邻可能空间的限制。也正是因为这一点，在巴贝奇的差分机创意首次面世以后的几十年的时间里，关于这个创新的重复且实用的独立发明一再出现。**但如果想在 1850 年就成功地推出分析机，或者在 1995 年就成功地运作 YouTube，就会像异想天开想要自动组合成海胆的脂肪酸一样。创意是完全正确的，只是所处的环境并不成熟。**

什么样的环境具有创新的最大潜能

我们每一个人，都受到属于自己的相邻可能的限制，比如，在我们的工作生活中，在我们的创新事务中，在我们服务的工作单位中，都环绕着各种新的、可能突破我们标准惯例的方法。打个比方，我们周围都环绕着各种汽车零部件。那些部件都在静静地等着我们进行创新，用双手将其拼接成新的事物。这些创新的事物并非一定具有超前的先进性，比如，一下就能得知珊瑚礁里的生物多样性，或者一下就能发明出可以编程的电子计算机。**当打开创新宫殿里的一扇新门后，我们可能会看到一个可以让这个世界改变的突破，但也可能在这一扇门之后，我们只是给后来的创新者们上了一课，帮助他们在下一次的发明中走得更顺利**；或者还可能为自己公司正要推向市场的真空吸尘器想到一个完美的销售方案。要做到这一点，诀窍是要想方设法去关注我们周边的一些相邻可能，并加以利用。比如，可以改变一下自己的工作环境，或者建立某种社交网络，还可以重新培养自己发现和贮存信息的好习惯。

我们来回顾一下在本书开头提出的问题："什么样的环境，更利于创新的创意出现呢？"对于这个问题最简单的答案就是：**"当一种环境能更加方便去接触和开发相邻可能时，这种环境就具备了最大的创新潜力。**因为在这样的环境里，人们能更多、更方便地接触到各种各样的可用零部件，不管是机械性的，还是概念性的。并且在这样的环境里，人们得到更多的鼓励以各种方式组合与利用那些零部件。"在一些环境里，重新组合与利用那些可用零部件不仅不会得到鼓励，而且可能会受到阻碍和限制，比如，创新的实验会遭到批评和惩罚；有一些新的可能性被遮盖住，不易让人们发现；环境更容易让人自满，于是不去探索新的机遇。在基林群岛边平静的海水里，珊瑚礁里丰富的生物多样性让达尔文感到不可思议，同时又非常迷惑不解。生物多样性之所以存在，是因为珊瑚礁的生态环境非常有利于各种生态零部件的重组和创新，换言之，珊瑚礁是一个更利于生物创新的生态环境。

在《阿波罗 13 号》（*Apollo 13*）登月任务的故事中，有一个时刻这个伟大的计划差点失败。这个众所周知的关键时刻，可以在朗·霍华德（Ron Howard）执导的电影中看到。当时，任务控制中心（Mission Control）的工程师们发现了一个危险的情况：如果他们不立即研发出一个二氧化碳过滤器，宇航员们呼出的气体就会污染舱里的空气，使大家中毒。宇航员们虽然有充足的碳洗涤器可以清除空气里的碳原子，但这些二氧化碳过滤器是为之前没有受到损坏的宇宙飞船设计的，并不适用于他们当时登月舱里的空气通风系统，而当前的这个登月舱是他们回到地球的唯一一只"救生船"。

任务控制中心火速组建了一个由工程师组成的行动小组，取名"英虎行动组"（Tiger Team）。行动组的使命就是想办法尽快解决过滤空气的紧急任务。但要完成这个任务得先找出当时登月舱里可以利用的所有"零部件"。在电影里，飞行操作组（Flight Crew Operations）的主任名叫迪克·斯雷顿（Deke Slayton）。他把一堆零散的装置放在会议桌上，包括：软管、滤毒罐、储物袋、胶带和其他杂七杂八的小玩意。他把之前为宇宙飞船准备的碳洗涤器拿在手里说道："我们必须制造出一个能用的新家伙。"然后指着桌上的一堆东西说道："只能用这些材料。"

在这部电影里，如果要解决危机，制造出一个在登月舱里能够使用的空气过滤器，会议桌上的那些小部件就界定了当时的相邻可能空间。最终大家绞尽脑汁才拼组而成的新装置取名叫"邮箱"。"邮箱"完美地完成了任务，登月舱里的空气得到了过滤。滤毒罐和软管的角色与地球最早存在的氨气和甲烷分子、查尔斯·巴贝奇的机械齿轮，以及那些为育婴器供暖的汽车零部件一样，都是解决一个具体问题的现存客观条件，并限制了解决该问题的可能性空间大小。从某种意义上来说，登月舱里的工程师们面临的困难要小得多。

具有挑战性的问题一般不会如此明显地划定出解决问题的相邻可能空间。一般来说，如果能够找出可供利用的现存零部件，确保并非只是简单地回收而不是利用，就解决了一半的难题。

如何做到这一点呢？本书接下来的 6 章将要谈到的另外 6 种创新模式可以提供一些小小的参考。因为它们都以某种方式告诉我们，如何去找到更多可供利用的零部件，并把它们组合、拼接出新的创意。要获得一个好创意，并非坐进与世隔绝的空间冥思苦想，而是要把更多的零部件都放到“会议桌”上。

WHERE GOOD COME FROM IDEAS

第 2 章
在思想的大池中让信息外溢

创新模式 2：液态网络

让信息得到流动，从而把一种“固态”网络转变成一种利于好创意出现的“液态”网络，有时候只要推开一扇门就足够，但是有时候，可能还需要移动一座墙，给思想一个可以流动的空间。

一个好创意是一个网络，也是一个群体

人们用了很多不同的词语对好创意做通俗的比喻，可谓五花八门，精彩纷呈。我们叫它思想的火花、灵感的闪光、突然顿悟的一刻；或者说我们进行了一次“头脑风暴”、找到了“突破口”、看到了灵光一闪、取得了瞬间的顿悟。我们使用一切华丽的词藻来形容创新，试图用形象生动的语言重现创新。

那些美丽的言词虽然都绚丽无比，但是，却没有任何一组比喻能确切表达出一个好创意的真实本质。

一个好创意就是一个网络。当一组特定的神经细胞——成千上万的细胞，在你的大脑里因为一些动力源的催动，同步移动时，一个创意就会突然“跳”进你的意识层面。一个创意是一群细胞组成的网络，会尽可能地在相邻可能空间里，去探寻一些新的网络组合方式。这一点适用于任何一次创意的产生，比如，为一个复杂的物理问题找出新的解答方法，为一本小说写出精彩的结尾，为一种应用软件研究新的使用功能。如果我们要真正地解答出这样一个问题：“好创意从哪里来？”那么我们首先要让自己的思维摆脱对于好创意的错误定义：一个好创意并非孤单的个体，而是一个群体。

当认识到好创意的本质是一些神经网络，它产生的两个前提就非常明确了。**第一个前提是，需要有完全充足的神经网络。**如果只有三个简单的神经元细胞得到发射，那么我们无法产生顿悟。神经网络的数量是成败的关键，只有数量充分才能成功。人脑里有约 1 000 亿个神经元细胞，数量多得惊人。但如果这些为数众多的神经元细胞不能形成和谐的连接网络，新创意就无从生成（这一点适用于人脑的任何其他功能与成就）。平均每一个普通神经元细胞和分布在大脑里的另外 1 000 个细胞相互连接着，这也就意味着在每一个成人的大脑里，都分布着 100 兆条神经元的连接，可谓地球上最大、最复杂的网络系统——互联网上大约有 400 亿个网页，假设 10 组相互连接的网络可以构成一个网页，那么我们大脑里的网页数量比互联网里的网页总数还多，网络的密度自然也比互联网高许多。

第二个前提是，网络应当具有可塑性，易于生成新的变化。一个不能随意生成新形式的网络，不管密度多高，从本质上来看，也是不能对相邻可能进行探索的。当人的大脑里“跳”出一个新创意时，人脑体验到一种新奇的感觉。这种体验与大脑里的细胞有直接联系：一个全新的神经元组合促进了新创意的生成。那些连接的生成与人的基因以及从前的经验有关。一些连接可以帮助调控我们的心跳，引发意识层面的思考；一些连接帮助我们维持记忆力，可以令我们清楚地想起童年吃过的可口点心；还有一些连接可以帮助我们思考如何给电子计算机进行编程。构成智慧的关键其实就是那些连接。不难发现，那种认为“人成年以后，神经元细胞的数量就会慢慢减少”的说法只不过是“烟雾弹”。事实上，最重要的并非是大脑里的神经元细胞数量，而是它们彼此建立的无数连接。

当然，从技术层面上来讲，在人的大脑里出现的各种现象都是由相关的神经网络产生的。人们想起来要剪指甲，这一念头的形成是因为大脑里的一些神经元细胞受到刺激，按一种有规律的方式组成一个新的网络。但想起要剪指甲的念头却不是一种顿悟。事实证明，那些好创意都有一个共通的特点：产生它们的那些神经网络有一种相通的模式。当仅仅只是想起要做一个重复性的动作时，大脑里的活动方式与进行创新思考的大脑中的情况是不一样的。因为当大脑进行创新思考时，那些神经元细胞会以一种完全不同的方式进行互动，并最终形成一些完全不同的网络形状。

所以要得到更多的好创意，就要想办法解答一个重要的问题：我们如何将自己的大脑塑造成更有“创造力”的网络？但这个问题的答案并不统一，相反还十分不规律。因为，要让自己的大脑更加具备创造力，就得让它更多地进入一种有利的环境中，去获取制造新关键连接的自然能力。这种环境中的思想和人脑中的那些神经元细胞一样，一直在尽力开发相邻可能。但这些连接模式的历史比人脑甚至比神经元还古老。要找到这些模式出现的历史源头，我们需要回溯至生命的起源。

连接模式与随机性环境，生命起源的创新

“以碳为基础的生命形式”这一说法，早已因为重复的次数太多而显得毫无新意了。根据这一说法，如果没有碳原子，那么生命就不可能出现在地球上。天体生物学家们的研究方向就是要探明在宇宙中，除了地球之外，其他地方是否还存在生命。大部分的天体生物学家们都坚信一点，那就是假如有一天，在地球以外的天体上发现了新的生命，那么这些新生命也绝对是一种以碳为基础的生命体形式。

为什么我们会对碳的重要性有这么坚定的信心呢？为什么认为离开了碳原子后，有生命的物体就绝对不可能出现呢？这些问题的答案都与碳原子本身的特性有关。碳原子的最外层轨道上分布着四价电子，因为一些复杂的、尚不为大家所知的原因，这种四价电子使碳原子更加易于与其他的原子进行

组合，特别是氢、氮、氧、磷、硫等原子以及其他的碳原子。碳原子的这一特点具有重大意义。碳、氢、氮、氧、磷、硫这 6 种原子构成了地球上 99% 的生命体。碳具有极强的潜力，可以轻易组合成新的链状或环状聚合物，包括：储存在核酸里的所有遗传信息、蛋白质的组成物质，以及存储能量的碳水化合物与脂肪等（现代科学技术已经利用碳原子极强的生成能力，制造出我们称为塑料的人造聚合物）。在地球的表层成分中，只有约 0.03% 是碳原子，但它却占据了我们人体构成的 20%。碳原子在人体中所占据的极大的比例，凸显了它在连接能力上极强的潜力。碳是个连接剂。

碳的这种连接功能对于生命体的日常运作是至关重要的：核酸命令氨基酸组成蛋白质长链，动力则来自碳水化合物所储存的能量。同时，碳的连接功能对于生命体自身的根本创新是尤其重要的，也是必不可少的。如果碳原子缺少了那种易于与其他原子连接并形成新的复杂分子的潜能，那么就无法想象地球上的第一个有机体要如何才能进化出来。碳原子所带的四价电子，让无生命的地球去探索自己的相邻可能。在筛选了很多潜在的分子组合形式以后，最终出现了一种稳定的化学反应模式。于是，第一批生物就应这种化学反应而生了，并在地球上慢慢地发展变化，最终“开花结果”，无限扩展开来。**没有碳的生成性连接，地球很可能只是一锅没有任何生命迹象的“原始汤”，也不会产生任何生命体形式的化学反应。**

20 世纪曾有一项著名的科学实验验证了碳原子超强的天分——生成新连接网络的潜力。1953 年，芝加哥大学的两位教授斯坦利·米勒（Stanley L. Miller）和哈罗德·尤里（Harold C. Urey），用一些玻璃管和烧瓶组建了一个封闭的系统，用以模拟地球上出现生命以前的环境特点，并在系统里放入如下元素：甲烷（CH_4）、氨（NH_3）、氢（H_2）和水（H_2O）。其中，只有甲烷里包含了碳原子。与这些化学液体相连接的一个烧瓶里放了一对电极。米勒和尤里想使用这对电极激发电火花，从而模拟出闪电。这个实验连续做了 7 天。

当实验的第一个周期结束时，他们发现在原来化学液体中的 10% 的碳原子已经自发地与其他原子进行了化学反应，并生成了一些新的有机化合物，比如：糖类、脂质、核酸。而这些化合物对于生命体的形成是非常重要的。米勒在当时声称，一旦在模拟的前生存环境里，点燃一道电火花，那么就可以产生 11 种氨基酸，占生命体中氨基酸种类的一半。在这个实验过去 7 年后，另一组研究人员重新做了这个实验。结果发现，当烧瓶里模拟出海底火山口的环境时，进行实验的化学液体里生成了所有的氨基酸种类，一共 22 种。

在这个实验之后的半个世纪里，成百上千种新理论持续出现，试图解释生命形成的早期过程。一些理论强调细胞自我复制的能力促进生命体的形成；一些理论强调新陈代谢的作用；一些理论则对海底火山口的高温作用进行推测；还有一些理论则认为是一些已有生命体的彗星与地球相撞后，让地球具备了生命起源的最初条件。不过，在这些五花八门的各式理论之间，存在着一个共同之处，那就是都肯定了碳原子的超强连接能力在生命起源过程中具有重大的意义。另外一小部分研究者和科技小说的作者们则构思了另一个版本的生命起源过程。在这个版本里，生命的起源是因为有硅原子的存在才成为可能的。在化学元素周期表中，硅原子排在碳原子之后，并且有和碳原子一样的四价电子。然而，与碳原子相比，硅原子缺少一种天生的易变性，不能随意变成二价或三价电子，从而与其他原子化合生成新的环状脂肪酸或糖类化合物。另外，要生成新的价键，硅原子也要消耗掉比碳原子更多的能量。虽然地球的硅含量是碳的 100 多倍，但自然母亲却选择了碳这种较为稀少的元素，让它成为生命起源的必备成分。

硅原子之所以不能成为生命体的必备元素，还有另外一个原因：硅的价键极易在水中溶解。大部分关于生命起源的理论都涉及水的存在，并非只是因为氢和氧在很多有机化合物中都是重要的元素，同时也因为在液态水的环境里，能让生命在地球上形成的那些“最初的化学反应”可以更容易发生。

米勒和尤里当年所做的实验，从某种意义上来说，只是强力地证明了一个世纪前达尔文提出的一个假设：生命起源于水。在达尔文写给植物学家约瑟夫·胡克（Joseph Hooker）的一封信里，他曾设想生命最初一定是出现在一个小小的,但是却温度适宜的水塘里。他还设想在那个水塘里一定存在：各种氨、磷酸盐、光、热、电。后来出现的大部分关于生命起源的理论中，或多或少都包括了达尔文假设的“原始汤”理论。该理论认为，液体的自然波动和起伏翻滚可以帮助一些新的化学运动出现，并出现新的化学反应。诚然，碳是一个天才的连接者，但如果没有一个环境允许它自由自在地移动，随意地遇到或撞到其他的化学元素，碳的超强连接能力也将无从施展，那些壮观且奇妙的各种聚合物链就无法生成，只能永远地“躲”在相邻可能里，找不到打开空间大门的钥匙。

与碳原子一样，水分子也具备几种超常的特性。因此，水作为一种媒介物质，非常适合在生命起源的最初阶段帮助维持生命的存在。从水分子里分离出来的氢键比存在于“一般液体”里的价键要更稳定10倍，因此，当水作为一种媒介存在时，它就具备了更多的优势。首先，水作为液体存在的温度区间为0℃～100℃，这是一个非常大的空间，比其他任何一种液态物质都具备优势。由于氢键的这些优势，当地球上出现了最初的生命体后，避免了海洋里的水因为温度太高而全部蒸发得无影无踪。其次，水还具备一种超常的功能，那就是溶解能力（举一个例子，黄金的稳定性是众所周知的，但如果把黄金放在水里，只要时间足够久，它也会被水慢慢地溶解）。由于水的流动性和溶解性，当水里面的元素慢慢地移动、前行时，它们更容易相互碰撞，也能更轻易地创造新的网络连接。最后，因为氢键的超强稳定性，当一些新的化合物组织出现后（部分化合物组织与碳原子有关）便具备了更强的稳定能力，并在“原始汤”里寻找机会与其他化合物连接生成新的化合物。

因此，当回顾生命起源的历史时，**我们发现生命起源的创新动力具备两**

个基本的特性：首先，能够与尽可能多的其他元素建立新连接的能力；其次，可以促进系统里各种元素之间活动与碰撞的“随机性”环境。至少在地球上，生命起源的故事背景一定是一个液态的、超高密度的网络系统：“原始汤”里的碳原子不停地与其他元素相遇并连接。一旦经过这些原子的活动与连接，并组成了一些新的分子，地球上就不只是存在一些化学和物理反应了，生物进化的开端也就出现了。当第一份脂质因为分子的自发组合活动而在地球上出现后，一扇生物进化过程中的相邻可能之门就打开了，并最终形成了细胞膜；当第一种核苷酸生成以后，又一扇相邻可能之门打开了，并最终慢慢地进化、演变并生成了 DNA。这些都是生命起源故事里的一些关于创新的小情节。

混沌的边缘与信息外溢

数十年前，计算机科学家克里斯托弗·兰顿（Christopher Langton）曾注意到一个现象，他发现适于创新的系统环境一般都倾向于靠近“混沌边缘”（edge of chaos），也就是处于太多的规则与无规则之间的一个有利的系统空间（他的这个观点也是斯图尔特·考夫曼提出的相邻可能的核心）。兰顿有时利用物质的三种物理状态——气态、液态、固态来进行比拟，以更加形象地说明各种系统网络环境的特点。

试想一下分子在这三种不同物理状态下的活动特点。在气态的环境里，到处都是混乱与无规则。新的连接组合虽然较易生成，但因为所在环境的易变性和不稳定性，这些新生成的组织结构又会再次受到冲击，并分裂开来。在固态的环境里，则是另外一种完全相反的情形。新生成的组织结构虽然具备足够的稳定性，但却不能轻易改变。一经比较就会发现，只有在液态的环境里面，才能更容易地去开发相邻可能。分子之间不断地自由组合成新的连接，而所处的环境又相对稳定，不会破坏那些新生成的结构。“原始汤”里的碳原子们不断地移动，形成了一种高密度的液态网络系统。人脑里的数千亿个神经元细胞则组建了另一种形式的液态网络：网络之间进行了高密度的连接，持续地去开发相邻可能，同时，又能把新生成的有用的连接长期保存。

在关于液态网络的推论中，存在着一个假设性的推测（虽然前提是要通过追溯历史才能发现），那就是在不同规模和不同发展阶段的创新环境都有一个共同的特点，即人类一旦开始自行组成一种类似液态网络的组织，创新与发明就会不断地涌现。早期人类组成的社会组织类似于一种气态网络。一小群人聚集在一起形成一个部落，但各部落之间是分散的，与其他部落几乎没有接触。农业改变了这一切。人类第一次形成了较大规模的群居组织。有时群居的人数可达上千人，甚至上万人。在这样大规模的群居组织存在并发展了一千多年之后，人类便逐渐开始了一种新的生活状态，即与陌生人分享生存空间。随着人口的增加，相互联系的人们之间可能会产生更多的连接。好创意更容易被其他人知道和利用，于是新的协作模式更有可能成形。

对于在人口众多的社会组织里出现的信息分享，经济学家们有一个比较形象的术语："信息外溢"（information spillover）。一旦某个好创意的发明者与成千上万的人共同生存在一种文化环境里，那么，他的好创意就更倾向于在这个环境里慢慢地传播开来。即使发明者希望保密，这些创意也一样会慢慢地扩散与流传。"外溢"这个词是准确的。它能形象且具体地描述在那些人口密集的群体里，流通的信息呈现的一种"液态"的特点。随着地球上物种的演变，智人（Homo Sapiens，现代人的学名）在数百万年的时间不断地进化与发展，且取得了巨大的进步。最终智人发明了农业，创造了语言、艺术，以及用于捕猎的精巧的工具，并且学会了烹饪食物。然而，在他们定居于城市之前，他们并不知道如何在一种"高密度的液态网络"里生活。

当他们生活在这种社会环境里时，将会出现一些什么样的新变化呢？要真正了解这种变化的深度与广度，我们可以采用这样一种视角来看问题，即先去“测量”一下城市出现以前的创新速度。

为了方便分析与看清问题的实质，我们把人类大约 7 万年的发明创新史压缩到一条简化的时间轴上，这条时间轴到公元前 2000 年左右结束，也就是第一座城市出现后的几千年。

一旦从这样的视角来看待这个问题，答案就比较清晰了。当地球上出现第一座城市以后的几千年里，人类想出了各种各样的新发明。于是可以发现，在城市这种高密度的人口聚集组织和社会发明的大量涌现之间存在着某种关系。但这两者之间的关系是否存在随意性呢？单单从这个时间轴上，我们不能找到答案。此外，我们对于创新历史的细节知道得并不多，从而不能推断出城市环境对于在其中发生的各种创新与发明的重大意义。但人们已知的各种间接证据却是相当多的。

毫无疑问，在地球上出现城市之前的漫长岁月里，有一些（多指原始社会）依靠狩猎和采集生活的人曾经偶然发现肥皂有净化和清洗的功能，或者曾经设想过要修建水渠，但是我们对这些可能出现过的好创意没有任何可以查询的记录。然而，缺乏记录正是问题的关键所在。**在一个低密度、混乱的网络系统里，好创意出现以后就消失了。而在城市密度较高的社会网络里，好创意很容易得到流传与扩散。**思想与创意不断外溢，并通过这种外溢得以保存下来，被后来的人们加以利用。高密度的液态网络不仅有利于好创意的产生，同时，也有利于保存这些创意。文字、书籍、维基百科问世前，城市作为一种液态的社会网络系统，帮助人们将各种智慧集中、保存、延续下来（见图 2—1）。

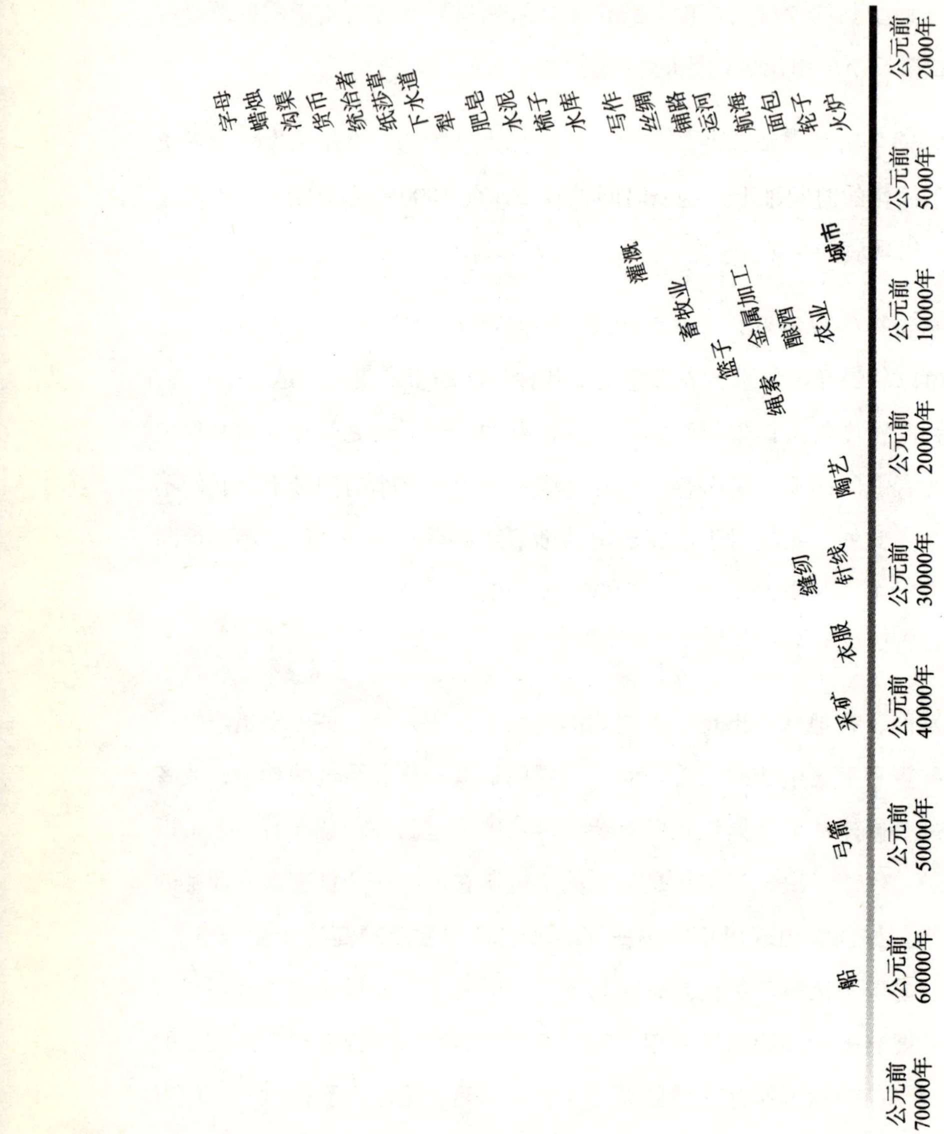
公元前70000年
船
公元前60000年
弓箭
公元前50000年
采矿
公元前40000年
衣服
缝纫
针线
公元前30000年
陶艺
公元前20000年
绳索
篮子
金属加工
畜牧业
酿酒
农业
灌溉
公元前10000年
城市
公元前5000年
字母
蜡烛
沟渠
货币
统治者
纸莎草
下水道
犁
肥皂
水泥
梳子
水库
写作
丝绸
铺路
运河
航海
面包
轮子
火炉
公元前2000年

图2—1 创新速度与城市

欧洲文艺复兴的诞生地在意大利北部。在当地山区人口稠密的一些小镇上，文艺复兴时期曾经涌现过大量商业与艺术领域的创新和发明。城市社会网络的崛起，再次促使好创意不停地涌现。

在 14~15 世纪，意大利北部是欧洲城市化程度最高的地区，这一切并非巧合。不过，文艺复兴时期的创新模式与城市首度形成时的模式之间有一些不同之处，因为米开朗基罗（Michelangelo）、布鲁内莱斯基（Brunelleschi）和达·芬奇（Da Vinci）等人，都是从一种受到规则限制的中世纪文化背景里诞生的。如果把（多指原始社会）依靠狩猎和采集生活的人组成的群居部落，比作一种气态的网络——既混乱无章，稳定性又差，那么，如果信息的传承只能靠一些修道院的抄写员进行记录，这种文化就是另一个极端的状态了。这种修道院主导的文化环境可以比作一种固态的文化。伟大的意大利发明家打破那些束缚信息流通的条条框框，让更多想法在更加广阔的、相互连接的人群中流通，给欧洲的思想界注入了新的生命力。

历史学家们早已注意到，在文艺复兴时期，艺术与科学领域里的蓬勃发展与当地早期出现的商业资本主义之间具有某种关联性。后者本身也进行了一系列的创新，包括银行系统、会计方法和保险方案等。有一点可以肯定，即资本主义的发展加速了意大利城市的发展，并创造了一部分剩余价值，可以用于支持一些建筑家和艺术家的事业，比如，米开朗基罗和布鲁内莱斯基。但是，资本主义与创新之间的联系比我们通常所设想的要更加微妙一些。是的，**自由市场引入了新的竞争模式，并促进了资本的积累，从而推动了新创意的创造与应用**。但是，对于自由市场的定义不应当只是局限于利润的积累层面。回顾一下资本主义的一个关键的概念性工具：复式记账法。歌德（Goethe）曾称它为“人脑想出的最美妙的创新”。复式记账法已成为当代金融会计的基石。它的创新之处在于，对于任何一种财务活动都可以分为两种分类账进行记录。一种分类账反映“借”，另一种分类账反映“贷”。复式记账法让商人们可以更加清楚地了解自己的账务状况，且其准确程度胜过以前的任何一种方法。

当复式记账法最早由圣方济会的修士和数学家卢卡·帕乔利（Luca Pacioli）记录在册时，意大利的银行家和商人们使用这种方法已经两个世纪之久了。这种记账法是由一名颇有远见的会计师始祖独立发明的，或者是由几个企业管理者同时想出来的，亦或者，信奉伊斯兰教的企业管理者们在几个世纪前就曾对复式记账法进行过实验，并最终将这种方法流传了下来，关于这些猜测我们并不能给出确定的答案。不管这种记账法源自哪里，它最初都是在意大利的一些商业大城市得到普及的，这些城市包括：热那亚、威尼斯和佛罗伦萨。因为在文艺复兴的早期，商人们相互之间会商讨如何更好地管理自己的财务，于是复式记账法便开始慢慢地普及。

关于复式记账法的起源有一点非常奇妙，那就是这种记账法并非是谁的私有财产，尽管它对资本主义企业创造更多的财产起到了重大的作用。现代资本主义发展过程中出现的这一最重要的工具不仅曾经为大众所利用，同时还在意大利一些城市的液态网络中流通与发展。复式记账法帮助人们更清楚地了解自己所拥有的财产，但却没有任何人拥有这一记账法的所有权。复式记账法这个创意的作用是如此之大，以至于它不可能不“外溢”并为其他人所采用。

从复式记账法的故事里，我们可以看到市场突现的一条关键原则：当经济结构由封建组织转化为最初的现代资本主义时，等级层次便被弱化了，取而代之的是更多的网络化系统。如果社会以市场的运作为中心进行其他层面的构造，而不是以城堡、修道院等为中心，那么这个社会的决策权就更广泛，从而使更多的人可以根据具体情况作出决策。可以从一个最为基础的数学算法来看，创新能力为什么能在以市场为中心的社会环境里得到巨大的发展：不管“权威”的决策者们有多么聪明，在以市场为中心的社会环境中产生的创新能力，一定比从封建城堡里产生的多上若干倍。在城市与市场中，更多的人可以参与到一项伟大的集体壮举中，那就是共同去开发相邻可能。在一般情况下，只要人群中存在思想的“外溢”，好创意就更容易产生，也更容易得到普及和利用。

从网络化的角度来思考创新的来源，并非是在特别地强调“全球大脑”（global brain）或“群体意识”（hive mind）的作用。虽然，确实有一些问题是靠“集体思维”解决的，比如：邻居们共同完成的社区建设、制定关于市场定价的不同信号、由社会性“昆虫”创造的那些壮观的建筑等。但是，正如众多批评家们所指出的那样，大规模的“集体思维”取得创新进展的情况并不多见。其中，最近的一位持这种观点的批评家是计算机科学家和音乐家杰伦·拉尼尔（Jaron Lanier）。造成这种现象的原因之一就是人们的“从众心理”（herd mentality）在作怪。当意大利出现最初的一些商业化城镇时，高水平的“群体意识”并没有像变魔法一般地同步形成。在这些城市里，只是思想的“大池”变得更广阔，好创意更容易相互分享。**这并非是群众的集体智慧，而只是群众当中的某个个体的独立智慧。并非网络本身很聪明，而是因为个体与网络相连接而变得更加聪明。**

实验室会议，好创意诞生的地方

1964 年，著名小说家阿瑟·库斯勒（Arthur Koestler）出版了一部史诗性的著作《创造的艺术》（*The Act of Creation*）。此书试图解释科学界和艺术界的一些突破性创新是如何产生的（在开篇部分，库斯勒花了大量的笔墨讲述人的幽默感，因为他认为幽默感与诗人及物理学家们较丰富的灵感是相关联的）。

库斯勒的研究范围很广，从阿基米德到爱因斯坦，从弥尔顿（Milton）到乔伊斯（Joyce）。库斯勒的分析生动有趣，引人入胜，时时妙语连珠，具有很强的说服力。在这本书中出现了各种各样的分析案例，从中可以发现一个不断重现的模式。据他看来，创新行为只是发生在人脑中的一种活动，而他对于可以促进和鼓励创新行为得以发生的居住环境几乎只字不提。比如，从这本书的目录中可以发现，书中没有一个章节是在讨论创新行为得以产生的超级动力源——城市。库斯勒相信，创新的能量来源是不同学科之间的相互碰撞与影响。但是他好像对让这些不同学科之间的互动得以完成的环境特点并不太感兴趣，比如：人类的生活环境、办公环境、媒体环境。从根本上来看，认为好创意产生于人的大脑是正确无误的，但是，大脑不可避免地都是与外部的一些网络相互连接的。通过这些网络才能完成信息和灵感的传递与流动，也只有在这些网络中，伟大的创意才能生成。

对于科技发展的重大突破是如何产生的这一问题的答案，并非只有库斯勒一个人感兴趣。托马斯·库恩（Thomas Kuhn）曾经出版过一本更具影响力的著作《科学革命的结构》（*The Structure of Scientific Revolutions*）。这本书比《创造的艺术》还要早两年问世。在这两本书出版以后，不计其数的学位论文和学术文章都从心理学与社会学的视角对科学发展的成因进行过探索。一些研究者着重从具有传奇色彩的伟大科学家的生平故事切入研究；还有一些研究者则通过在实验室里模拟一些科学发现中涉及的认知活动，并进行实验分析，从而从理论上找出答案；另一些研究者则采访一些杰出的科学研究者们，询问他们在产生奇思妙想的顿悟时刻是一种怎样的情形，同时请他们回忆自己的思维范式改变时的一些具体细节。

20世纪90年代早期，麦吉尔大学（McGill University）的心理学家凯文·邓巴（Kevin Dunbar），决定采用另一种视角进行研究：他不去阅读科学家们的生平故事，也不去试图在实验室得出结论，也不去听科学家们回忆自己取得科学突破时的一些细节，相反，他准备去实地观察他们是如何进行工作的。邓巴的研究风格其实更加接近于真人秀节目《老大哥》（Big Brother），与传统的科学研究的哲学思路相去甚远。邓巴在4个领先的分子研究实验室里安置了摄像机，将室内进行的各项活动尽可能详细地记录下来。同时，他还对一些科学研究工作者进行了大量的深度专访，请这些人描述最近在实验中取得的各项进展，以及各种假设性思路和思路的转变过程。这些都采用了一般现在时态来进行描述。

邓巴采用的录音采访和媒体采访这两种新的研究思路，让他避免了传统研究中普遍出现的一个问题：研究依靠被采访者的回忆。因为，被采访者在回忆的过程中，一般会倾向于将自己最初想到创意的过程简化、压缩成一些简短的陈述，而不再记得去讲述自己是如何一步一步地在曲折的研究之路上，最终克服难题，找到好创意。邓巴把自己的研究思路趣称为“in vitro”，意为体外研究模式，与传统的“in vivo”体内研究模式相对应。换句话说，邓巴并非是在人造的培养皿环境里，而是在自然环境里，研究创新的形成模式。

邓巴和他的研究团队将所观察的实验过程的各种细节都详细记录下来，并用一种自定义的分类系统将各种信息交换行为进行标注，从而可以对在实验室里流通的信息进行追踪，找出其中潜在的变化模式。比如，在团队互动活动中，科学家之间的信息交换活动可以被标注为“说明”、“同意并阐明”或者“疑问”等。最重要的是，邓巴追踪了每个研究项目进程中所发生的思维变化。比如，一位研究者为了在实验中完成一种稳定的可控制操作，曾做了无数的持续尝试，但却一直遇到各种挫折而不能成功。于是他突然间发现，要解决这个问题，可以进行另一组全新的实验；两位正在进行不同研究项目的科学家通过信息交换，突然发现在两人的研究之间存在着一种惊人的关联性，且这种关联性的意义十分重大。

邓巴在进行了各项实验以后得到了一项惊人的研究结果，那就是大部分科学研究的突破性进展都与其所处的物理环境之间存在着一种关系。比如，像分子生物学这样的一门科学研究，我们不可避免地会在大脑里对它的研究场景进行假设，认为一般都是由科学家们在实验室里孤独地进行研究：他们弯着腰，站在显微镜前面仔细地观察，在一个偶然的机遇，突然就有了一个对研究项目很关键的新发现。但是，**邓巴的研究结果表明，上述这种不经意间的顿悟是不容易出现的。相反，大部分科学研究的重大发现都是出现在实验室里的科研讨论会上。**在讨论会上，十几名研究人员聚集在会议桌前，随意地提出自己研究中存在的问题，并讨论最近的工作进展和如何进行下一步的计划。如果看看邓巴绘制的、产生好创意的信息分布地图，我们不难发现，好创意的集中产生地并非是在显微镜的镜头下，而是在研究人员的会议桌上。

邓巴在研究中发现，某一组的信息交流活动更能引发研究的重大突破。在小组讨论的过程中，研究问题的背景信息会再次得到阐明，同时，来自同事们的提问会引导研究者从一个新的思维方向对问题进行思考。讨论组的一些信息交流与互动活动会让研究者重新审视自己在研究中遇到的一些奇妙现象，从而避免他们把这些现象当作由于实验的操作失误而出现的偶然情况。邓巴认为，在小组共同讨论并解决问题的过程中，“一个讨论者的理论分析所取得的成果，可以作为另一个研究进行下一组理论分析的依据之一……层层推进后，最终整个项目研究的方方面面都会受益，并取得一些重大的进展”。在实验室的讨论会上，不同研究领域之间才更有可能出现一些有用的类比。

邓巴的研究带来一个鼓舞人心的新发现：即使在当前科技技术最为先进的分子生物学实验室里，取得更多好创意的关键还是在于一群研究者们围坐在会议桌上，各抒己见地进行讨论，共同分析和解决问题。实验室里的讨论会为研究者们创造了一种良好的环境，在这种环境里，新的信息可以进行组合，一个项目的信息也可以外溢为其他项目组的研究人员所用。相反，如果研究者只是独自在办公室里工作，对着显微镜不断地观察，那么他的思维很可能会受研究环境的限制，也可能受困于自己的思维偏见。而研究小组的讨论会则提供了一种社交环境，通过讨论与对话，让信息得到“流动”，从而把一种“固态”网络转变成一种利于好创意出现的“液态”网络。

MIT 的 20 号楼和微软的 99 号楼

凯文·邓巴对会议室的研究告诉我们，会议室并非可有可无，相反，会议室的物理结构特点对我们大脑里的好创意的产生起着具体的推动作用。如果想把信息的液态网络冷冻并固态化，最快的方法就是把工作人员安排到一个个独立的办公室里工作，并把交流的大门紧闭。因此，为了避免这种恶劣情况的出现，网络时代的许多公司都更加倾向于在公共区域里布置工作环境，不需要经过提前的预约安排，各个部门之间的员工都可以随意闲聊，自由地组合在一起工作。在《纽约客》的一篇文章中，马尔科姆·格拉德威尔（Malcolm Gladwell）把这种有趣的现象形象地比喻为：企业办公室向西部农村的进发。公司之所以这样安排员工的工作环境，初衷其实是为了在规章次序与杂乱无章之间寻找一种平衡。早期人们对远程办公的便利进行了铺天盖地的吹捧和宣传，受其影响，李岱艾广告公司（TBWA）曾经尝试在公司内部，将办公室的环境以“无区域划分”的形式进行布置。将办公桌和员工的小隔间随意摆放，连办公室的私人区域也不能幸免。结果是员工们在公司里没有固定的办公地点。根据每一天所要进行的工作项目的情况，员工们进行自由组合，并把工作区域进行新的安排，以便适用于当天临时的工作需要。总的来说，这次尝试是一次巨大的失败，因为它只是让过度的混乱取代过多的秩序。

近年来，比李岱艾广告公司的开放式办公室计划更加保守一些的方案也渐渐地不再受人们欢迎了。其中一个最重要的原因就是人们不喜欢在这样的办公室里工作。当人们在一个开放式的办公环境里工作时，就如同完全公开地当众工作。事实证明，在这样的公开环境里工作，其弊端与在关起房门的私人办公室里工作一样多。一种更加理想的工作环境的设置可以参照麻省理工学院具有传奇色彩的20号楼。该楼是建于第二次世界大战的一个临时建筑，但最终却安全地屹立了55年。把这个建筑当作一个参考，一方面是因为它培育出许多突破性的创意，另一方面是它孕育了一些研究机构，比如：诺姆·乔姆斯基（Noam Chomsky）的语言学系，博士音响（Bose Acoustics）和美国数字设备公司（Digital Equipment Corporation）。

为了纪念20号楼的辉煌历史，麻省理工学院曾在一篇媒体报道中写道："因为这座楼没有分配给任何一个学院，任何一个系，或任何一个研究中心，于是，一般情况下，它总是能为一些新的研究项目提供工作地点，为研究生的课题研究提供环境支持，也为跨学科研究中心提供生存空间。"

斯图尔特·布兰德（Stewart Brand）在自己的著作《建筑物如何学习》（*How Buildings Learn*）中，对20号楼进行了强烈的赞美，指出它成功的魔方：在这样的工作环境里，规章次序与杂乱无章之间达到了一种完美的平衡。和其他大多数的学术大楼一样，楼里也有墙壁、房门和办公室。但是，因为这座大楼最初只是一个临时性建筑，其使用年限当时估计为5年，5年后将可能被推倒并毁掉。因此，一旦有新的研究思路出现，在大楼的空间利用上就会有新的需求，而如果要在这座大楼内根据需求做一些环境布置方面的改变，管理当局的干预和阻拦一般不大。

因为人们的办公环境都处在一些固定的物理结构中，所以，大部分的办公室都有一种自然的倾向，会去打乱并干扰信息组成的液态网络。从根本上来说，所有办公环境都是由固态的实体组成的，于是人们常常倾向于通过划分不同的部门和组织等级，制定正式的组织结构图，形成一种概念上的实体地图。20号楼却尽力抵制这种让思想僵化的力量，其中最简单的一个原因就是，这座楼的造价很便宜。如此一来，为一个新的研究思路创造合适的研究环境，在20号楼工作的人们完全不担心会因为推倒一面墙壁，或者在天花板上打一个洞而受到处罚。不过，建筑学家和室内设计师们正在研究如何去创建一种新的工作环境，从而为促进信息的液态网络的流动提供更为稳定的支持。

2007 年 11 月，微软公司位于华盛顿州雷德蒙德市（Redmond）的研发总部开始投入使用。这座办公楼就是著名的 99 号大楼。这座楼是由微软设计师玛莎·克拉克森（Martha Clarkson）与一些微软内部爱搞小发明的研发部门的同事，以及一些具有跨学科知识背景的同事一起合作完成的。99 号楼最初的设计思路是：建造一个办公楼，让它可以根据不同的研究需要和研究灵感，而对建筑物进行重组和变形，以便提供最合适的工作环境。建筑内部的各个办公区域都是由一些特殊的墙围成的。这些墙可以根据员工的工作需要进行移动,并重组成新的办公区域。在较大的“情景工作室”（situation rooms）里，一般是一些重大项目的团队在工作。在这种工作室里，有一些较为私密的工作站、会议桌，还有沙发。大部分的墙都是可以任意涂写、擦试的。这样一来，如果员工在去洗手间的路上突然想到了一个创意，就可以马上在墙体上写下来，方便其他的同事看到。在传统的办公室里，茶水间一般放置着咖啡壶和冰箱等。而在这种新的建筑里，取代茶水间的是一些开放的“交流站”（mixer stations）。在这些地方，员工们可以聚集在一起分享各自的想法或者聊聊天。**在某种意义上，克拉克森先在设计图上确定了各个茶水间的位置，接着以它们为中心，设计了一个新型的办公楼。**

20 年前，米哈里·希斯赞特米哈伊（Mihaly Csikszentmihalyi）描述人脑最有效率的状态时，首次引入了“心流”（flow）的概念。这个比喻是相当巧妙的，因为它准确地描述了当人脑想出好创意时，脑内必须具备的一种流动状态。这种流动性并非像激光照射一样强度集中，也和一次突然发生的“头脑风暴”所带来的神奇顿悟有区别。这种流动的状态更像是沿着小溪漂流，有一个明确的流向，但同时，又因为溪水自然的波动和回旋冲击，而被撞向一些令人感到神奇的新方向和新角度。

然而，当我们站在99号楼的中庭里时，我们很容易发现一点：这幢建筑物的空间设计是人为地构建起另一种完全不同的“心流”。这种“心流”的生成源于一种液态网络，一种由来自不同的“情景工作室”和“交流站”工作的人们，在大脑中进行有效思考并通过集合连接而形成的液态网络。

99号楼和20号楼一样，都在空间的设置上把可能造成的“信息外溢”当作一种优点。设计的目的之一就是为了让信息可以外溢。正是从这个角度上来看，这种特点与拥挤且人员密集的城市里形成的液态网络有一种本质上的相通性。然而，虽然有相通性，但是在全球资金最雄厚的一家公司的封闭办公室里，所能产生的思想的碰撞也是有限的，思想的生命力也是有限的。在这两点上，这样的办公室根本比不上一个大城市的一条人行道。当然，上述这两种情况都是比较极端的情形。在99号楼之类的建筑物里有一个重要的特点就是，这些建筑物都从城市环境和只具有临时使用功能的20号楼中学习到了“心流”的重要性。一个企业的办公楼将永远不能复制出14世纪的热那亚（意大利西北部城市）和20世纪的格林威治村（Greenwich Village）的那种盛况，但是，办公楼的设计为了向那个方向发展而寻找创意，力图建造一些并非给高级主管办公用的隐秘“水晶宫殿”、摈弃在角落的私密办公室或毫无特色的小隔间。这种新的设计将增加办公人员们思想的“流动性”，因为在那些根据不同的工作需要时而扩张、时而收缩的办公环境里，人们的思想可以自由流动，相互碰撞。不难想象，在未来的日子里，各种好创意将在这样的环境中，一个接一个地慢慢生长出来。要开发我们所处的相邻可能空间其实很简单，有时候只要推开一扇门就足够，但是有时候，可能还需要移动一面墙，给思想一个可以流动的空间。

WHERE GOOD COME FROM IDEAS

第3章 好创意永远是时间的玫瑰

创新模式3：缓慢的灵感

维持一个灵感的存活更多的只是慢慢地培育它，而并非是一种汗流浃背式的辛苦耕耘。只需要给灵感足够的营养，并且让它生长在能让根须建立新连接的肥沃的土壤里，然后，给它时间，静待开花结果。

掉进黑洞的“凤凰城备忘录”与“明尼苏达式猜想”

2001 年 7 月 10 日，一名在亚利桑那州工作的联邦调查局探员肯·威廉姆斯（Ken Williams），向他所隶属的华盛顿市和纽约市的上级领导各递交了一份“电子报告”。他采用的是供调查局内部使用的“自动案件支持系统”（Automated Case Support System）。这个系统是一种近似于“老古董”式的电子信息储存系统，但联邦调查局内部当时只能通过它进行在查案件信息的分享。在威廉姆斯递交的长达 6 页的报告开头，曾预言般地写道：“本报告的目的在于，向联邦调查局和纽约市当局汇报一种预测的可能性，即本·拉登及其团伙可能正在合力将一些学生送到美国的各所民航院校去学习。”

这份报告就是后来人们所知的、具有传奇色彩的“凤凰城备忘录”。在 9 月 11 日前几个月的夏日悠闲时光里，这份带有警告性质的报告虽然被提交了，但却基本上被有关人员忽略了。相当具有讽刺意味的是，就在威廉姆斯提交报告的当天，《纽约时报》上还有一篇专栏文章的标题为《渐渐消失的恐怖主义威胁》（*The Declining Terrorist Threat*）。

威廉姆斯观察到一种重复出现的模式，这让他产生了怀疑。他发现在最近几年里，有一大批人涌入美国亚利桑那州并在各种飞行院校和其他民航学院注册，而他觉得这些人的背景值得查一查。威廉姆斯曾面询过其中几人，一位名叫扎卡里亚·穆斯塔法·苏布拉（Zakaria Mustapha Soubra）的男子是持F–1签证从英国入境美国的航空工程学生。在他的家里发现了本·拉登的照片。苏布拉曾告诉威廉姆斯，他认为在海湾地区和非洲等地遭到袭击的美国军队和大使馆,都理应成为伊斯兰国家的合法军事目标。威廉姆斯还指出另外9名学生，分别来自阿尔及利亚、肯尼亚、印度、沙特阿拉伯和其他中东国家，都在不同的飞行院校里注册学习。而这9个人都和一些激进的伊斯兰教活动有着密切的关系，其中的两个人很明显都认识哈尼·罕吉尔（Hani Hanjour)。哈尼·罕吉尔正是在9月11日早晨劫持美国航空77号航班撞向五角大楼的那个人。

但是，威廉姆斯没能预测到这一危机的紧迫性。在“凤凰城备忘录”中，只提到了从长远来看，如果不加以阻止，所怀疑的这种情况一旦属实，便会最终导致在世界各地的民航飞行系统中，一些处于关键工作岗位的人将会是危险分子。这些危险分子很有可能会发动一些恐怖活动，破坏民航的相关项目实施计划。威廉姆斯认为，“基地”组织可能正在谋划一些严密的、针对民航系统的渗透方案；但是他没能预想到，两个月之后的恐怖活动是如此可怕。但是，威廉姆斯之前所提交的报告却是击中了问题的要害的。他曾提议联邦调查局应当将美国境内的所有飞行院校进行统计造册，并对所有申请签证前往其中任何一处机构学习的人加以标注和调查。

尽管这份报告曾指明要递交给数名高层官员，其中甚至包括华盛顿特区专门负责激进原教旨主义组织（Radical Fundamentalist Unit，RFU）的领导人戴维·弗拉斯卡（David Frasca)。然而，威廉姆斯提交的备忘录很快便掉进了联邦调查局内部的“黑洞”里。过了大约三个星期，备忘录都一直处于原封不动的状态。最终,这份报告递交给了一位分析家。他将这份报告标注为“普通”（routine）而非“紧急”（urgent)；而另外一名纽约探员也只评价该报告为“只是一种猜测，并非很重要”。虽然按照标准操作流程，分析家们应当把对这类文件的分析报告递交给上级查阅，但是这份“凤凰城备忘录”却最终没能递到弗拉斯卡的手中。

2002 年，当关于“凤凰城备忘录”的消息流传出来时，情报界和法律界的官员们立即回应称，威廉姆斯的警告没有实质意义，只不过是当事人的一种直觉。联邦调查局局长罗伯特·缪勒（Robert Mueller）曾公开讲道：“肯·威廉姆斯曾经建议我们启动一个项目，对所有记录在册的飞行院校进行调查。到‘9·11’事件为止，这个项目都没有启动。然而，即使当时我们采纳了他的意见，就我们在‘9·11’事件以后调查得知的情况来看，也是无法帮助我们采取有效行动避免‘9·11’惨剧的发生的。”

以上关于“凤凰城备忘录”的这些说法很明显都是正确的。但是就因为这些原因而不承认威廉姆斯的警告的有效性，也是从根本上站不住脚的。威廉姆斯偶然产生了一个引人深思的惊人想法，尽管这只是一种灵感，但是如果这一想法和另一个同样引人深思的想法进行联合，那么，“凤凰城备忘录”完全有可能将 21 世纪开端的这段历史进行一定程度的改写。

这个想法就出现在“凤凰城备忘录”提交三周后，而且它出现在距离“凤凰城备忘录”产生地仅仅 800 公里远的地方。

如果对那些曾经改变世界的伟大创意略加分析，便可以对创新发展的历史脉络了解不少。实际上，大多数的知识学科发展史都是以这样一种相同的模式存在的，即由无数对人类社会的改变与进步具有重大影响的思想、观点和顿悟等组成。但是，人们倾向于把它们的成功归功于内在的或天生的原因，即创意本身的奇巧与精妙，或者想到这些创意的人所拥有的聪明大脑，而忽略了环境在创意的生成与传播过程中的作用。这就是为什么我们要去研究那些失败的思想火花，那些曾经找到了进入相邻可能空间的路，但却不幸在那里消亡了的创意。前文中我们讲到的“凤凰城备忘录”，就是这种失败的思想火花的典型例子之一。

“凤凰城备忘录”其实凝聚着很多大脑的智慧和远见。因为在2001年7月，除了那些恐怖活动的密谋者们，肯·威廉姆斯应当是世界上最有可能探知“9·11”阴谋的人。但是，他的思考和远见的结晶却最终被证明是毫无用处的。这究竟是为什么呢？

如果简单地回答这个问题，答案就是没有人采纳威廉姆斯的建议，并采取相应的行动。而之所以会这样，原因之一是“凤凰城备忘录”没有成功地说服中层情报分析人员相信它的重要性；原因之二是联邦调查局内部的信息交流失效，导致备忘录的内容不能被负责反恐怖主义和激进原教旨主义组织的高层领导们所知晓。但是，假设在2001年7月中旬，“凤凰城备忘录”被交到了戴维·弗拉斯卡的手中，并且他最终相信威廉姆斯的猜测是有可能发生的，那么基本上有一点还是可以肯定的，即“凤凰城备忘录”无法阻止“9·11”惨剧的发生。因为如果要参照全美的各所飞行院校的入学记录，对签证申请的记录进行分析，大概需要几个月的时间。

在“9·11”事件发生后的几年里，由海军上将约翰·波因德克斯特（John Poindexter）牵头推出了一个著名的“全面信息识别计划”（Total Information Awareness Project）。如果要实时地对所有数据进行分析，并监测到“凤凰城备忘录”所提及的那种微妙的现象，即使对于波因德克斯特所倡导的项目来说也是一个不现实的目标。因此，在“9·11”事件以前的信息监控环境中去实现这一目标基本上是不可能的。另外，在2001年，联邦调查局的探员们基本上不会互通电子邮件，更别提会对照飞行院校的入学记录去对签证申请记录进行数据分析了。正是这种技术上的不足，才让罗伯特·缪勒可以断言，即使根据“凤凰城备忘录”采取了相应的行动，也是无法阻止“9·11”惨剧发生的。如果发现在飞行院校注册学习的人员中，有人的签证申请存在可疑，那么通过这条线索进行追踪是有可能找到劫机嫌疑人的。但是，在美国当时的情报系统中，并不具备可以在几周内就完成这项调查任务的可能性。因此，正是从这一点上来说，威廉姆斯的个人猜测不可能成功阻止“9·11”惨剧的发生。

在世界历史上，那些曾经让世界得到改变和进步的伟大创意都存在一个重复再现的模式。如果“凤凰城备忘录”出现以后，也能按同一模式发展，那么它极有可能在阻止劫机事件中起到重大的作用。**这种模式要求新产生的灵感和其他灵感进行碰撞和互动。**

刚好在肯·威廉姆斯提交“凤凰城备忘录”后的一个月，扎卡里亚·穆萨维（Zacarias Moussaoui）在位于明尼苏达州圣保罗市的泛美国际飞行学院（Pan Am International Flight Academy）注册学习。在这所学院里，他开始接受训练，在一架波音 747–400 模拟飞机上进行飞行学习。指导教师和其他的学院雇员们很快就对这位新学员产生了怀疑。穆萨维用现金支付了高达 8 300 美元的学费，而且他对驾驶舱门操作的细节表现出极大的兴趣。不过，他却一再表示对驾驶真正的飞机是完全不感兴趣的。泛美国际飞行学院的工作人员联系了联邦调查局，并将相关情况进行了汇报。调查局在对穆萨维的背景进行了一次快速的调查以后，于 2001 年 8 月 16 日，在一家汽车旅馆以违反移民法为由将他逮捕了。

在对穆萨维进行了审问之后，以哈利·萨米特（Harry Samit）和格雷格·琼斯（Greg Jones）为首的案件调查人员们确信他将作出危及美国安全的行动，并且可能是某一个更大的阴谋组织的成员。之后，联邦调查局为了在明尼苏达分局取得搜查许可证，开始积极地向上级部门进行申请，但却最终无果。8 月 21 日那天，这份搜查许可证的申请被正式否决，因为上级部门认为申请中提及的证据并不充分，只不过又是一个“异想天开”的猜测。在此后的一周里，明尼苏达分局向联邦调查局总部申请对穆萨维的笔记本电脑进行检查，但同样没有成功。格雷格·琼斯曾一度提出警告，他说穆萨维可能会阴谋设计利用一种什么物体撞向世贸大厦。直到“9·11”事件发生后的当天下午，这份搜查许可证才最终得到批准。而这时，事实却以一个惨烈的悲剧来证明格雷格·琼斯曾经的猜测是多么地具有先见之明！

以上是两个关于灵感的故事：肯·威廉姆斯的灵感在于，他认为通过对比分析签证申请记录和在飞行学院注册入学的学员情况，可以监测到一些由各种激进的原教旨主义活动者们策划的阴谋；明尼苏达调查局的办案人员们的灵感在于，他们认为扎卡里亚·穆萨维可能想劫持一架飞机撞向世贸大厦——当然，这一灵感和另一个灵感是有联系的，即泛美国际飞行学院的指导教师们猜测，穆萨维对于自己在模拟飞机上进行飞行训练的真实意图进行了隐瞒。

独立来看，这些都是单个猜测，且每一个猜测的依据都并不充分，然而如果把这几个猜测联合起来思考，那么对扎卡里亚·穆萨维的笔记本电脑进行检查可能就是完全必须的了。当然，如果联邦调查局的探员们对扎卡里亚·穆斯塔法·苏布拉的个人物品进行全部查看，那么肯定会发现，他不仅与“9·11”事件的11个劫机人之间都有直接关联，而且通过追踪他的西联（Western Union）汇款账号，可以从他最近的汇款操作中发现其汇款对象就是“9·11”事件关键联络员拉姆齐·比纳尔谢赫（Ramzi bin al-Shibh）。

我们无法确认的一点是，仅有以上的这些信息是否可以确保联邦调查局的探员最终追踪到穆罕默德·阿塔（Mohamed Atta），或者再对扎卡里亚·穆斯塔法·苏布拉进行深度审问，从而最终揭示出“9·11”阴谋的全部细节。当然，这些都是在相邻可能空间之内的。但不容置疑的一点是，在2001年8月下旬，如果要阻止劫机事件的发生，唯一的希望只存在于将上述两个独立的灵感联合起来进行思考。

让灵感在时间的滋养中慢慢成形

观察“凤凰城备忘录”这一思想火花的起起灭灭，我们明白在城市中和网络上，创意会呈现出超线性的增长。大都市与网络之间存在着一个关键的共同点：两者都是稠密的液态网络；在那里，信息很容易沿着多条不可预知的路径流动。这种交互的连接形式有利于孕育出伟大的创意，因为伟大的创意最初都只是一个半成品——更多的像灵感，而不是启示。真正具有突破性的远见并非是瞬间生成的。设想有恐怖分子会劫持飞机直接撞向建筑物，或是要设计出一台可以编程的电子计算机，这些都具有极大的挑战性。

因此，绝大多数的伟大创意最初都是以一种不完整、不全面的形式出现的。它们隐含着某种深奥的种子，但缺乏一个关键元素，让灵感转变成真正有威力的东西。在通常情况下，这种缺失的元素就存在于世界的某个角落里，在另一个人的大脑中以一个直觉或灵感的形式存在。液态网络塑造了让这些并不完整和成熟的创意可以相互连接的环境，提供了让创意联姻配对的机会。这种网络不仅能使创意更易于传播，而且还有一项更加伟大的功能：帮助创意完整成形。

肯·威廉姆斯的猜测性灵感所存在的问题，并非是它没有预测到“9·11”事件的各条具体细节或是不能预测到问题的紧急性，也并非是这条警告对于真正阻止“9·11”阴谋发生的切实可行性。他真正的问题是环境性的：“凤凰城备忘录”非但没有在一个稠密的信息网络中流动，还因为联邦调查局的自动案件支持系统，被丢入了一个与外界隔绝的“信息黑洞”中。因此，“凤凰城备忘录”不仅没能与其他信息进行连接，还被存放在一个类似于“上锁的文件柜”里。**一个没有连接的灵感，注定只能是灵感而已。**

然而，在“凤凰城备忘录”与“明尼苏达式猜想”之间存在着一个根本性的差异：时间。飞行学校的老师们在几个小时内就对扎卡里亚·穆萨维的行为和他提出的问题产生了一种怀疑。相反，肯·威廉姆斯在经过几年的调查之后才产生了猜测，认为部分飞行学校的学员对国家安全存着某种威胁。“凤凰城备忘录”的出现并非源于威廉姆斯的直觉，而是一个随着时间慢慢成形的想法，是经过无数个小时的观察与探询后才得出的。

近年来，很流行这种“明尼苏达式猜想”，亦即本能直觉。人的“情绪脑”对某种情况闪现出一个快速的评估，并且这种评估不受缓慢的逻辑推算的验证，但它却是非常准确的。关于这种现象的研究可以追溯到20世纪80年代。当时，安东尼奥·达马西奥（António Damásio）对大脑受损的病人做过一些观察实验，发现他们因为无法作出本能的“瞬间判断”（snap judgments），而会表现出大量异于常人的奇怪举止。马尔科姆·格拉德威尔的畅销书《眨眼之间》（*Blink*）几乎从头至尾都在探讨瞬间直觉的力量以及偶尔出现的危险。书中提到了相关的事例，比如，历史艺术家在几秒内就知道一个古代雕塑是不是赝品；纽约市警察局的警察所作出的毁灭性的瞬间判断——他误以为一个伸手到口袋里拿钱包的人是准备去掏手枪。

然而，这种依靠直觉作出瞬间判断的功能再强大，也无法改变一个事实，即它们当中能成为改变世界的好创意的情况是极为罕见的。**大部分好创意必定是慢慢孕育才最终形成的。**最初，对一个问题，感觉会有一种新的解决方法。这种感觉虽然不太清晰，无法用语言来形容，但却真实地存在着。这种感觉在大脑的角落里若隐若现，有时候会持续几十年。

在这一过程中，它会慢慢和其他的创意碰撞、连接，慢慢找到让自己成长突变的力量来源。之后的某一天，这种感觉或想法就转变成了更加重要且具有现实可能性的新创意，而导致这种转变的原因，可能是因为发现了一座新的信息宝库，可能是和另一个人大脑中的猜测或想法进行了组合连接，也可能是因为大脑中又出现了另一个创意，并把它们进行了串联整合。因为这类慢慢孕育中的灵感需要很长的时间去成长和发展，其生命力并不强大，甚至相当脆弱，很容易因为每日的琐事而被忽略。但这个漫长的孕育期正是这一类创意的强大力量之源，因为要得到真正独特的见解，必须经过同样的过程，以同样的方式去思考别人从未思考过的问题。**一般情况下，瞬间闪现的判断也就只是一种判断。**比如，这个人是否值得相信呢？这个雕塑是不是真品？而一个新创意或想法要比这些判断复杂和深刻得多，它是解决一个问题的新思路，或是发掘一个尚不为人所知的新机遇。但凡具有突破性的创意，一般都要花费很长时间才能生成。

18世纪的科学家约瑟夫·普利斯特里决定做一个极富创意的实验，他把一根薄荷枝隔绝在一个封闭的玻璃瓶中。这个著名的实验最终证明了一点，植物是能生成氧气的。这个发现是现代生态系统科学中最为根本的发现之一，而这个实验源于普利斯特里大脑中的一个孕育了20年的猜测。少年时期的他，非常喜欢把蜘蛛关在玻璃瓶中。当时，他产生了一个想法：生物被放在封闭的容器里就一定会死亡的事实，一定隐含着一些有趣的玄机。这一想法最终被证明触及了一个更重大的生物规律。他将这个想法一直保存在大脑的一个小角落里，直到理解其中奥秘的时间已经成熟。

这并非是对一个问题进行长期坚持不懈地调查和研究的过程。在那20年间，普利斯特里涉及了十几个不同的研究领域，进行过数百种不同的实验，与当时世界上学术水平遥遥领先的其他学者和科学家们进行过无数次的交流。他只把极少的一点时间和精力用来思考植物呼吸过程这一问题。普利斯特里所做的，只是在大脑里一直保持这一想法。维持一个灵感的存活更多的只是慢慢地培育它，而并非是一种汗流浃背式的辛苦耕耘。只需要给灵感足够的营养，并且让它生长在能让根须建立新连接的肥沃的土壤里，然后，给它时间，静待开花结果。

马尔萨斯顿悟

人们往往给后见之明的镜头涂上了凡士林，让那些缓缓发育中的灵感模糊从而被错看成一个又一个瞬间闪现的顿悟。发明家、科学家、企业家、艺术家们都喜欢把自己取得的重大突破说成是源于某种顿悟，一部分原因是，在描述创意出现的过程时，如果把它归结为一种灵光乍现的结果，能产生叙事快感；另一部分原因是，灵感在慢慢孕育的过程中，其发展变化是极其缓慢和随意的，毫无章法可循，因此很难进行清晰地描述。但是，**如果我们细细观察一下人类各科知识发展与积累的过程就会发现：慢慢孕育的灵感是常规而非例外。**

在《查尔斯·达尔文自传》中，有一段描述广为流传。当年轻的达尔文努力理解生物的进化过程时，他的真知灼见是如何突现的：

> 1838年10月，也就是我开始系统研究15个月以后，当我读书自娱时恰巧拿起了马尔萨斯的《人口论》。通过长期对动植物习性的观察，我发现在世界的各个角落里，都上演着生存竞争的大戏。于是我突然想到，在这种情形下，有利的变异往往会生存下去，而那些在环境中不具备优势地位的生物体则被毁灭。这一过程的最终结果就是新物种的形成。就在那一刻，我的新理论终于可以开始了。

这就是牛顿苹果故事的进化论版本：马尔萨斯的观点从苹果树上掉下来，砸在了达尔文的头上。就这样，自然选择理论诞生了。之所以会出现这段顿悟故事的版本，一部分是源于自然选择理论本身的简洁与优雅。与那些在技术层面更加复杂的科学突破理论相比，关于进化论的基本理论就该是在一个灵光闪现的瞬间突然“跳入”达尔文的大脑中的。据说，达尔文最坚定的支持者赫胥黎在第一次听到自然选择理论的相关论断时，曾脱口而出：“我居然没有想到这一点，这是多么的愚蠢啊！”达尔文发现的这一理论在学术史上也有另一个复本，正复本之间同样呈现出一种奇妙的对称之美。因为，在达尔文创立自然选择理论几年以后，当阿尔弗雷德·拉塞尔·华莱士（Alfred Russel Wallace）[①]独立得出自然选择的相关理论时，也曾声称他的理论突破同样是受到了马尔萨斯的启发。

在大约一个世纪的时间里，马尔萨斯的顿悟都是达尔文创立相关理论的来源，并且这一说法一直被当作一个权威版本。但是，在 20 世纪 70 年代早期，一位名叫霍华德·格鲁伯（Howard Gruber）的心理学家和历史学家决定重新细读达尔文在创立相关理论以前的大量笔记，希望能找到真正的答案。他希望能重建达尔文在 1838 年秋天创立理论之前，在他大脑里进行的思考推断、信息拼组和脑内辩论的奇妙过程。

格鲁伯从达尔文的笔记中得出的结论与达尔文在《自传》里讲述的情形截然不同。在笔记中，达尔文清楚地记录着马尔萨斯顿悟的出现时间是 1838 年 9 月 28 日。但是格鲁伯发现，达尔文理论的各个核心要素早在马尔萨斯顿悟出现之前就已经记录在他的笔记里了。达尔文在创立理论前，就已经掌握了生物变异的重要性；自然选择与人工选择两者之间的区别；不同物种之间为了生存而进行的竞争；不同物种之间存在的具体生理联系；生物进化需要漫长的时间等基本知识点。这些内容自 1837 年开始就在达尔文的笔记中详细地论述过。达尔文并非无法将已经齐全的拼图碎片放在正确的位置上。因为，从达尔文的笔记中可以发现一点，在马尔萨斯顿悟出现的几个月前，达尔文曾经写了几个小节近乎完整地对自然选择理论进行了论述。

恰好在达尔文阅读马尔萨斯《人口论》的前一年，他就在笔记中做了如下的速记："在漫长的时间里，每一种动物都会繁殖出上万种不同的变体（各种变体的产生可能是因为环境的关系），然而，只有那些更加适应所处环境的

① 英国著名博物学家、进化论者、地理学家、人类学家、社会批评家和理论家。——译者注

变体才能得以生存下来。情况是不是这样的呢?”如果想要对达尔文的这种推论做一些完善和加强，并得出一条正确的自然选择理论，只需要对他的理论公式做一些细微的调整就行了。适应良好的物种之所以存活下来，是因为这类物种在繁殖优秀后代方面占据了绝对优势。但是，因为某种原因，达尔文并不知道他已经接近了问题的答案，而后又继续研究了一年，才认为“我的新理论终于可以开始了”。

尽管在著名的马尔萨斯顿悟之后，达尔文似乎还是不能完全掌握由自己所创立的自然选择理论。9 月 28 日的一节日记显得特别兴奋，而且似乎正在思考衡量这项理论的基本要素:

> 人口在远比 25 年短的时间里以几何级数增加……这种嵌入式增长的根本原因可能是为了产生一种适当的人口结构，从而可以适应环境的各种变化。在形式上，马尔萨斯展示的是人口密度对人类能量的最终效应(凭借意志力)。我们也许可以说,因为自然环境的要求,有一种类似于十万根楔木的力量，试图将每种适应的结构嵌入自然经济的空隙中，或者将那些弱者挤出去，形成新的结构“空隙”。

但是，在随后的几天、几周里，达尔文并没有在笔记里记录下自己在这一研究问题上已经取得的分水岭式的新突破。格鲁伯注意到，就在第二天，达尔文写了一篇长日记，论述灵长类动物的性好奇问题。这一论述显然与他的新发现没有半点关系。一个多月之后，达尔文才最终找到了自然选择理论的关键规律。

所有这一切意味着，我们不能确切地认为，达尔文恰好就是在 1838 年 9 月 28 日那天，突然想出了自然选择理论。我们最多可以这样认为，在 1837 年的夏天，达尔文开始做研究时，他的大脑里还没有完全抓住这个想法；而在 1838 年 11 月，这个想法在他的大脑中终于形成了。这并不是说历史记录中存在着缺憾。而是说，要明确无误地指定达尔文想到自然选择论的具体时间是相当不容易的，或者说是不可行的，因为这一想法并非是瞬间出现在他的大脑中的，而是随着时间的推移，像波浪一样，渐渐地流进他的思维意识里。在达尔文阅读马尔萨斯的著作之前的几个月里，我们也许可以认为，他的大脑里已经出现了自然选择理论的相关思考，只是他还无法对这一个问题作出完整的回答。**这就是灵感慢慢地孕育和成熟的过程：灵感偷偷地出现，一小步一小步地前进，直到完全出现在人们的视野里。**

在达尔文为了科学研究而进行的另一个旅行故事中，这种灵感孕育的过程再次出现了。在达尔文乘坐“小猎犬号”的航行中，他在加拉帕戈斯群岛（Galapagos Islands）进行了大量的观察和调查，积累了很多的研究素材。有一点可以肯定，达尔文在加拉帕戈斯群岛发现的相关物种之间的差异性，如达尔文雀（Darwin's finch）或加拉巴哥雀，是他在探索自然选择理论时的主要依据。但是，在 1835 年 10 月，在达尔文的航行笔记里，没有一个章节提到过与后来将要令世界得到新改变的自然选择理论相关的暗示。

实际上，在达尔文所记录的大量航行日记中，绝大多数都是从地质研究的视角切入的，侧重于研究地质学家莱伊尔（C. Lyell，1797—1876）提出的均变论（uniformitarianism），而不是研究加拉帕戈斯群岛的那些鸟类和爬行动物（在对达尔文日记内容做的一次统计中发现，其中关于地质学的记录有 1 383 页，而关于生态学的记录却只有 368 页）。他确实以一个博物学家的视角写过不少考察日记，但是，所有与“小猎犬号”航行相关的分析与思考都是出于地质学研究的需要。对于作为生物学家的达尔文来说，他的加拉帕戈斯群岛之行只是起到了积累研究材料的作用。但是，作为地质学家的达尔文，则有意识地对自己收集的研究材料进行了处理、分析和诠释。

根据达尔文自己的解释，达尔文雀和与之相近的物种之间的奇异之处曾经勾起了他的好奇心。但是，直到第二年的春天，也就是当“小猎犬号”在基林群岛寻找避风港后，他才慢慢开始对这一问题进行思考。在达尔文写于1837年的日记里，曾经有这样的记录：“7月份我开始写第一本关于物种变异的记录，因为自从去年3月份，我就开始对南美之行中发现的生物化石和加拉帕戈斯群岛的动物群产生了研究兴趣。这些事实（尤其是后者）是我所有观点的根源。”达尔文亲眼看到了加拉帕戈斯群岛的物种多样性，并且精确地将他观察到的各种现象记录了下来。这种记录的精确程度是空前的，但是，直到5个月之后，达尔文才意识到自己当初的记录为什么如此重要。

摘录，让旧灵感与新思考生出新连接

要保持新生的灵感一直存活是一个极富挑战性的难题。首先，你必须将它保存在自己的记忆里，保存在神经元组成的稠密网络里。大部分的灵感在慢慢孕育的过程中都过早地消失了,没能来得及转变成一些有用的创意。有时，你的大脑中产生了一个灵感，觉得有一条新的有趣思路可以去研究，并且认为这种研究可以帮你找到某个问题的解决方案；但是很快，你又遇到了一些更加紧急的事情要去处理，于是顾不上之前产生的灵感。这个灵感就自生自灭了。因此，成功地孕育一个灵感的秘诀就在于：要将与之相关的各种信息都记录下来。

我们之所以能精确地追踪达尔文思想的演化，就是因为他一直保持着记笔记的好习惯。在达尔文的笔记中，记录了他在思考过程中曾经引用的各种资料，他临时产生的新思路，他曾经调查研究过并排除了错误的线索，他曾绘制的各种图表。一句话，他总是让自己的思想在笔记本上漫步。我们清楚地看到了达尔文的思想转变过程，最根本的原因就是得益于他的笔记本平台为思想提供了一个慢慢孕育、发展的空间。当达尔文的思想在大脑里出现、发展、变化的过程中，他的笔记本的作用并非只是对这些过程进行简单的抄录。**达尔文不断地重读自己的笔记，发现字里行间一些新的潜在信息。在这种情况下，他的思想变化过程就像是一支二重奏的曲子，合音的一方是现在式大脑里的思考，另一方则是那些记录在纸上过去式的观察记录。**在印度洋中间的某一个地方，一系列的思考让达尔文重新审视自己 5 个月前写下的、关于加拉帕戈斯群岛动物群的相关笔记。当他重读这段笔记时，一种新的思路慢慢在他的大脑中成形了，达尔文又记下了更多新的笔记。两年后，马尔萨斯小插曲一发生，他便完全领悟了那些新笔记的意义。

达尔文记笔记这一习惯可以说是承袭了欧洲（尤其是英国）的一条悠久的传统，那就是保持摘录习惯。这一传统在启蒙运动时期达到最高峰，并且帮助人类取得了很多的进步。学者、业余科学家、有抱负的文人墨客，差不多所有在 17~18 世纪里，希望在学术研究或知识发展领域里有所建树的人们，都会随身携带一个摘录簿，在必要时记下相关的信息。那个时代的伟大思想家们，像弥尔顿、培根（Bacon）、约翰·洛克（John Locke）等，都坚信在摘录簿上记笔记可以让自己的记忆得到增强。关于摘录簿的应用，正如它的名称“摘录”一样，涉及将一个人阅读过程中碰到的有趣的、或引人思考的章节段落记录下来，以便不会随意忘记，并最终发展成为一部为个人量身定制的百科全书。这充分显示了这项工作的自助性质：**保持摘录习惯，可以储备出一座属于自己的知识宝库，让我们在探索人生的旅程中，随时可以根据需要从中提取有用的信息。**

洛克从 1652 年开始随身携带摘录簿。那一年是他在牛津大学学习的第一年。在之后的 10 年里，他根据自己在摘录簿上做笔记的实践经验，提炼出一整套精妙的索引系统，给摘录簿上的内容进行索引。洛克个人觉得自己的这一系统非常有效，于是他在自己的一本经典著作《人类理解论》（*An Essay Concerning Human Understanding*）中，附录了这一索引系统的具体操作细节。

就这一索引系统的复杂程度来说，这种方法是有些可笑的。然而，洛克突破了设计要求的限制，所创立的索引系统不仅发挥了索引的功能，而且精简到在两个页面上写完；并且可以随着摘录簿中内容的增加而扩充：

> 当我遇到我认为应当加入摘录簿的任何信息时，我首先为这条信息确定一个合适的标题。假设，这个标题是“EPISTOLA”（书信），我便按照这个词的第一个字母和紧跟其后的第一个元音字母来进行索引查询。在这个例子里，便是“E.i.”。如果在标注了“E.i.”的索引条目下可以找到一个页数，我便到专门记录首字母为“E”而且随后第一个元音字母为“i”的这一页上去记笔记。我必须在那一页写上“Epistola”这个单词，再在这个单词下方写下这个标题的论述。

洛克的索引方法曾经非常流行，以至于在这一方法出现一个世纪以后，出版商约翰·贝尔（John Bell）出版了印有如下标题的笔记本：《贝尔的摘录簿——编排格式参照洛克先生所推荐并采用的方法》（*Bell's Common-Place Book*）。在这个笔记本中，共用 8 页介绍了洛克的索引系统：不仅可以让读者快速地找到所要查询的笔记内容，还可以完成一个更加高难度的任务，即促进读者思考与反思。约翰·贝尔出版的这个笔记本，成为 18 世纪后期最著名的一本摘录簿的创作思想来源。这个摘录簿的作者是查尔斯·达尔文的爷爷伊拉斯谟斯·达尔文（Erasmus Darwin），创作时间为 1776—1787 年。

在达尔文人生的最后阶段，他一直致力于为自己的爷爷写一本传记。为此，达尔文从表兄雷金纳德（Reginald）处拿到了爷爷的摘录簿，并且认为这是一本“奇书”。在达尔文编写的传记中，捕捉到了该摘录簿内容多样性的特点。“里面有各式各样的设计草图和方案：改进的灯具（很像我们当代使用的调节器）；附伸缩功能的蜡烛台，可以根据需要调整到自己喜欢的高度；复写器具、织袜机、天平、测量机等；会飞的鸟，但却不用靠自己的翅膀飞行，并提议可以用火药或压缩后的空气作为动力源。”

摘录簿的传统隐含一种介于秩序与混乱之间、介于崇尚有条理的编排以及出人意料的新连接之间的张力。对于许多启蒙主义时代推崇摘录簿的人来说，编写系统的索引是对人们精神生活的一种隐喻。一位持不同意见的传教士约翰·梅森（John Mason）曾在1745年写道：

> 如果认为找不到合适的方法去装饰自己大脑里的信息大厦，那么可以先把这些信息按照一定的分类法，在不同类别所属的位置内放置相关信息。当偶然想到或谈论某个具体主题时，就能立即求助于之前存放在此话题下的好想法。这样一来，每当提到这个话题，就会立刻闪现出相关想法，这就好像是在自己的大脑里一直放着一本摘录簿。

其他的一些人，比如约瑟夫·普利斯特里和达尔文祖孙两人，都把自己的摘录簿当作一座存放各种各样灵感的仓库。罗伯特·达恩顿（Robert Darnton）对摘录簿中内容排列所呈现的混乱与无章，曾做了如下的描述：

> 现代读者在阅读时，一般都是从头到尾顺序阅读。但与这种习惯不同，近代早期的英国人在读书时喜欢随性阅读，有时可能会在不同的读物之间进行切换。他们把所读的文本分成各种不同的片断，然后根据自己的需要将一些内容记录到摘录簿中的不同部分，从而将那些摘录的信息拼组出新的形式。当重读这些摘录的内容时，又会添加新的摘录，让这些共同拼组而成的信息地图呈现出新的图案。可以说，阅读与写作就是这样成为了密不可分的活动。阅读和写作是理解万事万物的途径。因为，我们所处的世界充满了各种符号，每个人都可以用自己的方式阅读它。通过坚持将自己的阅读所得记录下来，你便可以编写出一本只属于你的书，一本镌刻着只属于你的个人印记的书。

每次重读摘录簿上的笔记都会发现一些全新的东西。我们会看到灵感在过去慢慢进化的过程。有一些灵感最终被证实只是探明真理前遇到的障眼法；另一些灵感则被证实为无关紧要，毫无深度；还有一些灵感慢慢演变，最终可以为它著书立说。可以说，每一次重读摘录簿，都极有可能会受到自己刚刚产生的一些思考的启发，使之前记录在册、但已经或多或少被遗忘的灵感得到复活，而且旧灵感和新思考之间可能会生出新的连接与组合。洛克方法的美妙之处在于，它将摘录簿的内容有序排列，从而方便我们很快查找到所需要的记录片断；但同时，又允许摘录簿的主体内容按照一种不规则、无规律的形式随意堆放。

对于之前着手、但却早夭的项目中所产生的一些灵感，如果在记录的时候设置了过多的限制，那么很有可能让它们成为思维的“孤儿”。当我们再次重读一些笔记时，就很难让它们与其他灵感结合并继续生长。**我们需要一种系统来捕捉灵感，但并不需要对灵感进行分类。因为类别会设置壁垒，将相异的创意限制在只属于自己的“思维孤岛”上。这是人类创新史与自然史的差异之一：群岛无法培育出旺盛的新创意。**

探询一切的万维网

纵观人类浩淼的书目史，还有另一本英国的著作同伊拉斯谟斯·达尔文的摘录簿一样，应当得到我们的关注。这是一本在维多利亚时代广受欢迎的指南手册。其书名《探询一切事物》（*Enquire Within Upon Everything*）尤其让人印象深刻。这本书于1865年首次出版，其卷首语提到书中将会介绍大量家庭生活和家务操作的资讯：

> 如果你想用蜡来做一朵假花模型，学习一些社交礼仪，为早餐准备一道开胃小菜，为晚餐准备一道美味的主菜，为大型或小型的聚会准备晚餐，治疗头痛，编写遗嘱，结婚，或让刚刚过世的亲人

入土为安等，不管你想要做什么事，想要制作什么，想要享用什么，只要你的愿望与家庭必需品有关，我都可以为你提供帮助。因此，我希望你打开《探询一切事物》这本书，从中找到你想要的答案。——编者。

这本指南手册一共印刷了 100 多次。直到 20 世纪，它仍是家家户户的一本必备读物。其中的一本早已散发着霉味，但是却于 20 世纪 60 年代出现在伦敦郊区一对数学家夫妇所居住的房子里。这对夫妇有一个年幼的儿子。他对书名中提到的“魔法指南”一词非常感兴趣。于是这个孩子便花了很长时间慢慢钻研这本书，试图打开“一扇通向想象世界的大门”。这个书名此后便一直留存在他的脑海里，与之相联系的还有他在读书的过程中，好像在探索一座巨大的信息宝库并且感觉到的那种奇妙的心理体验。10 多年以后，他在瑞典的一个研究实验室里工作，职位是软件咨询专家。他发现每天都要面对大量的信息和与人员流失相关的其他信息，这些信息让他感到压力巨大。于是，他便着手进行了一项“业余项目”，开始研究如何发明一项新的应用程序，可以帮助他对那些信息进行有效的追踪。当他给自己的程序命名时，思路便又回流到多年前看过的那本新奇的家庭事务百科全书。于是，他把自己正在开发的软件称作“探询者”（Enquire）。

这个程序可以将各种关于人事或项目的信息储存成网络里的节点。要在两个节点之间连接双向的指针并非难事。当你通过软件查询某个人的姓名时，可以快速地找到这个人正在进行的各个项目的信息。实践证明，这个应用程序对于信息的处理是非常有效的，但是不久之后，这名程序设计员换了工作，就放弃了这个程序。几年以后，这名程序设计员又开始设计另一个软件。他将软件命名为“信息捕捉”（Tangle）。只是这个软件的开发过程却一直不太顺利。然后，在他第一次开发“探询者”软件后的第 10 年，他着手进行了另一项更有挑战性的开发，试图通过超文本链接的应用，将储存于不同的电子计算机上的文件连接起来。在为这个新生软件平台取名字时，他踌躇了好久。最初，他叫这个平台“矿”（mine）或“网”（mesh）。最终，根据这个平台存在高密度信息网络的特点，他想到了非常奇妙的隐喻，并以此为它命名。他称这个平台为“万维网”（World Wide Web）。

在讲到自己创立万维网的最初设想时，蒂姆·伯纳斯–李（Tim Berners-Lee）爵士对自己的思路发展变化的过程不做任何形式的简化或归结，他没有把思路的进化过程合并为一瞬间的顿悟。**万维网的诞生过程其实是一个灵感慢慢孕育的故事。**最初，灵感的开端源于一个小孩子对一本有着上百年历史的旧百科全书的浓厚兴趣；然后，便是一名自由职业者在工作空闲时进行的一个业余开发项目，其目的是可以更好地掌握同事的各种情况；最后，是试图开发出一个全新的信息平台，可以将全球的计算机连接成网络。就像达尔文试图完全了解由各种生物体混杂而成的生物网，以及其中存在的各种秘密一样，伯纳斯–李最少需要10年以上的时间来让他的创意成熟。

> 记者们总是问我，万维网创立过程中最关键的灵感是什么，或者说，让万维网正好就在那一天诞生的、诱发我思考的灵感是什么。我告诉他们，我在创立万维网的过程中，并没有经历过像其他人描述的“灵光一现”的顿悟时刻。之所以会创立万维网，是因为我在很长的时间里，慢慢地认识到一点，如果把各种思想、按照一种网状的形式连接起来，且对连接的形式不做任何的强制规定，那么将会产生一种强大的创造力。万维网的设计理念就是这样产生的。万维网的崛起是为了回应一项公开的挑战。当各种思想、领悟，以及来自各个领域的新发现都在一个思维的漩涡里时，大脑的神奇能力把它们胶合在一起，最终，一个新概念产生了。这是一种灵感点滴积累和慢慢孕育的过程，而非解决了一个问题、再解决另一个问题的线性过程。

伯纳斯－李慢慢积累、创立万维网的过程，可以让我们发现该创新过程的另一个特点：在个人大脑与摘录簿之外的空间里慢慢孕育新生的灵感，使其慢慢成长、发展。达尔文可以穷毕生精力为自己的研究目标努力，但是这种优势是大部分人所不具备的。对于绝大多数的普通人来讲，新的创意一般都是在工作环境内或附近产生的，并且会受到各种来自日常生活和工作压力的干扰，被各种意外事件和责任分心，还会受到各种与之相关的监管。

在这一点上，伯纳斯－李是非常幸运的。他所处的工作环境——欧洲粒子物理实验室（CERN），对他的研究是非常有利的。他用了近 10 年的时间来孕育一个关于如何创立超文本信息平台的灵感。在那 10 年中，他大部分的时间都在欧洲粒子物理实验室工作。但是，直到 1990 年，也就是他研发“探询者”的 10 年后，伯纳斯－李才得到欧洲粒子物理实验室的官方许可，开始正式研发一个超文本的信息网络平台。在那之前，他白天的工作是“数据采集与控制”；创建一个全球可用的信息交流平台只是他的业余爱好。但是这两者之间又有很高的共性，因此他的上级主管才没有干涉。伯纳斯－李通过互联网上的一些新闻传播群，与其他超文本研发人员进行交流，从而得到有效的信息，为自己的研究成果进行补充和提炼。由于可以随意地安排自己的业余时间，同时还在网络上得到了其他研究者的帮助，伯纳斯－李为自己的思路拓展创造了两个至关重要的有利条件。他需要一种工作环境给自己的灵感留出一个小小的空间，让它可以在里面慢慢地孕育，不受任何每日紧急事件或其他必须完成的任务的打扰。此外，他还需要一种信息网络，可以让自己的各种灵感或猜测流动到其他人的大脑中，这样一来，不足之处最终可以得到优化和改进。

如果说欧洲粒子物理实验室是促进灵感孕育的有利条件，那么 2001 年夏天的联邦调查局就是反创新的不利条件。在“9·11”事件的前几个月里，有两个关键的信息网络没有得到适当的连接。这两个信息网络就是自动案件支持系统和参与案件调查的相关人员大脑中的神经元网络。回顾一下，在2001年，按照一些随意的词语组合在网络查询并提取相关的文件已经是很平常的操作了。比如，可以将“飞行院校”与“激进的原教旨主义者”这两个词语组合，在网上进行查找。因为三年前谷歌便在网络上出现了，而谷歌的使用者们在网络上进行类似的查找，其结果基本上是立查立得。

假如，明尼苏达的联邦调查局分部对穆萨维进行调查后，信息网络能够自动提示原教旨主义活动调查办公室的工作人员阅读“凤凰城备忘录”，那么2001年夏天的最后几周可能会有很不一样的结局。然而，无论信息网络本身是多么精妙和聪慧，当事人的大脑中还得产生相关的信息组合与连接。假如戴维·弗拉斯卡阅读了由肯·威廉姆斯递交的“凤凰城备忘录”，他便有可能把两个不同来源的不同灵感进行连接，因为人脑中的模式识别技术是非常先进的。

这两个网络之所以没能成功地将“凤凰城备忘录”与“明尼苏达式猜想”连接在一起，其中一部分的原因是，联邦调查局内部采用的信息技术是相当落后的。但是，假设联邦调查局在2001年夏天奇迹般地将自己的信息网络进行了升级，这两种猜测灵感可能还是无法进行连接。因为对于自动案件支持系统来说，其设计的根本要求之一就是希望相关信息不会随意得到连接。这是这个系统内在的特点，不会因为技术的更新就得以改变。按照计算机科学的通用说法，这是该系统的一个优势，而不是漏洞（bug）。

联邦调查局的信息网络是一种典型的封闭式网络。在这种网络中，不仅调查局外部的人不能随意使用相关信息，而且由于系统的特殊设置，内部工作人员也不可能轻易接触到网络上存储的文件。为什么要这样设置，是因为在联邦调查局长久以来的工作传统中，它一直致力于调查各种秘密，也“需要依靠”各种规定与限制来保护这些秘密。美国司法委员会（Judiciary

Committee）对“9·11”事件发生前的几个月内，美国情报部门未能采取有效行动做过相关调查。根据调查结果提交的报告，联邦调查局的信息网络所采用的自动案件支持系统这一设计原则是罪魁祸首。这个系统被比喻为“烟囱式”（stove pipe）。在这个系统中，重要的情报资料被分别放入不同的格子里，无法与其他格子里的情报取得联系。

不管是在真实的或是虚构的案件调查中，根据掌握的情况作出的猜测都是十分重要的。非常讽刺的是，在“9·11”事件的前几个月里，联邦调查局的信息系统是一位猜测灵感的“杀手”。在联邦调查局的内部操作规章中，如果一名数据分析师把一份报告标注为“推测性”，那么这份报告就无法被上层的工作人员查阅到。同时，落后的信息网络系统及其“烟囱式”的信息流通结构，阻止了威廉姆斯猜测灵感的传播，无法与其他探员的猜测灵感进行连接。伯纳斯－李在欧洲粒子物理实验室所创立的信息平台上，各种想法、思路、发现都交互混杂在一起，形成网状连接。而自动案件支持系统不仅不支持创造数据信息连接的网络，相反，这个系统的设计目的就是为了消除这样的网络。

20% 创新时间

在 20 世纪 80 年代，给自己开发的软件程序取一个暗指《探询一切事物》的名称，此举是相当大胆的。伯纳斯－李当时研发这样一个软件的目的，并非是为了管理全世界的信息，而只是为了对同在欧洲粒子物理实验室工作的其他同事进行有效地追踪和了解。但是，书名中的“探询”一词很可能和谷歌公司的口号有异曲同工之处。**灵感的缓慢孕育模式一直被谷歌公司花力气在企业内部推广**。这种做法的好坏目前尚无定论。但是，这种模式对于谷歌公司的创新发展却是相当合适的。

谷歌公司创立初期，创建了一条著名的企业管理条例。根据该条例，在公司内部将推行“20% 创新时间”项目。谷歌所有的工程师都是项目的参与者。在这个项目中，如果一名工程师每天为了公司的研究项目工作了4个小时，那么，他便可以根据自己的研究热情，自由安排1个小时去研究其他“兴趣项目”（谷歌这个项目的正式名称是“空间创新”[Innovation Time Off]，原型是3M公司以前的“15%”[the 15-percent rule]项目）。这个项目唯一的规定是，每位参与者都要向自己的上级主管针对项目进展做报告，但是报告可以是非正式的。

对于大多数参与这个项目的工程师来说，很多研究思路在他们的大脑里来了又去。绝大多数在这个项目中出现的研究思路都没有为谷歌公司带来成果。但是偶尔还是有一些研究灵感会慢慢地成长、壮大，并最终结出一些“美丽的果实”。

AdSense 是由谷歌公司推出的一个网络平台。在这个平台上，博客用户和网络出版商们可以在自己的网页上投放谷歌广告。这一创新成果就产生于“20% 创新时间”项目。在 2009 年，相关广告为谷歌公司带来了 50 多亿美元的收入，差不多是全年总收入的 1/3。在巴西和印度两个国家流行最广的社交网站之一 Orkut，也是“20% 创新时间”项目的成果之一。其创始人是在谷歌公司工作的一位土耳其籍工程师奥库特·拜尤寇克顿（Orkut Buyukkokten）。谷歌邮箱是由谷歌公司开发的电子邮件平台，这个平台也是在“20% 创新时间”项目中诞生的。

玛丽莎·梅耶尔（Marissa Mayer）是谷歌公司负责“搜索产品和用户体验”项目的副总监。据她讲述，在谷歌公司推出的所有新产品中，超过 50% 都是源自“20% 创新时间”项目产生的研发灵感。

要了解谷歌公司与联邦调查局之间最显著的区别，可以从谷歌公司的“首席科学家”克利什纳·伯哈拉特（Krishna Bharat）的故事中发现一二。在“9·11”事件发生后的几周里，伯哈拉特发现了这样一个现象：关于“9·11”恐怖袭击事件以及在阿富汗可能很快爆发战争的新消息在网络中成井喷状态，而伯哈拉特觉得在如此海量的信息面前，不知道如何去选择。于是，他突然想到一个创意：假如自己可以研发出一个工具软件，将相关事件所有的信息和报道都进行管理，根据相关度把它们分成一个个有效的信息群，那么若要查找与本·拉登、“世贸大厦遗址”的清理进展，或者美国政府会发动军事反击的可能性等，只要通过这个工具软件瞄一眼查询结果，便可以了解分散在整个互联网上的所有新闻报道中的最新消息。

谷歌公司的搜索引擎是基于 PageRank 算法研发的。伯哈拉特想在自己的“20% 创新时间”里，通过模拟 PageRank 的算法，开发一个新系统 StoryRank，从而把网络上的新闻事件进行管理与分类。这个由伯哈拉特开发的 StoryRank 系统，慢慢发展成为后来在万维网上最受欢迎的（或者说最有争议的）新闻与评论消息来源之一，即著名的谷歌新闻。

从某种意义上讲，StoryRank 系统的故事，与“凤凰城备忘录”的故事正好相反。**蒂姆·伯纳斯－李和克利什纳·伯哈拉特两人都非常幸运，因为在他们工作的环境中，不仅存在一种鼓励灵感产生的组织文化，同时还为这些灵感的慢慢孕育提供了必要的空间和时间。**伯哈拉特利用了这种有利环境，从而开发了一个工具软件，将不同的文件根据其关联度组合成信息群后，再进行分组并排序。而这种系统正是凤凰城备忘录的故事中所缺失的。有了它，就可以将“凤凰城备忘录”与“明尼苏达式猜想”两个节点连接起来。最初，在伯哈拉特的大脑里出现了一个灵感。他认为可以找到一个方法，将与新闻相关的信息网络进行更好的管理。而根据这一灵感最终研发了一个非常有用的工具软件。通过这个软件，相关灵感之间可以进行连接、补充和优化。

在 2002 年，谷歌新闻正式推出。这就意味着，StoryRank 从最初只是伯哈拉特大脑里存在的一个灵感，到发展成为谷歌公司的一款重量级产品只花了一年的时间。值得思考的一点是，“9·11”事件发生 9 年以后，联邦调查局仍然在使用自动案件支持系统。

WHERE GOOD COME FROM IDEAS

第 4 章
机缘巧合的力量

创新模式 4：意外的收获

就像在一个正在煮沸的思想大锅里，各种各样的想法和创意不断翻滚着、沸腾着，于是种种新奇的活动便出现了。在这样的状态下，只要一瞬间，各种想法的新连接形式便会形成。于是处处所见的都是一些不曾预设过，且出人意料的新的活动或连接形式。

梦境，孕育创意的“原始汤”

和其他任何一种大脑中产生的想法一样，灵感也产生于大脑中的细胞网络。当这种网络受到刺激而被启动，并形成一种新的有规则的形式时，灵感便产生了。然而如果这种新生的灵感想要慢慢孕育，成长为一些具有更重大意义的新创意，就必须和其他的想法进行连接。换句话说，**要让灵感得到成长，必须为它提供一种环境，让各种各样的新信息连接可以不断涌现。**影响这个环境的个体要素包括人脑内的神经元细胞和（神经元的）突触，以及人所处的文化环境等。

在很多年的时间里，科学界就神经元连接的本质进行了激烈地讨论。它们在本质上是化学连接还是电子连接？在人脑内是否存在类似“化学汤”一样的物质？是否存在类似“电火花”一样的东西？最终人们发现，答案是全都存在。当神经元细胞发出电子信号后，信号沿着细胞的神经轴突移动。而神经轴突又都是通过突触间隙（synaptic cleft）与其他的神经元细胞相连接。当之前发出的电子信号到达神经元细胞的突触时，就会释放一种化学信号——神经传递素，比如多巴胺（dopamine）或者血清素（serotonin）。这种神经传递素会慢慢地移动，通过接收它的新神经元细胞，并最终在这个细胞里启动另一次电子信号的释放。该电子信号经由上述过程再次传递到大脑内的其他神经元细胞中。

20世纪的一个非常著名的实验，首次证实了人脑内神经元信息传递的本质是一种兼具化学与电子性质的活动。早在20世纪20年代，德国科学家奥托·洛伊（Otto Loewi）从两只青蛙体内提取了两颗还在跳动的心脏，并将这两颗心脏分别放在了两个装了盐溶液的容器内。在其中一个容器内的青蛙心脏上，洛伊将一个电极连接在心脏的迷走神经上。在一只没有受损的健康青蛙体内，迷走神经是从青蛙的脑干开始，一直传遍全身的。迷走神经可以帮助调节青蛙体内的副交感神经，经由一种电子电荷刺激神经系统，并最终控制心脏的跳动速度，将其变慢。洛伊将这只青蛙心脏附近的溶液提取了一部分，倒在第二只青蛙的心脏上。尽管第二只青蛙的心脏没有受到来自外界电极的刺激，但它的跳动速度也开始减慢了。由此，我们知道，可以引起青蛙心脏跳动减速的指令，通过盐溶液中形成的“化学汤”成分传递出去了。假如洛伊用电极刺激第一只青蛙心脏的另一个部位，那么便可以按照上述步骤将两只青蛙心脏的跳动速度都加快。我们现在已经知道，来自外界的电极刺激可以最终导致在“化学汤”中加入两种完全不同的分子，即乙酰胆碱（acetylcholine，使心脏跳动速度减慢）和肾上腺素（adrenaline，使心脏跳动速度加快）。

洛伊的实验意义重大，影响深远，引人关注。但更引人关注的，是洛伊想到这个实验的离奇过程。这个实验的创意其实是洛伊在梦里想到的。准确地说，洛伊做了两个梦，并且根据梦里的启示，想到了这个实验的具体创意。根据洛伊自己的讲述，故事是这样的：

> 那年复活节的前一晚，我在夜间突然醒来。我开了灯，在一页并不大的纸上草草记下一些笔记，然后又再次进入睡梦中。第二天早上6时左右，我醒了，突然想到夜里在纸上记下了一些非常重要的想法。

> 但是，我看着自己记下的那页笔记发了懵，因为书写得太乱了，根本猜不出到底记的是什么。第二天夜里，约摸 3 时左右，前一晚想到的创意又再次重现于我的大脑。那是关于新的实验设计的创意。通过这个实验，可以测定一个我在 17 年前就提出的、关于化学传递的假设。我马上就起了床，冲到实验室，根据梦里想到的方法，在青蛙的心脏上做了一个简单的实验。

在通常情况下，一想到梦中得来的创意或灵感，我们便会将其与艺术创作相关联。但是，在科学发展的过程中，大量的突破性进展和成就最初都源于梦中的思路或猜测。在一次夜间的梦中，俄罗斯科学家门捷列夫想到可以根据原子的重量来进行排序，他为各种元素建立了一个表格，最终创立了化学元素周期表。在 1947 年的一个夜晚，诺贝尔经济学奖得主约翰·卡鲁·埃克尔斯（John Carew Eccles）做了一个梦。在梦中，他第一次构思出突触抑制作用的相关理论思路。正是这条理论帮助人们理解了，为什么神经元细胞可以被启动进行相关活动，但却不会导致一连串、无休止的大脑活动。埃克尔斯最初的猜测和灵感，只涉及一种纯电子系统的研究。但后来的实验最终证明，化学物质 γ– 氨基丁酸（简称 GABA）是突触抑制的核心。而且，这一研究发现与奥托·洛伊几十年前的实验结果完全一致。

在科学研究与发现的过程中，睡梦的作用其实并不神奇。在睡梦中，大脑就像处于一片创意的肥沃土壤里。我们知道，在快速眼动睡眠（REM）中，大脑脑干里释放的乙酰胆碱细胞，会被无休止地任意刺激和启动，同时释放出一波又一波的电子，像波浪一样在大脑里翻滚着前进。这时，大脑里存在的相关记忆和一些思维联系就被启动了，并进行着一种无规则的运动，且这种运动所受的限制并不多。于是，大脑里便创造了一种只有在睡梦中才会出现的梦幻状态。梦里产生的那些神经元细胞的连接形式，大多数情况下都是毫无意义的，但偶尔会突然出现一些非常有用的神经元细胞连接。这类连接在大脑完全清醒的状态下，是无法出现的。从这个意义上来讲，弗洛伊德（Sigmund Freud）提出的关于梦境的观点是一种“落后”的发现。他认为在梦境中，我们只是将一些之前受到压制而无法浮现的真相进行了发掘。然而相反，我们却是在进行一种探索活动。我们通过将神经元细胞按照各种新的形式进行连接，从而试图找到一些新的真相。

近期，由德国神经科学家乌尔里克·瓦格纳（Ullrich Wagner）主持进行的一项实验证明：当大脑处于梦境状态时，将具备可以激发各种创新的巨大潜力。瓦格纳在实验过程中，为受试者布置了一项单调的数学计算任务。受试者要重复地进行一项计算，将一个8位数字一再转换成不同的数字。随着实践次数的增加，受试者在完成这项任务时的效率不断地提高。其实，在瓦格纳设计的这道数学题目中，其解决方法是有规则可寻的，即有一个可以帮助受试者快速得到答案的潜在规则。一旦受试者发现了这个规则，那么他解出题目的速度将提高不少。这种情形和玩七巧板游戏相似。即玩家通过自己的思考，找到了规则，并最终将七巧板快速地拼完整。瓦格纳发现了一个现象：假如让受试者看到这道题目后，就给他们一些时间去睡觉。这样一来，受试者会更加容易发现这道数学题的解答方法。可以说，他们找到规则的速度将不止增加一倍。清醒时的活跃思维再加上睡梦中的脑内活动，将帮助受试者更加清楚地了解要解答的问题，并最终找到解题的规律。而这条规律在他们刚刚开始受测时，是无法找到的。**实验证明，在人的睡梦中，将形成一种混乱无章但又非常有效的思维环境。在这种环境中，去探索相邻可能空间将会更加容易，更有成效。**

从某种意义上，睡梦可以被比作形成在大脑中的“原始汤”。这时产生的各种灵感就可以比作“原始汤”中的碳原子。跟那些碳原子一样，灵感也在试图与其他的灵感进行连接，从而产生新的灵感连接形式，不管是链状的，还是环形的。洛伊梦到青蛙实验的故事，一般情况下，都是被看作人类思维存在瞬间顿悟这一事实的例证，即比作牛顿的苹果在 20 世纪的重现。但实际上，洛伊已经思考这个问题 17 年了。在这漫长的时间里，他一直在思考神经信息的传递是不是通过化学方法来实现的。洛伊的实验设计之所以会出现，一部分原因是和他那晚所经历的快速眼动睡眠有关，另一部分原因则和他大脑里面孕育了近 20 年的猜测性灵感相关。

将科学研究中的灵感慢慢孕育的过程进行形象描述，并具体化为一次由睡梦引发的“灵光一现”，这种说法其实是经常出现的。1865 年，德国化学家弗里德里希·奥古斯特·凯库勒·冯斯特拉多尼茨（Friedrich August Kekulé von Stradonitz）坐在温暖的壁炉边，看着燃烧的炉火慢慢地睡着了。在梦中，他见到了希腊神话故事中的一条蛇乌洛波洛斯（Ouroboros）的形象。他看见这条蛇咬着自己的尾巴。在那一晚之前，凯库勒曾经花了 10 年的时间，研究基于碳原子的各种分子之间的关系。梦里蛇的形象让他突然想到一点，苯分子的结构可能是一种相似的形式。他认为苯分子的结构可能会是这样的：内部由碳原子围成一个完美的圆圈，圆圈的外围则由氢原子环绕着。

凯库勒大脑中多年来一直在进行的灵感孕育过程，为他发现苯分子的结构提供了一种潜在可能性。但是这种可能性要成为事实，即灵感要孕育成为一个可以改变世界的创意，则还要具备另一个条件。那就是，古代神话中的一个标志性的形象在他的大脑中出现，并且要和他孕育多年的灵感连接在一起。凯库勒的这一联想具有极其重要的意义，苯分子的环状结构成为有机化学的革命基础。这一发现所打开的研究视野，最终帮助人们发现了碳原子所具备的、高超的连接能力，知道了由它连接而成的各种环状、晶状、链状的分子结构。在凯库勒的梦境中，他脑内的各种神经元细胞被启动，并形成了一种奇异的组合形式。这种偶然间出现的神经元细胞组合，最终帮助我们了解到碳原子超强的连接能力。这一事例从根本上帮助我们去理解另一个问题，即生命的起源及它最初的创新发展过程。

大脑，在噪音中不断形成新的连接

当人在清醒状态下时，大脑中也是倾向于生成一种“混乱无序”的神经元细胞排列状态。这种状态和大脑在梦境状态下的情况一样。一方面，神经元细胞通过化学物质传递信息。在这个过程中，承载着信息的化学物质经由相邻的神经元细胞的突触间隙得到传递；另一方面，神经元细胞还通过一种较为间接的方式进行信息交流，即神经元细胞会按照一种统一的频率被启动（科学界尚未查明全部原因）。可以想象一个爵士乐队，其中，每一名乐队成员都在按照不同的乐谱和节奏进行表演。突然之间，所有人开始演奏同一支华尔兹，并且每一分钟的节拍都是120拍。这种突然出现的一致行动被神经科学家们称为“阶段封锁”。在这一阶段，神经元细胞的活动是完全一致的。数百万的神经元细胞按照同一种节奏运动。

但是大脑似乎也需要完全相反的活动：定期的电波混乱现象——神经元细胞都按照自己的节奏运动，完全不一致。如果用一台脑电图（EEG）将大脑内神经元细胞的各种不同频率的活动进行跟踪和记录，会发现这样一种有趣的现象。这和我们在调试收音机时遇到的情况一样。一会儿是有规律、有节奏的节目播放的声音，一会儿又出现静电干扰和噪音。人的大脑也一样，有时也会调频出“噪音”时段，但是这种时段的出现频率是受到控制的。

2007年，南佛罗里达大学的脑科学家罗伯特·撒切尔（Robert Thatcher）决定做一组实验。受试者为数十名儿童。根据实验中儿童大脑活动的情况，测定人脑在“阶段封锁”与“噪音阶段”这两者之间存在的规律。撒切尔发现，一般情况下，人脑中的“噪音阶段”持续时间仅为55毫秒。但是，在那些被测试的儿童中，“噪音阶段”的持续时间并非完全相同。在一些儿童的大脑中，“阶段封锁”的时间要长一些，而在另一些儿童的大脑中，“噪音阶段”的持续时间要更长一些，最长可达60毫秒。于是，撒切尔将这些儿童的大脑活动情况与他们的 IQ 得分进行对比分析，他发现在这两组数据之间存在着一种直接的联系。在“噪音阶段”的时间如果增加一毫秒，那么其大脑的 IQ 测试得分就会增加 20 分之多。同样，如果“阶段封锁”的持续时间更长，那么其大脑的 IQ 测试得分就会减少。不过，这种得分减少的幅度并不大。

撒切尔的实验证实了一种与人们的直觉判断完全不一致的情况：人脑的神经元细胞活动越混乱，其聪明程度和创新能力就越高。这种情况和我们的直觉判断恰好相反。我们一般把当前在技术领域的智能发展归功于越来越精准的机电运动。当英特尔公司（Intel）为自己最新推出的微处理器进行宣传时，可不会打出如下的广告：每隔 55 毫秒，我们的微处理器就会发出一阵噪音！然而，寻求这类“噪音”的大脑似乎更有活力。**长期保持在“噪音阶段”的大脑一般更容易产生好创意，至少这一点可以通过大脑的 IQ 测试得分证明。**

目前，对于大脑内出现的这种“噪音阶段”，科学界还没有找到一个完整的解释。但是，撒切尔和其他的科学研究人员们都相信一点，即大脑活动中出现的“噪音阶段”允许脑内神经元细胞出现一些新的尝试性连接。当大脑处于有序活动状态时，这类新的连接将不能产生。根据相关理论的说法，在“阶段封锁”状态时，大脑内的活动都是按照一种固定的计划或轨道进行的。而当大脑处于“噪音阶段”时，大脑就可以吸收大量的新信息，为新出现的情况探索出新的解决方案。从这个角度来看，大脑存在的这种“噪音阶段”可以被比作一种在后台进行的“睡梦”。在这种状态下，一波又一波的“噪音”让神经元细胞可以自由地运动并组成新的连接。甚至当我们的大脑处于清醒状态时，大脑活动也欢迎那种类似于睡梦中会出现的“神经元细胞无序活动”的状态，平均间隔为 55 毫秒 。

在 19 世纪 80 年代，威廉·詹姆斯（William James）还不能找到方法去测试那些神经元细胞的一致活动状态。但是，他在文章中对一种“大脑活动的最高级形式”进行了描述，而他的描述其实捕捉到了那种大脑内所进行的混乱活动的一些特点。他在文中这样写道：

> 人们曾设想过这样一种状态：各种具体的、与思维有关的“物质”，一个接一个地有序排列着。但实际上，与这种情况完全相反，一个想法和另一个想法之间不断地交叉，并相互转变。而且最为少见的各种抽象概念，各种新发现都会不断地出现，还有此前闻所未闻的各种想法也会出现……简单地说，就像在一个正在煮沸的思想大锅里，各种各样的想法和创意不断翻滚着、沸腾着，于是种种新奇的活动便出现了。在这样的状态下，只要一瞬间，各种想法的新连接形式便会形成。于是处处所见的都是一些不曾预设过，且出人意料的新的活动或连接形式。

从无性生殖到有性生殖

即便是在一夫一妻制关系里，有性生殖也是对随意连接力量的一种认可和见证。地球上的绝大部分微生物都是通过和另一个有机体共享基因来繁殖后代。不过，这种繁殖策略如何演化至今，仍是一个谜。如果无须进行复杂的基因交换——减数分裂和受精过程，生物繁殖后代就会容易得多。我们不妨想想花卉用以播种的精巧的系统，也就是通过吸引昆虫来传播花粉。无性生殖就是简单的克隆，即复制细胞，然后传给后代。对哺乳动物来说，这可不是一个好创意，但是数亿年以来，细菌都很好地通过这一方法进行着繁殖。相比为了繁殖后代，必须找一个伴侣发生性行为的有性生殖来说，无性生殖是一种更高效、更快捷的方法。

倘若自然选择只嘉奖生物体的繁殖能力，有性生殖可能根本无法进化。因为相对需要性行为来繁殖后代的生物体来说，无性生殖的繁殖速度基本上是它们的两倍。当然，这在一定程度上也要归功于无雌雄差别导致每个有机体都能直接繁殖后代。但是进化并不仅仅是以数量来取胜。毕竟，过度繁殖也是有坏处的，而繁殖一群基因完全相同的生物体也只可能成为寄生虫和食肉动物的目标。因此，自然选择也看重创新，即生物去发现新的生态位、新的能量之源。这也是斯图尔特·考夫曼最初形成“相邻可能”这一想法的时候所认识到的，即在生物界，应该有一种核心驱动力推动生物繁殖方式的多样化发展。倘若每一代都将两套全然不同的基因组混杂在一起，就会实现一种更为复杂的繁殖策略，复杂度的大幅提升会在创新上带来巨大的收益。我们在速度和简易度方面的损失，都能由创新来弥补。

水蚤存活在淡水池塘和沼泽湿地里。水蚤之所以被形容成“跳蚤”是因为它们在水中的间歇性移动，而事实上，水蚤是一种小型甲壳纲动物——不到几毫米长。在一般情况下，水蚤是无性生殖，即由雌性水蚤在一个小型的育儿袋里繁殖后代——都和自己一模一样。因此，水蚤全是雌性的。这样的繁殖策略被证实是非常成功的，因为一到炎热的夏天，水蚤几乎就成了池塘生态系统里数量最多的生物。可一旦情况有变，即遇上旱灾、生态失调或者冬天来临的时候，水蚤就会适时而变，也就是说，它们会开始繁殖雄性水蚤，并且开始进行有性生殖。之所以这样，一部分原因是有性生殖能生成更强健的卵，可以更好地熬过漫长的冬日。

不过，科学家们认为，突然选择有性生殖也是一种生物创新策略，即在艰难的时候，生物体需要新创意以应对新的挑战。在有利情况下，无性生殖是理想的选择：当生命一切安好的时候，就坚持自己所做的，不要随意引进遗传组合，来影响现有的成功。但是，当世界变得艰难的时候，即当资源缺乏的时候，我们就需要寻求创新之法了。而创新最快捷的途径就是创立新的连接。这种在无性生殖和有性生殖两者之间变换移动的策略被称为“异配生殖”（heterogamy）。虽然这并不寻常，但是，已经有众多不同的生物体选择了这种繁殖策略。其中，黏菌、水藻、蚜虫的生殖策略都进化成了这样的异配生殖。当周围环境变得糟糕的时候，对性的遗传重组就会出现。与另一个生物体交换基因要比简单的克隆难得多，但是，从无性转变到有性这样的创新行为带来的好处，却远远多于稳定的无性生殖所带来的风险。当自然界发现自己需要新创意时，它会想尽办法去建立连接以创造新思路，而不会去保护旧思想。

意外收获从哪里来

英语中有这样一个表示"意外收获"的妙语：serendipity。说到这个单词，就不能不提英国作家霍勒斯·沃波尔（Horace Walpole）。这个单词就是由他创造的。故事得从霍勒斯在1754年写的一封信说起。霍勒斯在信中描述了这个词的创造过程。他将这个词的诞生归功于一个名为《斯里兰卡的三个王子》（*The Three Princes of Serendip*）的神话故事。这个神话故事是这样的：三个波斯王子出航去斯里兰卡岛寻宝，一路上意外发现了很多他们并没有去寻求但却很珍贵的东西。当代小说家约翰·巴思（John Barth）曾用航海用语来描述这一现象："仅凭路线规划，你是不会抵达斯里兰卡岛的。你必须真诚地希望自己能抵达其他地方，然后意外地迷失了方向，才能到达斯里兰卡岛。"

但是，这种意外收获并不只是一种让你收获意外之喜的机遇。可以肯定的是，意外收获源于一些愉快的事件，但真正让你感到愉快的是，这种发现对你很有意义。它验证了你的灵感，或者为你打开了一扇近在咫尺却被你忽略的门。如果你是一名地质学家，当你在网络上漫无目的地畅游时，偶然发现了斯里兰卡岛，但这一不期而遇的地质发现却是在你浏览一篇关于医疗改革的文章时得来的。这种发现可能很有趣并且给你提供了大量信息，但这算不上"意外收获"，因为它没有帮助你解决某个困扰你多时的难题。

这并不是说，地质学家只能在与地质学有关的文字中找到意外收获——

恰恰相反，这种意外收获往往会与跨学科之间的交流有关。想想化学家凯库勒是如何通过一条虚构的蛇引发有机化学革命的。这完全源于一种意外收获，凯库勒是在梦中见到了毒蛇这一形象。然而，如果他没有绞尽脑汁、成年累月地去思考苯分子的结构，或许蛇的形状并不能引发任何有用的联想（正如弗洛伊德曾说过的，有时，咬住自己尾巴的蛇只是一条蛇而已。）**意外收获往往源于一些不大可能的碰撞和发现，但同时也需要一些支撑物。否则，你的想法就像是“原始汤”中与其他原子发生随机碰撞的碳原子，并不会形成有机生命所需的双键和碳链。**

当然，我们面临的挑战是如何在适当的范围内，创造一些培养这种意外收获的环境，如在你的脑海中、在大型机构内、在社会信息网络中。

在你的大脑中编造一些意外发现。乍一看，这种想法似乎有点自相矛盾。就像在自己的车道上迷失方向吗？然而，凯库勒就是这样做的。他把脑海中的两种完全不同的想法联系了起来，这两种想法位于大脑这个记忆库的不同位置：苯分子结构之谜和吞尾蛇。事实是，人类大脑中储存着数不胜数的想法和记忆，它们时时刻刻都潜伏在你的意识之外。其中有一小部分想法就像凯库勒梦中的毒蛇一样：这种意想不到的连接可能会帮助你打开临近的那扇门。但是，如何让这些神经元在正确的时间启动呢？

其中一种方法是散步。在人类的创新史中，大多数好创意都是在散步时想出来的。类似的情形也常见于长时间的淋浴或泡浴中。阿基米德在浴缸里意外想到了测量不规则形状的体积的方法，然后他大呼“我发现了”。淋浴或散步会使你摆脱现代生活的核心任务——支付账单、回复电子邮件、帮助孩子完成家庭作业等。它会让你沉浸在一种关联的状态中。只要有足够的时间，你往往会发现一些你过去曾忽略的事物之间的联系，这种意外收获会让你产生一种愉快的感觉：为什么我之前就没有想到呢？

法国数学家和物理学家亨利·庞加莱（Henri Poincaré）曾写作一本名为《科学基础》（*The Foundations of Science*）的书，他在这本书的自传中论述了数学创造力这一问题。首先，庞加莱详细介绍了自己是如何发现富克斯函数（fuchsian functions）的，这是他职业生涯中最富影响力的数学概念之一。他一开始的想法是要证明这种函数并不存在；他坐在办公桌前研究了 15 天，无果而终。有一天晚上，他打破常规，喝了黑咖啡。晚上一直睡不着，满脑子想的都是一些可能的灵感。庞加莱写道："大量的思绪汹涌，我感到它们在相互碰撞，直到达成契合。也就是说，慢慢地稳定下来。第二天早上，我证明了富克斯函数的存在，这些函数来自于超几何序列（hypergeometric series）。"

几个星期后，当他在诺曼底地质考察时登上巴士那一刻，他又发现了函数和非欧几何（non-Euclidean geometry）之间的关系。回家途中，他并没有去证实这个想法，而是开始考虑一个无关的算术问题，冥思苦想了好几天。"吸取了之前失败的教训，"他写道，"我去海边玩了几天，并且考虑了一些其他的事情。一天早晨，我正在悬崖边散步，忽然有了主意。这次的想法和上次一样短暂而又突然，而且几乎立即就能肯定，算术问题中的三元二次不定转换等价于非欧几何中的转换。"他回家开始研究这种想法，但又遇到了另一个障碍。后来，他去了巴黎郊区的瓦勒里昂山（Fort Mont-Velérien）服兵役，完全没有时间去思考数学问题。然而，这种缺失最终还是不期而遇。"有一天，当我走在大街上时，那个困扰我的难题突然出现在我的脑海。我当时并没有深入研究它，直到服完兵役，我才重新拾起这个问题。我具备了所有元素，只需重新安排好它们即可，因此我不费吹灰之力就写下了最后的论点。"

庞加莱描述的这个科学创意的故事，可能是史上走得最远的一个发现。每当他坐在办公桌前时，思绪似乎都会静止下来；但当他站起来四处走动时，思绪就会如"浪潮般汹涌澎湃"。为了解释这种现象，庞加莱用原子打了一个比方，当用一个固定的原子来代表一种想法或灵感时，在正常情况下，原子会保持稳定不动的状态，但当思绪浮动时（就庞加莱而言，是指身体的浮动），原子就会摆脱这种限制。“在休息和无意识工作的过程中，某些原子会脱离固定的位置，开始移动起来。它们会朝着四面八方移动……它们就像一群昆虫聚集在一起，或者，举一个学术性的例子，就像气体运动学理论中的气体分子一样。它们之间的相互影响可能会产生新的结合方式。”

虽然散步会促使我们大脑中的思绪产生意外的结合，我们也可以利用从外界吸收新思想的方式来培养这种意外收获。然而，就获取新思想和新观点而言，阅读一直都是一种不可替代的方式。不过，那些非学者或非出版行业人士只能在工作之余挤时间阅读：在早上上班途中听有声读物，或在孩子入睡后阅读一两章的内容。如果只能在日常工作之余吸收新思想，这必然会导致一个问题，即你可能会忘掉潜在的结合点。如果你看一本书需要花两周的时间，当你看下一本书时，你可能已经忘了之前那本书中的那些有趣或引人深思的内容。你可能只会深入了解某个作者的观点，但却很难建立多个作者的不同观点之间的偶然碰撞。突破这一限制的一个方法是留出专用的时间来集中阅读大量书籍和文章。比尔·盖茨和微软公司的继任者雷·奥兹（Ray Ozzie），有个众所周知的习惯：每年都会休阅读假。在这一年内，他们会刻意收集大量的阅读材料（其中大部分内容与他们在微软公司的日常工作无关）。然后，他们会留出一两周的时间对他们收集的内容进行深层次研究。通过把阅读时间压缩到短短几天，他们更有可能建立起新思想之间的连接。原因很简单，就半年前读过的内容和昨天读过的内容而言，人们通常更容易记住昨天读过的内容。

在庞加莱眼中，深入研究就像长时间的散步一样，会使原子脱离固定的位置并开始移动起来。当然，利用休假进行深入阅读对大部分人来说都是一种奢侈，而且我们或许也不愿意将假期用在阅读几千页的文章上。但是，大公司都会认识到阅读休假的价值所在，他们还会鼓励员工请假去学习新的技能。如果谷歌公司每周都能给工程师留出一天时间让他们去做他们想做的事情，想必其他公司也会想方设法给自己的员工留出专用时间，让他们对各种想法进行思考。

DEVONthink，我的创新工具

意外收获也可以通过技术手段来培养。近十几年以来，我一直在策划一种私人数字引用档案，这个工作很有趣，我建立了一个 21 世纪版的备忘录。其中一些内容涉及的是对某个具体项目的深入研究；其他内容则是一些等待你建立连接的随机发现和灵感。其中有些是我从书籍或文章中抄写的；还有一些是直接从网页上复制下来的（在过去的几年里，多亏谷歌图书和 Kindle 阅读器，书籍内容的复制和存储变得更为简单）。我把这些摘录的内容用一种叫 DEVONthink 的程序保存在数据库中，我还保存了自己写的一些文章、论文、博客、随笔。通过自己的思想与从其他渠道摘录的内容的结合，这种收集系统不再是一种简单的文件存储，而变成一种对我的不完善记忆进行数字化扩展的工具，里面储存了我旧有的观念和那些对我产生重大影响的观念。如今，这个数据库中包含 5 000 多个条目，超过 300 万字的内容——60 本书的摘录、片段，乃至灵感。

具备了需要的所有信息，我现在已经无须快速地翻动书页来寻找某个信息。当我想要找到几年前写的某篇文章时，我很容易就能通过检索程序找到它。然而，这种质的变化还体现在其他一些方面：寻找那些我已经完全忘记的文档，或者找到我不知道自己正在搜寻的文件。是什么让这个系统变得如此强大呢？答案是寻找意外收获的方式。

DEVONthink 有一个重要的特征，即巧妙的算法。这种算法能检测到文本不同段落之间存在的、微妙的语义连接。这些工具足以解决过度优化导致

的搜索引擎降权现象：只找到与“狗”有关的词条，而忽略与“犬”有关的词条。DEVONthink 这样的现代索引软件可以通过跟踪同时出现的词语的频率，来发现不同词语之间的关联。这种方法可以建立起不同想法之间的情感关联。几年前，当我在伦敦写一本有关霍乱的书时，我利用 DEVONthink 软件找到了有关维多利亚时代的污水处理系统的信息，因为这个软件检测到“废弃”通常与“污水”同时出现，它指引我找到了一篇有关脊椎动物骨骼组织的进化方式的文章：即通过再利用细胞新陈代谢产生的钙废物从而完成进化。乍一看，这似乎是一个错误的结论，但正是这个结论促使我展开对复杂系统（无论是城市还是身体）是如何完成废物再利用的长期研究。这个想法最终也成为后来那本书的一个核心主题（事实上，它也以改头换面的形式出现在这本书中）。

严格地说，现在是谁在管理最初的想法呢？是我，还是软件？这个问题听起来很滑稽，但我是认真的。显然，计算机是无意识的，它不会形成任何想法。我把伦敦下水道和细胞代谢这两个概念连接了起来。然而，如果没有软件的帮助，我完全没有自信能建立起这种连接。这种想法是共同合作的结果，是两个完全不同的智能体之间的合作：一个是碳的组成物，另一个则是硅的组成物。当我初次看到那篇关于钙和骨骼结构的文章时，我并不知道这篇文章最终会让我联系到伦敦的下水道系统（或一本关于创新的书籍）。但是，这一概念中的某些想法促使我将这些数据存储在数据库中。它在数据库中存储了几年的时间，一个缓慢的灵感在等待它的连接。

此外，我还将 DEVONthink 作为一个即兴工具来使用。我曾写过一篇关于人类大脑诠释面部表情的卓越功能的文章。然后，我把那篇文章存储进这个软件中，并要求 DEVONthink 在我的文档中找到类似的文章。计算机屏幕上瞬间就出现了一个列表：有些文章研究的是触发面部表情的神经结构，有些探索了微笑的进化史，还有一些论述的是我们的近亲黑猩猩的丰富表情。

其中一定会有一两篇文章能在我的脑海中引发新的关联——也许我已经忘记了黑猩猩这一关联，所以我选了一段话，并要求这个软件帮我找到一些类似的段落。在一个更大的想法在我的脑海中成形前，我会先把一些相关联的文件储存在计算机中，以便计算机后来为我汇总。

与传统的文件探索方式相比，计算机就像是一个忠于职守、默默无言的管家：“帮我找到关于黑猩猩的文档！”这就是搜索的强大之处。其他的方法则完全不同。我们不能简单地通过“迅速翻动”或“探索”来形容这种方法。虽然其中会出现许多无关紧要的信息，但也会有许多意外惊喜。事实上，结果的模糊性也是这种软件的一个强大的功能。这种系统的偶然性源于一种截然不同的力量，即语义算法的连接力，这种连接很敏锐但也存在不可预知性，因而会造成一些随机干扰，但却会让结果更加出人意料。由于所有文章都是我自己搜集的，所以这种连接对我可能更有用。当利用 DEVONthink 进行新的查询时，乍看之下，结果有时会显得混乱而又不连贯，但当你认真阅读时，一定会找到一些吸引你的东西。**有时我们也会用“混乱”和“不连贯”来描述我们的梦境，这种比喻再恰当不过了。DEVONthink 就是把梦境中的一些奇怪的连接收集起来，并把它们转化到软件上。**

网络，发现更多意外收获的引擎

如果访问维基百科中“意外收获”这一词条，旁边可能会出现迷幻剂（LSD）、聚四氟乙烯（Teflon）、帕金森氏病（Parkinson’s disease）之类的词条。可能还会有斯里兰卡、艾萨克·牛顿（Isaac Newton）、万艾可等 200 多种类似话题的链接。这种兼容现象源于蒂姆·伯纳斯–李的原始超文本结构的“混乱”特性，常见于维基百科中。历史上没有任何一种媒介，曾用这样直观、可访问的形式来表现事物之间的关联性。然而，在最近几年，专栏页面中出现了一种令人费解的模因[①]，它的支持者认为：网络的兴起导致了偶然性的下降。考虑到这种“意外发现的喜悦正濒临绝迹”，一位名为威廉·麦基恩（William McKeen）的新闻学教授写道：

> 想想图书馆。人们还会在里面看书吗？我们已经变成一种依赖于指示的人。我们可以找到任何我们想要的东西，在这一点上，互联网真是功不可没。把几个关键词输入搜索引擎中，虽然可能会点错几个网页，但你终究会找到你要寻找的东西。这是一种有效的搜寻方式，虽然有点枯燥无味。你错过了翻阅书架这种耗时却趣味横生的行为，也不会再对书籍的标题或装帧产生兴趣……在寻找某些东西的同时，你可能会有意外发现；即使这种发现不在你的计划之中，但这种发现也可以说是人生的一大乐趣。到目前为止，还没有任何一个软件可以让人有这种体验。

同样，《纽约时报》的技术编辑达蒙·达琳（Damon Darlin）也抱怨说：“数字时代是对意外发现的一种冲击。”达琳承认，每天早上醒来时，社交网络浏览器（如 Twitter 和 Facebook）就会为我们推荐一些阅读文章，但这并不是一种意外收获。“（它们）实际上是一种群体思维[②]，”达琳认为，“我们需要知道的一切事物都会经过它们的过滤和审批。在我们看到这些东西的同时，其他人也会看到，而且这往往源于我们自己的选择，因为我们的品位是相同的。”

当批评者抱怨意外收获的没落时，他们习惯性地会将矛头指向据称与网络没有直接关系的两种“旧媒介”机制。**麦基恩提到，翻阅图书馆（或书店）中的书籍，由于对标题或装帧感兴趣，你可能会把书从书架上拿下来。传统**

---

① 模因是指一种流行的，以衍生方式复制传播的互联网文化基因，您可以在《思维病毒》中看到更多关于模因的介绍，此书已由湛庐文化策划，浙江人民出版社出版。——编者注

② 群体思维是指迫于从众压力，群体对一些事物和观点不能做出客观评价，但群体思维并非总是有害的，如网民群体构成的对社会良性规范的影响力就是有益的。——编者注

的阅读方式确实能使我们发现意外的收获。但由于超文本的链接特征和博客圈对新事物的探求，人们更有可能坐在浏览器前去发现一些让人惊讶的事情，而不愿意走进图书馆去浏览各式各样的书籍。每个人都是这样使用网络的吗？当然不是。但是，与传统的方式相比，网络浏览器已经成为一种主流趋势。这多少有点讽刺的意味：我们所哀悼的东西实际上已经从一种边缘体验变为一种主流文化。

另一种鼓励意外收获的机制是模拟时代的机制，这种机制会涉及印刷报纸的物理限制，它会迫使你阅读各种主题的故事。你会试着去阅读那些符合你的现有热情和求知欲望的故事。法律学者凯斯·桑斯坦（Cass Sunstein）将这种机制称为“意外收获架构”（architecture of serendipity）。当你阅读体育、漫画或商业专栏的故事时，你可能会读到一个有关非洲钻石矿的故事，标题中的某个字眼可能会吸引你的注意力。读完这些故事后，你会了解居住在地球另一端的人们所发生的故事，而在以前，你几乎从未考虑过这些人的生活状况。也许，那种碰撞会给你带来意外收获：你一直致力于为新的慈善事业提供支持，或考虑为你的爱人买一枚钻石戒指。然后，这个故事会帮助你实现这种愿望。你并没有刻意阅读任何有关钻石矿的故事，但这个故事确实满足了你的需求。

就意外收获而言，这确实是一个绝佳的例子。毫无疑问，在报纸兴盛时期，人们每天都会在餐桌上阅读报纸，报纸确实有助于我们发现意外收获。现在的问题是，网络时代是否会让这种意外收获变得更加频繁呢？如果你对印刷报纸和在线报纸的头版进行一个对比，你会发现网络确实占了上风。互联网学者伊桑·朱克曼（Ethan Zuckerman）分别对印刷版和网络版的《纽约时报》头版进行了比较，他发现印刷报纸的头版包含 23 个文章简介（无论是铅字文章还是折页下面的短摘），而网络版（NYTimes.com）的头版包含 315 个文章链接，并且还提供了一些其他形式的内容。如果“意外收获架构”取决于浏览头版内容时能获得一些意外发现，那么网络的功能远比传统的印刷报纸强 10 倍。

桑斯坦无疑会争辩说，许多人会忽略在线报纸的头版，直接去阅读他们已经标记过的体育或商业版面的内容，或去阅读一些为他们的既定兴趣量身定制的内容。数以百万计的人每天早上都要使用类似的过滤器。所以，我们完全有理由质疑，这类忽略报纸的“总体布局”的人，会在餐桌前阅读报纸，或者会偶然读到一篇有关钻石矿的故事，或在当地图书馆的书库中徜徉漫步。当谈到互联网为我们提供了一种大众媒体时代闻所未闻的局部过滤器时，桑斯坦、达琳和麦基恩的观点是一致的。但是，这些过滤器只是故事的一部分。过滤器降低了意外发现的可能性（除非你的兴趣取决于惊讶感，而这正是波音波音［Boing Boing］这类博客的魅力所在）。除了书签功能之外，过滤器也为网络体系提供了一个二代添加功能。这并不是网络与生俱来的功能。

网络体系与生俱来的两个关键特征是：全球性的分布媒介，任何人都能成为发布人；超文本结构，几秒钟内，你就可以轻松地从报纸文章跳至学术论文或百科全书条目。这两大关键特征都有助于你收获意外。网络信息的多样性能够为你提供源源不断的意外惊喜，超文本链接可以保证你在瞬间获得信息，或追踪临时关联。在印刷媒介的时代，这种追踪可以说是一种既漫长、又艰辛的过程。具有讽刺意味的是，网络中存在太多的噪音和混乱——这也是人们为什么要把过滤器的发明摆在首位。我们之所以要用到过滤器，是因为网络提供了太多的信息和意外。

我认为，网络作为一种媒介，正在推动文化朝着发现更多意外收获的方向前进。信息“浏览”和“冲浪”目前已经成为一种主流追求，这一事实也表明我们会得到更多的意外收获，这是书本或大众媒体主导文化所不能比拟的。无论你是否接受这一事实，我们都不能否认网络是体验意外收获的一个无与伦比的媒介。如果你想要建立一个包含不同观点的日常阅读清单，利用RSS阅读器或书签栏，只需短短几分钟，你就可以在沙发上完成这个工作，而无须花费任何成本。同样，当你偶然发现一些有趣的话题时，你也可以使用网络做记录。

数字时代的伟大预言家谷歌常常被人称为意外收获的杀手，因为作为一种按需过滤器，搜索查询功能过滤掉了与搜索者当前兴趣无关的99.999%的内容。在考虑谷歌的过滤器时，批评家认为大多数查询要求都是主题内容的一种变体："我对 ×× 很感兴趣，并希望了解更多与它有关的信息。"毫无疑问，大量谷歌用户每天都会输入类似的查询要求。但是，还存在这样一种同样有价值的查询要求："有人跟我讲了 ××，而我对此一无所知，但这听起来很有趣。请告诉我更多的相关信息。"这是谷歌支持网络偶然性的一种微妙的方式。当你在谷歌搜索框中输入一些内容时，你已经对这一话题作出了贡献。这就是为什么网络先驱约翰·巴特尔（John Battelle）将其称为"意向数据库"的原因。

但是，这种投入与你对当前话题的不了解有着直接的关系：有人提到了约翰·阿什贝利（John Ashbery）的诗歌，或电视剧《发展受阻》（*Arrested Development*）或吞尾蛇？你会想："那是什么？听起来很有趣。"想象一下你回到1980年，坐在餐桌前读着早报。当你正打算读体育版的内容时，发现头版有一篇关于全球变暖的文章。如果你想要了解更多信息和背景时，你该怎么办呢？打开电视，希望这时美国公共电视台（PBS）新闻或纪录片中讲述的正是这个话题？开15分钟的车到公共图书馆，去找与这个话题有关的书籍？浏览房间里所有的杂志，看看目录页是否有与环境变化有关的文章？

假如你生活在一个1980年的标准家庭里，这是一个信息资源极为丰富的时代，而你恰好还有一本《大英百科全书》（*Encyclopedia Britannica*）。只是，这本《大英百科全书》当然是 1976 年版的，而“全球变暖”这一词条直到 1994 年才被收入，尽管在 20 世纪 90 年代这个词很常见。

当然，你现在会通过谷歌或维基百科来搜索“全球变暖”这个术语。只需单击一下鼠标，你就能立刻获得大量的信息（而且还有不同角度的论述）。而在 1980 年，当你还在翻阅《大英百科全书》时，你根本想不到会出现这种情况。这些搜索结果都是与你感兴趣的特定主题有关的，但你的兴趣往往是偶发的，只是一时的兴致，谈不上热情。而且，由于这些页面中包含很多超链接，只需单击几下鼠标，就可以打开一个你从来没有想过要访问的全新领域。谷歌和维基百科给那些一闪而过的兴致提供了一种依附物，就像是一种信息锚，让你停下来去浏览一个话题，然后你还会浏览与之相关的话题。它们会把一时的兴致和幸福的意外转变成一种信息。**如果做笔记这种传统告诉我们，培养灵感的最好办法是：写下一切；那么，网络这种引擎则向我们展示了一种并行指令：浏览一切。**

用开放式创新找到激发偶发连接的平台

当不同的创意意外连接并相互结合时，就能产生创新，这似乎是一个显而易见的事实。同样，当一种灵感与其他灵感发生碰撞时，也是如此。但奇怪的是，过去两个世纪以来，有关创新的法律和民间智慧一直奉行一种完全相反的说法：在不同的创意之间竖起层层壁垒，使这些创意与梦境，以及生物有机化合物中随机的、偶然的连接隔离开来。而它们竖起这些壁垒的目的却是要鼓励创新，多么可笑呀！这些壁垒有很多名字：专利、数字版权管理、知识产权、商业机密、专有技术。然而，所有这些都是基于这样一个假设：如果限制新创意的传播，长此以往，会出现更多创新的产物。因为这些限制能让创新发明者凭借自己的发明获得大量的经济回报，而这些物质奖励会吸引其他创造者追随。①

然而，这种封闭的环境会遏制偶然性，减少可能会与某个问题相契合的思维之间的连接。这就是为什么越来越多的大型机构（企业、非营利性组织、学校、政府机关）已逐渐开始鼓励“意外收获架构”的工作环境。从传统意义上来说，对创新有着强劲需求的组织已经为灵感筑起了一种封闭式的围栏：研发实验室。讽刺的是，研发实验室更像是一种创意密码箱，封锁在这些实验室中的灵感通常都是整个组织中戒备最为森严的秘密。如果这些早期的产品理念泄露出去，就会被竞争对手利用。有些组织（包括苹果公司）甚至会大费周章，不让组织内部的其他员工接触研发实验室。但是，正如我们已经看到的，保密花费的代价很大。**当企业在防范其他竞争者模仿自己的创意时，同时也拒绝了将这些创意转化为真正的创新的机会。事实上，越来越多有远见的企业正逐渐把它们的研发实验室透明化**。IBM和宝洁曾长期推崇专利和闭门创新，然而也于10年前逐渐接受了开放式创新平台，并与大学、合作伙伴、供应商和客户分享他们的前沿研究。

2010年初，耐克公司公布了基于网络的新市场，这个新市场就是Green Xchange（绿色环保交流），它公开了400多种环保材料或技术的专利。这个市场是一种结合商业利益和公民善行的混合体。通过公开好的创意，其他公司有可能对耐克公司的这些创新作出改善，并创造新的价值，耐克公司最终也可能把这些改善过的创意用在自己的产品上。从某种意义上来说，耐克公司正在扩大它的思维网络，正在积极地思考如何使自己的创意更加有益，而且公

① 实际上，专利与公共信息网络中的想法有着复杂的历史关系。虽然大多数专利法是排他性的（在有限的时间内，禁止非专利持有人使用专利授权的“方法”）。在通常情况下，专利法也涉及披露条款，专利发明者被迫披露其专利细节。披露条款的规定显然是为了加强专利侵权的限制，通过将专利细节披露给公众，这一规定同时还鼓励思想的自由传播。不幸的是，在狂热的知识产权律师的支持下，社会上出现了大量的专利流氓或专利蟑螂公司。也就是说，专利法的保护层面已经盖过鼓励连接的层面了。

司无须为这些资源支付任何费用。然而，耐克公司的组织价值观还包括一条对环境可持续性的承诺。耐克公司意识到，它的许多环保型专利可能在其他领域也有实用价值。

耐克是一家大型企业，它的产品种类纷繁，但也有短板。某些创新很可能会在一些本身无力参与的行业或市场派上用场。若继续把那些环保的创意藏在保密面纱后面，对耐克公司本身并没有什么商业利益可言，却会使那些创意无缘参与建立一个可持续发展的未来。通过与知识共享（Creative Commons）的合作，耐克修改了它的专利授权书，只允许将它的专利应用于“非竞争性”领域（他们还为此制定了一个标准化的、预先商定的专利合同，以减少对各个专利许可进行单独协商的交易成本）。GreenXchange 推出后，引发了一个可能会让斯蒂芬·杰伊·古尔德感到欣慰的情况：山地车公司利用制作跑鞋的环保橡胶制造了可持续的轮胎。显然，古尔德的轮胎对鞋子的原则是双向性的：有时，你可以通过开发轮胎的新用途来制造鞋子；有时，你也可以开发鞋子的新用途来制造轮胎。GreenXchange 的目标就是让跨国公司自由改造和循环利用各种材料，就像古尔德的鞋子制造商自由地在内罗毕废品站徘徊一样。

另外一种激发偶然连接的组织策略是“头脑风暴”会议，这是广告部主管亚历克斯·奥斯本（Alex Osborn）在 20 世纪 30 年代开创的一种方法。比起刻板的工作会议来说，“头脑风暴”会议以一种更为时尚的方式打开了思想和直觉之间的沟通之门。然而，最近的一些研究表明，“头脑风暴”法的效果并不如预期那么好。其中会遇到的一个问题就是时间和空间的有限性：一群人聚集在一个房间里，花费几个小时想出了许多疯狂的创意，然后就散会了。或许，可能会出现一些有用的连接，但大多数情况下，都没有什么效果。办公室的某个员工或许会提出一个有意义的灵感，两个月后，另一名员工又提出了另一种想法，把前一个员工的灵感转变成了一种真正的洞察力。“头脑风暴”可能会把这两种想法连接起来，但这种概率非常小。

假设 2001 年 8 月下旬，联邦调查局召开工作聚会，邀请亚利桑那州和明尼苏达州的外勤特工坐在一个房间里，去思考如何应对那些对美国造成潜在威胁的问题。毫无疑问，这将有可能成为史上首个改变世界命运的工作聚会。但是，在美国共有一万多名探员的情况下，要保证亚利桑那州和明尼苏达州的这些特工能在正确的时间聚集在一起，这一概率几乎为零。但是想象一下，如果联邦调查局使用了 DEVONthink 的网络版，而不是过时的自动案件支持系统，结果会怎样呢？负责激进原教旨主义组织的领导人在阅读那封搜查穆萨维的笔记本电脑的申请书时，他可能会想，“这听起来就像是一个不靠谱的预言”。但 DEVONthink 这一快速查询工具会让他立即想到“凤凰城备忘录”，以及另一个与飞行训练和恐怖主义有关的灵感。这两种想法会发生碰撞，凤凰城和明尼苏达州的探员根本无须进行讨论，更不用说坐下来召开“头脑风暴”会议了。

组织灵感的秘诀就是：建立能让灵感产生、传播、重组的信息网络。与“头脑风暴”会议或研发实验室不同，信息网络能为创造性意见构建一种在整个组织中不断循环的环境，这就是经谷歌和 3M 公司证实有效的“20% 创新时间”概念的集体版本。要想做到这一点，其中一种方法就是创建一个公共灵感数据库——Web 2.0 版本的传统意见箱。公共灵感数据库可以让组织中的每个人都了解到其他人的想法。其他员工可以发表评论或提出进一步的想法，把这些想法与新产品、优先事物或内部组织变化产生的灵感连接起来。有些系统甚至允许员工对同事的建议进行表决，这与掘客（Digg）或 Reddit 公共新闻网站中的用户排名没有什么差别。

谷歌公司还推出了公司电子邮件列表，员工可以就新功能或新产品提出建议；还可以对各个建议进行评级，共有 0～5 五个等级，0 表示“危险或有害”，5 表示“好创意！就这样办！”。Salesforce.com 还推出了一个著名的 Idea Exchange（创意交换）平台，客户可以通过这个平台为公司的软件产品提出建议。这个平台不仅让有趣的灵感进行循环和连接，还会对这些想法的成熟状况进行追踪：这个平台的首页有一些链接，你可以把目前正在考虑的想法，以及已成功集成到以前版本中的观点纳入未来版本中。很多时候，真实世界的意见箱就像是一个黑洞，你把想法放进去后，就再也不会听到任何与它有关的消息了。而在像 Idea Exchange 这样的公共平台中，你不仅能看到和完善他人的建议，还能切实地证明你的想法确实有用武之地。

这些信息网络可以很好地调动个人和集体智慧：某人提出一个引人深思的、有用的灵感，众人可以建立这种灵感与组织系统中的其他想法之间的连接，帮助形成一个完整的点子；也可以通过表决，使它从成千上万种灵感中脱颖而出。然后，将这些想法存储在数据库中并公开，这些系统就会建立起一种“意外收获架构”，为好创意提供新的连接路径。

WHERE GOOD IDEAS COME FROM

第5章
绝佳的创新实验室总是有“污染”的

创新模式5：有益的错误

伟大的发明家犯的错误要比普通人多得多。人类的错误史也许要比那些发明更有价值、更有趣。真理是千篇一律的，你需要怀有一种被动的倾向才能寻找到它，而错误是变幻莫测的。正确的想法会使你停在原地，而错误的想法会迫使你去探索。

三极管，接二连三失败的产物

1900 年夏天，一位 27 岁、雄心勃勃的发明家搬到了芝加哥，这个人就是李·德福雷斯特（Lee de Forest），他在华盛顿大道（Washington Boulevard）租了一个单间公寓，工作是为《西部电学家》杂志（*Western Electrician*）翻译有关无线技术的文章。这项翻译工作很有意义：在巴黎举行的无线技术大型博览会结束后，大西洋沿岸各州发表了许多有趣的研究论文。然而，德福雷斯特真正的热情都集中在他公寓里收集的新奇东西上：电池、火花隙式发射机、电极。这些东西为 10 年后电子时代的到来奠定了基础。

对一名于世纪之交在无线电报界展露锋芒的发明家而言，火花隙式发射机是一个最重要的装置。赫兹（Hertz）和马可尼（Marconi）对电磁频谱的探索也是基于火花隙装置展开的。这种装置由两个放电电极组成，中间被一个火花隙隔开。附着在电极上的电池会提供电流，刺激火花隙从一个电极跳至另一个电极，从而引发电磁活动，可以在几公里远的地方用天线接收这种电磁活动，再放大进行检测。火花隙发出的平稳的无线电信号还可以用来发送莫尔斯电码（morse code）。

1900 年 9 月 10 日的晚上，德福雷斯特在卧室的角落里进行火花隙试验。

穿过房间，只看到韦尔斯巴赫煤气喷嘴（Welsbach burner）发出的红色火焰在4.5米远的地方闪烁着。火花隙装置“噼啪”作响并产生了一股电流，他看到煤气喷嘴处的火焰瞬间从红色变成了白色。德福雷斯特后来大概估计了一下，火焰增加了几烛光（candlelight，光的强度单位）的强度。火花隙的电磁脉冲可以增强火焰的强度，使它冲到4.5米远，然而德福雷斯特却无法解释其中的原理。看着火焰从红色变成白色，德福雷斯特脑海里萌生了这样一个想法：把气体作为无线探测器，可能要比马可尼或特斯拉（Tesla）目前所创造的任何装置都更为灵敏。

德福雷斯特的这种偶然发现是一种典型的缓慢的灵感。在他的自传中是这样描述气体火焰探测器的：“我脑海中从未预想过的东西。”最终，这种灵感演变成了一项改变20世纪面貌的发明，为广播、电视、第一台数字计算机的发明奠下基石。1903年，为把两个电极放在充满气体的玻璃灯泡中，德福雷斯特开展了大量的试验，但最终都失败了。他不断对这一模型进行改进，直到几年后，他突然想到在灯泡中放入第三个电极，并把这个电极连接到天线或外部调谐器上。经过多次反复尝试，他把一根弯曲过几次的金属丝作为中间电极：德福雷斯特称它为“栅极”（grid）。早期的测试表明，这个被德福雷斯特称为“音频管”（audion）的装置，不会降低调谐器分离出不同频率信号的能力，而且就放大音频信号而言，功能要远远优于其他技术。

德福雷斯特的这种发明就是我们现在熟知的三极管（triode）。这种三电极结构为真空管的发明奠定了基础。20世纪上半叶，通信革命的产物都依赖德福雷斯特设计的这种能改善信号的装置，如无线电接收器、电话交换机、电视。真空管最初被用作放大器，其实它还有另外一个作用，即电子开关。正是这一功能启动了20世纪40年代第一批数字计算机的高速逻辑门。当德福雷斯特把电线扭成网格形状，并把它放在两个电极之间时，他无意中就打开了60年前查尔斯·巴贝奇未能制造成功的分析机之门。这一新发现几乎在瞬间就彰显了其力量所在：与氢弹研发有关的算数问题就是由第一台内置真空电子管的计算机——ENIAC（Electronic Numeric Integrator And Computer，电子数字积分计算机）运算出来的。

三极管的发明听起来就像是一个鼓吹创造力和毅力的故事：一名特立独行的发明家在卧室大小的实验室里，发现了一种惊人的结构，经过几年的潜心研究，最终发明了一个改变世界的装置。然而，这种叙述形式忽略了这一发明中最重要的一个步骤：德福雷斯特在最初就产生了一种错误的观念。更确切地说，三极管是接二连三的失败的产物。结果证明，火花隙式发射机和韦尔斯巴赫煤气喷嘴喷出的火焰与电磁频谱之间没有任何关系（火焰是在回应火花隙式发射机发出的普通声波）。然而，因为德福雷斯特一开始就错误地认为气体火焰是在检测无线信号，所以在进行三极管试验时，他使用的装置中总是注入一些低压气体，这就大大限制了试验的可靠性。又过了 10 年，通用电气公司（General Electric）和其他公司的研究人员才认识到，三极管只有在真空环境中才能发挥最大的功能（因此就有了“真空管”这一术语）。德福雷斯特也承认他并不了解自己发明的这个设备：“我也不明白它到底是怎样工作的，但它确实就那样发挥作用了。”

格雷特巴奇与心脏起搏器

在 20 世纪众多伟大的发明家中，德福雷斯特可能是最为古怪的一个，但是他在最成功的发明中一再出错，这种情况却不足为奇。**“对的令人惊叹”的历史背后常常潜伏着一个不为人知的故事：频繁的失败。我们不能将这种失败称为一种错误，而应是一种混乱。在人类科学史上，大量的变革思想都是从受到“污染”的实验室环境中转型出来的。**亚历山大·弗莱明（Alexander Fleming）曾将葡萄球菌的培养皿放在实验室的窗口处，不慎让霉菌溜了进去，他就是这样发现了青霉素的医疗价值。19 世纪 30 年代，路易·达盖尔（Louis Daguerre）花费了数年的时间试图用经碘处理过的银版来刻画图像。一天晚上，在又一次徒劳的尝试后，他将银版放在装满化学品的柜子里；奇怪的是，第二天早上，一个装满水银的罐子泄露产生的烟雾在银版上刻画出了清晰的图像——现代摄影术达盖尔银版照相法就是这样诞生的。

1951 年夏天，第二次世界大战海军退伍军人威尔森·格雷特巴奇（Wilson Greatbatch），在康奈尔大学心理学系的动物行为农场工作。他在美国《退伍军人权利法案》的资助下，在那里学习。十几岁时，他就利用德福雷斯特的三极管拼装出了自己的短波收音机。鉴于他对电子配件的兴趣，康奈尔农场请他到心理学系工作，因为他们需要有人把实验装置安装在动物身上，来测量动物的脑电波、心跳和血压。有一天，格雷特巴奇碰巧和两位来访的外科医生共进午餐，他们谈到了心律不齐的危害。两位医生对这种疾病的描述使格雷特巴奇产生了联想。他把心脏想象为一台不能正常发送或接收信号的收音机。他知道，现代电子学的重点就是如何调控精密设备之间传递的电信号。这方面的知识是否适用于人的心脏呢？

之后的 5 年里，这种想法一直萦绕在格雷特巴奇脑海中，是一种缓慢的灵感。他后来搬到了布法罗，在那里教电气工程，而且还在慢性疾病研究所（Chronic Disease Institute）做兼职。研究所的一名医师雇用了格雷特巴奇，让他帮忙设计一种使用硅晶体管（最终取代了真空管）来记录心跳的振荡器。有一天，当操作这个设备时，格雷特巴奇不小心拿错了电阻器。当他把电阻器插上后，振荡器以熟悉的频率振动起来。正是由于这个错误，格雷特巴奇发现这个设备可以模拟人类心脏的跳动，而不是记录心跳。5 年前在农场的那次谈话忽然又在他的脑海中闪现。他终于在此时获得启发：也许可以用一个装置将心律不齐的心跳恢复到正常的频率。在两年内，格雷特巴奇和一位名为威廉·查达克（William Chardack）的布法罗外科医生，首次将心脏起搏器植入到狗的心脏中。到了 1960 年，格雷特巴奇 – 查达克起搏器被成功植入 10 个人的体内。后来，人们又对格雷特巴奇设计的起搏器进行了改良，现在起搏器已被用于世界各地，并成功挽救了数百万人的生命。

好创意也会源于零星创意之间的创新组合。格雷特巴奇设计的起搏器就是这样一个实例。有时，这些创新组合源于城市街道或大脑中发生的随机碰撞。但有时，也会源于一些简单的错误。格雷特巴奇从装有电阻器的袋子里，拿出了一个错误的电阻器。4 年后，他却因此拯救了他人的生命。然而，仅凭错误是不足以产生好创意的。格雷特巴奇之所以能在听到振荡器稳定的脉冲声响时产生顿悟，是因为 5 年来他一直把心律不齐想象成一种信号传输问题。这也是一种源于错误的发明。**放射线照相术、硫化橡胶和塑料的发明都是源于生成性的错误；而那些错误之所以有生成性，是因为它们与发明者脑中缓慢的灵感产生了连接。**

英国经济学家威廉·斯坦利·杰文斯（William Stanley Jevons）就有过这种亲身经历，他在 1874 年出版的《科学原理》（*Principles of Science*）中这样描述错误的重要性：

> 如果你认为伟大的发明家都是一开始就知道真相，或是从未犯过错误，那你就错了。伟大的发明家犯的错误很可能要比普通人多得多。丰富的想象力和猜测是他们发现真理的先决条件；但是，在发现真理的过程中，他们作出的错误猜测肯定要比正确的猜测多好几倍。他们会想出很多最不靠谱的类比、最异想天开的概念、最明显的谬论，在一百多种想法中，可能没有任何想法会被记录下来。

“伟大的发明家犯的错误要比普通人多得多”，这不仅仅是一个统计信息。并不是说具备开创精神的思想家要比普通人的效率高：他们会产生更多的想法，不管是好的想法还是坏的想法。实际上，有的专利记录表明，总体生产力与科学和技术的突破有关，即质量最终取决于数量。然而，杰文斯指出，错误在创新过程中扮演了更微妙的角色，因为错误并非是你通往天才之路的一个必经阶段。错误往往会使你偏离最初设想的道路。德福雷斯特将气体作为探测器的想法是错误的，但他一直在错误的边缘探索，直到他发现一些真正有用的东西。**正确的想法会使你停在原地，而错误的想法会迫使你去探索。**

托马斯·库恩在《科学革命的结构》一书中，对错误的作用作出了一个类似的评论。在库恩的论述中，范式转换源于数据的异常。当数据出现异常时，他们的预测会不断出错。当约瑟夫·普利斯特里首次把薄荷植物放在钟罩里，使它与氧气隔绝时，他预计这棵植物会死去，就像被放在同等环境中的老鼠或蜘蛛一样。然而，他错了，那棵植物依然生长得很旺盛。事实上，即使将植物放进钟罩前先将里面的氧气燃烧完，植物依然能茁壮生长。普利斯特里的错误预期促使他探究这种奇怪的现象。最终，他发现了我们目前称为生态系统科学的基础知识之一：植物通过光合作用释放氧气，造成地球大气层中氧气含量的增加。正如威廉·詹姆斯所说的那样，“错误就是用来衬托真相的，就像我们需要黑色的背景来衬托画面的亮度一样”。当我们犯错时，就会对自己的假设产生质疑，从而采取新的策略。错误本身并不会打开相邻可能空间，但却会迫使我们去寻找它。

问题是，我们往往倾向于否认错误的存在。当凯文·邓巴分析他从微生物体内收集到的数据时，最了不起的发现就是：研究人员收集到的一半以上的数据会偏离他们的预测。邓巴发现，科学家们往往会认为这些出人意料的结果是由于实验方法的缺陷造成的：或许是某种原始组织受到了污染，或许是机械功能失常，或许是数据处理阶段出现了误差。他们会认为这样的结果是噪声，而不是信号。

实验室会议的一个关键作用就是将错误转化为独特的见解。在邓巴的研究中，正在从事其他工作的旁观者，不太可能将这些明显的错误视为无用的噪声。他们会从不同的角度考虑问题，脑子里并没有一些先入为主的“正确”观念，这就使得他们很容易设想在哪些情况下，这些错误可能其实是有意义的。正如科学作家乔纳·莱勒（Jonah Lehrer）所观察到的，这种模式出现在 20 世纪物理学界的重大科学突破里：宇宙微波背景辐射的发现。一年多以来，天文学家阿尔诺·彭齐亚斯（Arno Penzias）和罗伯特·威尔逊（Robert Wilson）一直以为那只是一种毫无意义的静电。在与普林斯顿大学的核物理学家的一次谈话中，他们才意识到这种噪声并不是设备故障造成的，而是宇宙大爆炸的余辉。这两位充满智慧的杰出科学家就是这样在偶然间发现了宇宙起源的证据——最终还为此收获了诺贝尔奖。然而，他们最初的反应是：我们的望远镜一定是坏了！

噪声、异议和创造力的关系

大约 30 年前，伯克利大学心理学教授查兰·内梅特（Charlan Nemeth）开始调查群体环境中的噪声、异议和创造力之间的关系。在内梅特的早期实验中，她选了一小组受试者，向他们展示了一系列的幻灯片，每张幻灯片上呈现出的都是不同的单色调。她要求受试者对这些颜色和每张幻灯片的亮度进行评论。在对这些幻灯片分析完毕后，内梅特要求他们对看到的颜色进行自由联想。

像这种将自由联想与追寻创意套在一起的活动并不多见。试着为清洁剂想出一个新标语？在童年的创伤记忆中寻找新的观点？编写十四行诗？众所周知，自由联想将帮助我们找到答案。

然而，心理学家们常开玩笑说，人类的自由联想有高得不合理的可预测性。从美国街头拉出 100 个人，让他们对“绿色”这个词语进行自由联想，

40% 的人都会说“草”；另外 40% 的人可能说出其他的颜色：“红色”、“黄色”、“蓝色”，或说出“颜色”这个词；只有最后 20% 的人会创造性地想到“爱尔兰”、“金钱”或“叶子”。让他们对“蓝色”这个词语进行自由联想，也会出现同样的结果：80% 的人要么想到另一种颜色，要么想到“天空”，而最后 20% 的人则会作出十几种难以预料的回答：“牛仔裤”、“湖”或“孤独”。

心理学家针对人们对数百个词语的自由联想总结出了许多概率表。他们用这些联想规则来衡量不同环境中的创造性思维。在某些情况下，人们可能更容易预测到他人会联想到什么——像唯命是从的机器人一样想到“草”和“蓝色”。然而，在其他情况下，人们可能会联想到一些不同寻常的事物，如“爱尔兰”和“金钱”。在测试中，那些具备不同寻常创造力的人往往会产生更独特的联想。

查兰·内梅特的实验完美地表明了这种可预测性。蓝色幻灯片会触发人们联想到一些十分传统的关联词语：其中以“天空”、“绿色”和“颜色”为主，而只有 20% 的人会想到一些更具创新性的关联词。

随后，内梅特又开展了另外一个实验，这次的试验结果完全不同。她将同样的幻灯片展示给几组受试者——在这次试验中，她偷偷地在各组受试者中安插了几位演员，她要求这些演员故意用一些错误的语言来形容这些幻灯片，就好像幻灯片上呈现的是另外一种颜色。真正的受试者会用“蓝色”来描述蓝色幻灯片，而演员则会描述为绿色的，受试者听到他们的描述感到莫名其妙。

当内梅特挑出这一群人（即除去演员的受试者群体），并要求他们自由联想刚刚提到的颜色时，他们想出的词语与之前相比有着很大的不同。有些人像平常一样提到了“天空”，但更多人提到了“爵士”或“牛仔裤”之类的创新词语。换句话说，当受试者接触到不准确的描述时，他们会变得更有创意。

徘徊在概率表边缘的联想词语突然成为主流。通过故意将噪声引入到决策过程中，内梅特发现，结果与我们对真理和错误的直觉假设相反。**与置于纯粹环境中的群体相比，那些接触到错误信息的群体建立了较具独创性的连接。**即使从技术上来讲，“异议”演员为这个环境输入了不正确的信息，但他们会刺激其他受试者去探索新的可能性。

内梅特继续记录同种现象在几十种不同环境中产生的结果：模拟陪审团、会议室、学术讲座等。她的研究向我们说明了一个关于创新的自相矛盾的道理：**好创意更有可能出现在含有一定量噪声和错误的环境中。**你可能会认为，创新与准确、清晰、专注这些优点的关系更密切。从根本上来说，好创意必须是正确的。我们重视好创意是因为它们往往有较高的信噪比。但是，这并不是说，你要在无噪声的环境中培养好创意，因为无噪声的环境太干净，反倒缺乏新意，你可能根本想不到好创意。绝佳的创新实验室总是有点污染的。

错误铸就了人类

当你去动物园或自然历史博物馆观察生物的多样性时，请停下来想想，环境中是否存在能实现一切变异（象牙、孔雀尾巴、人类大脑新皮质）的错误。**如果没有错误，进化的脚步就会停滞不前，我们得到的只能是一系列完美的副本，没有任何变化。**然而，由于 DNA 容易受错误影响——代码本身的突变或复制过程中的转录错误，自然选择就会为我们提供许多新的可能性，供我们进行测试。大多数时候，这些错误都会导致一些灾难性的后果，或者根本不会产生任何影响。然而，不时还会产生一种能打开相领可能空间的突变。从进化的角度来看，“人人都会犯错”这句话多少有点欠缺。然而从根本上来说，错误铸就了人类。

长久以来，人类进化史中的随机突变都与达尔文的原始理论密切相关。

事实上，达尔文本人也很难接受“无向随机变化会产生新事物”这一假设。当达尔文在《物种起源》中首次提出自然选择理论是“保存有利变异和剔除有害变异”时，他那时并不能提出一个让人信服的理论来证明所有这些变异的来源。在《物种起源》一书中，他认为这些变异是随机产生的，部分原因是因为他想要摆脱拉马克（Lamarck）的定向变异说：变异是生物在有生之年的活动中产生的，如长颈鹿的长脖子，然后遗传给下一代。但在随后的10年中，达尔文不再坚持随机变化这一理论。1868年，他在《动物和植物在家养下的变异》（*The Variation of Animals and Plants under Domestication*）一书中提出一种新理论——泛生论（pangenesis）。作为原始理论中的一种噪声，泛生论引入了一种复杂的定向变异遗传机制。在达尔文的理论中，身体中的每个细胞都会释放一种被称为芽孢（gemmule）的遗传粒子，这种芽孢存在于生物体的生殖细胞中。在动物的生命周期中，经常使用的特定器官或肢体会释放出更多的芽孢，从而影响下一代的生理机能。自从达尔文提出泛生论后，这一理论就得到了广泛的认可。然而，现代遗传学却证明这是一个错误的理论。这可能是达尔文的科学生涯中所犯的最令人震惊的一个错误。从某种意义上来说，达尔文的最大失误在于他未能理解错误的变幻莫测。

当然，错误太多会导致致命的后果，这就是为什么人类的细胞中会含有一种复杂的机制，来修复受损的DNA和确保核苷酸转录过程的精确度。那些能不断对遗传代码进行重组的生物体，其后代会具备更好的创造力。父母都不希望自己的孩子会发生基因突变。但是，就整个物种而言，基因突变是我们赖以生存的基础。

这就解释了为什么有些科学家会认为，自然选择决定DNA转录过程可以出现微小而又稳定的误差率。从某种意义上说，这种进化通过“调整”误差率，实现了突变和稳定性之间的最佳平衡。有人可能会说，既然DNA转录误差会对人体造成严重的威胁，那么要想保证DNA修复系统的万无一失，必将面临巨大的选择压力。那些能将自己的生殖细胞完美地遗传给后代的父母将会生育更健康的后代，而那些 DNA 修复机制存在缺陷的父母生育出来的后代几乎不会存活下来，因为他们的突变率较高。长此以往，完善的 DNA 修复机制将遍及整个种群。

DNA 修复机制的复杂性表明，生物进化确实在很大程度上都遵循这一原理，否则修复机制就会停下来消除错误。人类的细胞就像是一扇轻微开启的大门，只允许出现少量的变化，以免对整个种群造成灾难性的影响。最近的研究表明，人类生殖细胞中的碱基对（base pair）的突变率大约为 1/30 000 000，也就是说，每当父母把他们的 DNA 遗传给孩子时，基因遗传就会带来大约 150 次突变。人类细胞中的大多数组织都是用来保存和复制遗传信号的。然而，进化还是为我们带来了噪声。

误差率是选择压力造成的，还是进化不完善的表现呢？人类和其他哺乳动物一样都拥有良好的视觉，但人类不能看到 150 米以外的文字。这并不能表明这种限制与适应性有关，很可能是因为这种视力很难通过进化实现，虽然进化的能力很强大，但它并不是无所不能的。如果我们每小时能跑 160 公里，想必我们能更加“适应”我们生活的环境。但是，受骨骼和肌肉组织的限制，我们很难追得上猎豹。为什么这一原理不能适用于不完善的 DNA 修复系统呢？

完美的复制很可能只是一种理想的假设极限，自然选择只能以渐进式的方式接近这一极限。对我们而言，自然选择是否能主动作出调整，为我们的 DNA 修复系统设置一定的噪声，或者是否根本达不到“完美复制”这个目标，这些问题并不重要。从某种意义上来说，我们必须保留这种噪声，因为没有它，进化的脚步将会停滞不前。然而，近来人们迫不及待地想要对这种主动调整假设进行研究。细菌的突变率要比多细胞生物体的突变率高得多，这表明不同生物体对误差的容忍度不同。

贝勒医学院（Baylor College）的苏珊·罗森伯格（Susan Rosenberg）通过研究发现，当面对资源贫乏“压力”时，细菌的突变率会显著增加。罗森伯格的研究表明，在良好的环境中，细菌对突变率的要求较低，因为它们能很好地适应现有环境。但是，当环境变得恶劣时，为了在资源贫乏的环境中艰难存活，它们就要面对革新的压力，自然就会为维持风险与报酬的平衡而引入突变。与其活活饿死，还不如向致命的突变发出挑战。如果基因突变有助于细菌更有效地使用有限的资源，新基因很快就会在这一群落中传播开来，而未突变的细菌就会相继死亡。

从某种意义上说，罗森伯格的变异细菌采取的策略与水蚤在选择有性生殖或无性生殖时采取的策略类似。当环境变得恶劣时，生物体自然会选择一些创新的生殖策略，它们有时会把更多的噪声引入到遗传信号中，有时则会让基因在群落中更快地流通。

性和错误之间一直有着十分密切的联系。有性生殖的一个重要优势在于，它能断绝突变基因与突变率较高的基因之间的联系。想象一种细菌具备一种抑制 DNA 修复的基因，这就会提高整体的突变率。大多数突变要么是无关紧要的，要么就具备很强的杀伤力。但是想象一下，假如有一天运气好，发现了一种能提高生殖适应性的突变基因——比如说，它能使有机体更有效地检测到食物来源。这种细菌会一分为二，并将这种突变基因传递给下一代。麻烦的是，下一代继承的是一种混合基因：它继承了新的觅食基因，但同时也继承了能产生较高突变率的基因。因为负突变（negative mutation）要比正突变更容易发生，经过几代的遗传后，觅食基因的优势会逐渐被高突变率基因引入的噪声所掩盖。但是，如果这种细菌像水蚤一样转而采取有性生殖策略，就可能会出现不同的结果，因为在有性生殖过程中，只有一半的基因会遗传给后代。下一代可能会从父辈那里继承觅食基因，从母辈那里继承 DNA 修复基因。

为什么进化会倾向于更为复杂的有性生殖呢？我们已经对其中的一些原因进行了探讨：**有性生殖可以使潜在的有益创新在种群中传播，并与其他创新发生碰撞和结合**。但是，当考虑到突变和觅食基因时，你就会明白地球上的大多数生命都是因为这样一个原因而选择有性生殖的：因为性在降低风险的同时还有助于控制错误的生成能力。性只是将临近的大门开启了一条缝，这样我们就可以适应环境中不断变化的压力和机会，同时还能控制突变率，这就是为什么无性细菌的错误率要比多细胞生物体更高。性让我们从基因的错误中吸取教训。

了解了信号与噪声的精度和误差之间的这种复杂关系，我们也就能明白查兰·内梅特对自由联想和陪审团审议进行的研究。当一个人把蓝色的画说成是绿色时，或为一个有罪的犯罪嫌疑人进行辩护时，从技术上来讲，他为这个环境引入了更多不准确的信息。但是，这种噪声会使我们变得更聪明，更具创新性，因为我们被迫重新思考我们的偏见，被迫去考虑蓝色的画实际上是绿色的可能性。正确就好比人脑处于阶段封锁状态，所有神经元都保持同步。正如我们对真理的需求一样，我们需要这种阶段封锁状态；而就社会和神经化学角度来讲，充满错误和混乱的世界将会失去控制（更不用说遗传了）。

然而，我们还是要留下一些出错的余地。有益的错误有助于创新环境的发展，但当质量控制要求过高时，这种环境就会受到影响。大型组织往往会推崇完美主义体制，如六西格玛（Six Sigma）和全面质量管理（Total Quality Management），以消除会议室或流水线出现的错误。然而，这种网络启动的世界会失败得更快。并不是说我们要把目标放在错误上——毕竟，它们是错的，这就是为什么你会想要尽快克服它们。但是，这些错误是你走向真正的创新之旅中不可避免。本杰明·富兰克林（Benjamin Franklin）对创新知之甚少，却说出了这样一段绝佳的话：

“在综合考虑所有因素的情况下，人类的错误史也许要比那些发明更有价值、更有趣。真理是千篇一律的，它一直存在，似乎并不需要那么多积极的能量，即使这么被动也能遇见。然而，错误却是变幻莫测的。”

第 6 章
让完全不相关变成相关

创新模式 6：功能变异

当你打开一扇门，发现里面有一堆木头和一个壁炉时，那些用以照亮黑暗房间的火柴就有了一个完全不同的功能，这种可以帮助你看清事物的工具最终却给你带来了温暖。

从葡萄酒榨汁机到古腾堡印刷机

古罗马传奇性的历史学家和学者老普林尼（Pliny the Elder），在维苏威火山爆发后，因为勇敢抢救一位朋友而死；在他去世前两年，完成了《博物志》（*Naturalis Historiae*）的创作，堪称古代最流行的百科全书。在那本书中，他谈到了一种由本国酿酒师新发明的设备，类似于榨汁机，靠螺旋状杆来“对放在葡萄上方的木板施加压力，木板上方也有重物覆盖”。学者们争论，老普林尼认为这个设备是同胞发明的是否出于爱国心态，因为用螺旋榨汁机生产葡萄酒和橄榄油的历史可以追溯到几个世纪前的希腊。然而，无论螺旋榨汁机究竟何时问世，它的实用性使自己熬过了黑暗时代（Dark Ages）完好地存活了下来。希腊—罗马时期的其他伟大想法就没有那么幸运了。

当文艺复兴时代到来时，老普林尼已经过世 1 000 多年了，欧洲人不得不重新发现托勒密（Ptolemy）的天文学和修建沟渠的秘密。但是，他们不用重新学习如何压榨葡萄。事实上，一直以来，他们都在不断地对螺旋榨汁机进行改良，以实现大规模的生产。15 世纪中叶，气候恶劣的德国莱茵河左岸地带也搭起了葡萄架。在高效螺旋榨汁机的推动下，德国葡萄园于 1 500 年达到颠峰，占地面积大约是现在的 4 倍。那时，在遥远的北方生产葡萄酒是一项艰苦的工作，但人们还是无法抗拒螺旋榨汁机带来的经济效益。

1440年左右，一位年轻的莱茵兰企业家开始改良葡萄酒榨汁机的设计。他以前是经营镜子制造生意的，他打算把镜子卖给宗教朝圣者，结果经历了一场灾难性的失败（受鼠疫的影响，朝圣者的人数大大减少了）。然而，饰品生意的失败只是偶然，因为这位企业家又有了一个更加远大的目标，他开始潜心研究莱茵兰葡萄酒技术。但约翰内斯·古腾堡（Johannes Gutenberg）对葡萄酒并不感兴趣，他的兴趣在于印字。

正如许多学者曾指出的，古腾堡的印刷机是一个经典的组合式创新，更像是一种拼装而不是突破。早在古腾堡印制第一本《圣经》前，印刷机这项独立发明所需要的关键元素——活字印刷术、油墨、纸张和印刷机本身，就已经被发明出来了。例如，活字印刷术是在公元前4世纪，由中国北宋发明家毕昇发明的。但是，中国没能利用这一技术实现大规模的文字印刷，很大程度上是因为他们是用手来刻字的，这种方法只是比中世纪的抄写员更高明一些。古腾堡曾当过金匠，凭借这一经历他又对活字印刷系统进行了一些更新，但如果没有螺旋压榨技术，他那一丝不苟的铅字刻板还是无法大规模印制《圣经》。

古腾堡并不是从无到有地发明了一种全新的技术，而是从一个不同的新领域借用了一种成熟的技术，并用它来解决一个完全不相干的问题。我们并不知道到底是什么事件使他联想到了这种技术。古腾堡在1440—1448年间完成了这一重要发明的组合，但现有资料很少有关于这一发明的记录。不过可以肯定，古腾堡没有榨葡萄汁的经历。是莱茵河左岸地带螺旋榨汁机的普及和他跨越自己专业领域为旧技术开发出新用途的能力，造就了这一颠覆式的突破。他把一台会让人喝得醉醺醺的机器，变成了一个大规模传播的引擎。

功能变异与进化创新

进化生物学家用这样一个词语来形容这种借用：功能变异（exaptation）。这一词语最初见于斯蒂芬·杰伊·古尔德和伊丽莎白·弗尔巴（Elisabeth Vrba）在 1971 年发表的一篇论文中。生物会针对特定的用途开发一种特性，但随后这种特性就会变成一种完全不同的功能。在古尔德和弗尔巴的论文中，鸟的羽毛就是这样一个典型的例子，最初我们认为鸟的羽毛是为了适应气温的变化而进化出来的。这样一来，白垩纪时期的那些不会飞的恐龙就能抵御寒冬。然而，当它们的后代开始尝试飞行时，包括我们现在称之为始祖鸟（Archaeopteryx）的一种生物，羽毛会帮助它们控制气流，它们就能自由滑行。

最初的变异几乎都是偶然发生的：因为进化压力而开发的工具最终会具备令人意想不到的功能，生物体就能以一种全新的方式生存。然而，一旦这种新功能被投入使用，即始祖鸟开始用它的羽毛控制下滑速度时，这种特性就会按照一套完全不同的标准发生演变。举例来说，所有用于飞行的羽毛都具有显著的不对称性：中心轴一侧的羽片要比另一侧的羽片大。这样，羽毛就会像机翼一样，在飞行期间提供升力。像老鹰这种飞行速度快的鸟类，它们的翅膀的不对称性要比飞行速度慢的鸟类高。但是，仅仅用于御寒的羽毛却是完全对称的。当羽毛仅仅作为一种御寒工具时，平衡性欠佳的羽毛并没有优势。基因库中的突变或其他一般变异不可避免地会产生一些不太对称的羽毛，但这些性状不会加剧，也不会蔓延至后代，因为与正常的羽毛相比，它们并不具备任何繁殖优势。但是，飞行速度一旦成为鸟类攸关生死的特性时，这种特征的巨大优势就会凸显出来。当不对称性在基因库来回进出时，自然选择就会开始塑造一些更符合空气动力学常识的羽毛。那些用于御寒的羽毛现在也开始具备一些支配平衡的特性。

功能变异这一概念非常重要，可以强力反驳上帝创世论（现在通常被称为“智能设计论”[intelligent design])对达尔文主义的否定。达尔文的《物种起源》甫一出版，就引起了一阵批判狂潮：如果眼睛和翅膀这样的自然工程并不是智能创造者发明的产物，那么这些特征是如何挺过那段显著的功能无用性时期而保留下来的呢？要知道，翅膀的进化需经过一段漫长的时间，在这期间翅膀根本不适宜飞行——“5%的翅膀管什么用呢”？因为自然选择并不“知道”它要开发这样一种翅膀，它就不可能推动这些新翅膀走向飞行的终极目标。如果翅膀不利于飞行，也不能帮助鸟类战胜天敌或发现新食物来源，这种多翼状的新基因突变就不会在种群中传播……自然选择并不会因为你付出了努力就给你高分。

然而，当你从功能变异的角度来考虑进化的创新时，这个故事就没那么神秘了。或者说，机遇和快乐才是我们的核心任务：随机突变会产生一些用以御寒的羽毛，这些羽毛很可能还会变得更适宜飞行。有时，这些功能变异之所以能够成功，是因为种群内正在发生一些其他的功能变异：翅膀起初被认为是恐龙的腕骨变异而来的，后来为了适应飞行的灵活性进化成了翅膀。当古尔德提出轮胎和凉鞋的比喻时，他其实是在谈论功能变异是如何决定进化创新的路径的：**新能力和特性的出现并不是因为生物圈的复杂性，而是如同内罗毕鞋匠一样，自然选择是将旧的零件用于新的用途。**

在通常情况下，这些新用途是由于生物外部环境的变化而产生的。4亿年前，当肉鳍鱼（Sarcopterygii）开始在水边探索生命时，这种生物的鳍的末端有一个小小的扇状物，由骨头上的窄线条支持。由于后代逐渐走出水域，并开始猎食陆生植物和节肢动物，肉鳍鱼通过进化产生了一种水生动物难以想象的特性：走路。没过多久，自然选择就将这种扇状物植入肢体末梢，形成了哺乳动物的脚踝和脚的基本架构。随着时间的推移，肢体末梢本身也会发生许多变化：出现了用于抓取东西的手和手指，或者始祖鸟的翅膀。在某些情况下，肢体末梢甚至会恢复之前的扇状结构，如海豹和海狮的鳍足。

功能变异在人类创新史中比比皆是

如果说是突变、错误和意外发现帮助我们打开了相邻可能的大门，那么功能变异会帮助我们探索潜伏在这些门背后的新的可能性。当你打开一扇门，发现里面有一堆木头和一个壁炉时，那些用以照亮黑暗房间的火柴就有了一个完全不同的功能，这种可以帮助你看清事物的工具最终却给你带来了温暖。这就是功能变异的精髓。

比起在树梢间跳跃的始祖鸟，并发现它的羽毛不仅仅是一件用以御寒的“羽绒衣”，人们更容易认为文化创新的机械原理更接近于工程师的飞机模型。没有人会质疑智能设计在人类文化史上的作用。但是，人类的创造史充满了功能变异。19 世纪初，法国织工约瑟夫 – 玛丽·雅卡尔（Joseph-Marie Jacquard）发明了一种穿孔卡片，在织布机的协助下，这种穿孔卡片可以用来织出复杂的图案。几十年后，查尔斯·巴贝奇将雅卡尔的发明用于研制分析机。直至 20 世纪 70 年代，穿孔卡片对于可编程计算机来说仍然是一种至关重要的工具。

李·德福雷斯特发明了三极管，他的目标就是要制造一种能检测并放大电磁信号的装置。就进化而言，真空管发明的最初目的是为了使信号变得更加响亮，但它最终却把信号转换成了信息：由 0 和 1 组成，以一种令人惊讶的方式进行操作。那种依靠真空管来提高摇滚信号的芬达（Fender）吉他音箱，最终被证明是德福雷斯特发明的放大器的变体。ENIAC 计算机里有 17 000 根真空管，可以为氢弹提供数学计算服务——这种功能是德福雷斯特从来没有想到过的。如今，新兴专利交易市场，如耐克公司的 GreenXchange，正在促使商业发生一种功能变异，这在传统研发实验室的设防环境中是不可想象的。

从某种意义上来说，万维网的历史就是一个持续发生功能变异的典型故

事。蒂姆·伯纳斯–李出于学术环境的考虑，设计出了一种原始协议，在超文本格式中创建了一个共享研究平台。但是，当第一批网页设计出来，并开始融入到普通消费者中时，结果证明伯纳斯–李的发明拥有许多意料之外的特性。奖学金平台同样也适用于购物、分享照片、看电影——还有1 000多种其他用途。20世纪90年代初期，当伯纳斯–李创建了第一个基于HTML的目录时，他也没想到会出现这种情况。当谢尔盖·布林（Sergey Brin）和拉里·佩奇（Larry Page）决定使用网页之间的链接，作为对这些内容的投票工具时，他们所做的就是对伯纳斯–李的原始设计的一种改善：他们拿出一个导航特征——超文本链接，并将它作为车辆质量评估的一个工具。结果就产生了PageRank，一种铸就谷歌辉煌史的原始算法。

文学史家弗朗哥·莫雷蒂（Franco Moretti）已经在小说的演变中证明了功能变异的作用。一名作家设想出了一种新的叙事技巧，以解决手上作品的具体或局部需求。这种技巧引起了其他作家的共鸣，并开始在文学基因库中流通起来。然后，随着文学环境的改变，人们急需一种新的创新，这种技巧开始呈现出不同的功能，原始用途早已被人们淡忘。1888年，法国小说家爱德华·杜雅尔丹（Edouard Dujardin）在他的小说《月桂树倒了》（*Les Lauriers sont coupés*）中，使用了“意识流”技巧。按照杜雅尔丹的解释，这种技巧仅限于故事主要情节中短暂的自省。然而30年后，詹姆斯·乔伊斯（James Joyce）采纳了这一建议，将这种技巧转化成了一种难忘而又迷人的感性模式，并应用在他的小说《尤利西斯》（*Ulysses*）中，确切捕捉到了繁华城市中流失的精神生活。在《荒凉山庄》（*Bleak House*）中，狄更斯（Dickens）把督察巴克特（Bucket）的形象与大都市的背景联系起来时，他并不知道这种技巧会开创侦探小说的新流派。从威尔基·柯林斯（Wilkie Collins）的《月光石》（*The Moonstone*）到夏洛克·福尔摩斯，再到《她书写谋杀》（*Murder, She Wrote*）。**新流派需要旧技巧。**

修辞或象征性的功能变异[①]并非艺术界专有。这类例子在科技创新史中也时有发生。在《创造的艺术》一书中，阿瑟·库斯勒认为：“科学思想史中的所有决定性事件，都可以用不同学科之间的心理交流来描述。”**一个领域的概念可以以一种隐喻的方式用于另一个领域，从而打开一些隐藏在视线外的秘密之门**。在他的回忆录中，弗朗西斯·克里克（Francis Crick）报告说，关于 DNA 的碱基互补复制系统的灵感——碱基 A 与 T 配对，碱基 C 与 G 配对，来源于雕塑作品的复制法：在石膏上压出形状，干燥后，用作复制作品的模具。约翰尼斯·开普勒（Johannes Kepler）用宗教引进的一个比喻来形容这种行星运动，他将太阳、星星，以及它们之间的黑暗空间想象为圣父、圣子、圣灵。当计算机科学先驱道格·恩格尔巴特和艾伦·凯（Alan Kay）发明了图形界面，他们从真实的办公环境中引入了一个比喻：不像程序员将屏幕上的信息视为一系列的命令输入行，他们借用了堆着一叠纸的桌面图像。凯库勒并没有想到苯分子的结构实际上就是希腊神话中的蛇的形状，但他对古神话中的象征意义有很深的了解，这就帮他解决了有机化学的一大基本问题。

城市、第三空间与功能变异

20 世纪 70 年代初期，伯克利分校的社会学家克劳德·菲舍尔（Claude Fischer），开始研究在人口密集的城市中心生活的社会效应。城市理论家一直都对这个话题很感兴趣，其中最著名的就是路易斯·沃思（Louis Wirth）1938 年发表的一篇经典论文《作为一种生活方式的城市性》（*Urbanism as a Way of Life*），他认为，大城市的生活会引发社会混乱和异化，大城市的喧嚣打破了小群体的社会关系和舒适度。沃思提出的这种观点并不过时——事实证明，

① 功能变异（exaptation），在生物学上又称为“联适应”，指在某一环境中进化的而又适应于其他功能。如进化中鸟类蜂窝状的骨骼很轻，适应了未来的飞行。联适应是通过一系列的中间阶段逐渐生成新结构的一种机制，每种结构在其进化的每一阶段的环境中都有某种功能。——编者注

人口稠密的居民区有着非常复杂和丰富的社会关系。因此，菲舍尔开始研究大城市的环境会导致怎样的社会形态。最终，他得出了一个压倒性的结论，这个结论也发表在1975年他的那篇著名论文中：**与郊区或小城镇相比，大城市能更有效地培育亚文化。**

偏离主流的生活方式和兴趣，需要依靠临界量（critical mass）才能维持下去。在小型群体中，它们的力量会被削弱，并不是因为这些群体太压抑，而是因为很难在这个小型群体中找到志同道合的人。举例来说，如果1/1 000的人喜欢收集甲虫或对即兴戏剧感兴趣，那么在一个中型城镇中，这样的人可能只有十几个。而如果在大城市，就可能会有数千人。正如菲舍尔所说的，群体创建了一个正反馈回路，因为越来越多的郊区或农村人口会为了寻找同伴而向城市迁移。"理论……同时对'恶'和'善'作出了解释，"菲舍尔写道，"刑法与创新（如艺术）的标新立异都受亚文化的影响。"从表面上来看，诗歌集和街头帮派是两种完全不同的概念，但同样依赖城市培养亚文化的能力。

大城市的各行各业也是如此。正如简·雅各布斯在《美国大城市的死与生》（*The Death and Life of Great American Cities*）中指出："城市越大，其制造商的种类越多，小厂家的数量和比例也就越大。"

> 例如，在城镇和郊区，大型超市随处可见，杂货店很少；同样，电影院很常见，而剧院却很少。因为没有足够的人来支持更多不同的样式，虽然如果这种地方存在，可能会有人去拜访一下，但这种概率很小。然而，在城市中，大型超市、电影院、熟食店、面包店、尾货店、艺术电影等都很常见，所有这些都能并存，标准的和怪异的，大型的和小型的。只要城市具备活力和流行元素，小型事物的数量就会超过大型事物。

菲舍尔和雅各布斯都强调，密集的城市中心的亚文化之间有生成性的相互作用，当人群聚集成庞大群体后，必然会发生外溢现象。亚文化和不拘一格的企业活动所创造出的创意、兴趣与技能，不可避免地会在社会中弥漫，从而影响其他群体。就像菲舍尔曾说的那样，“城镇越大，越有可能存在形形色色的人，如吸毒者、激进分子、知识分子、浪荡公子、健康食品推崇者等，而且他们越有可能影响（以及冒犯）社会的常规中心”。

这么说来，城市为功能变异提供了一个适宜的环境，因为它培养了专业技能和兴趣，而且还创造出了一种液态网络，这些亚文化信息会外溢，并且以一种惊人的方式影响着它的近邻。这也是城市创造力呈超线性比例增长的原因之一。亚文化创造出的文化多样性是有价值的，不仅因为它使城市生活不那么无聊，还因为它会促进不同集群之间的迁移。这样一个让不同专业和激情发生重叠的世界，为功能变异提供了茁壮成长的环境。

这些共享环境往往存在于现实世界的公共空间中，也就是社会学家雷·奥尔登堡（Ray Oldenburg）所说的“第三空间”（third place）——一种有别于封闭的家庭或办公室的连接环境。18 世纪的英国咖啡馆孕育了无数启蒙时代的创新，从电力科学、保险业，到民主意识。弗洛伊德每周三晚上都会在维也纳柏格巷（Berggasse）19 号组织一个沙龙，医生、哲学家和科学家齐聚一堂，共同商讨精神分析这一新兴领域。巴黎的咖啡馆也见证了很多现代主义思想的诞生；20 世纪 70 年代，一群业余爱好者、青少年、数字化企业家和学术科学家们聚集在家酿计算机俱乐部（Homebrew Computer Club），成功地引发了个人电脑革命。

参与者之所以会聚集在这些场所，部分原因是因为这些志同道合的人们愿意分享他们的激情，这种支持网络必然会提高集体的参与度和创造力。然而，创造力不一定是由鼓励诱出的，真正起作用的是碰撞——当不同的专业领域聚集在一个共享的物理或智力空间时，就会发生碰撞。真正的火花就是在这种空间内产生的。20 世纪 20 年代，现代主义在短短的时间内就表现出了如此多的文化创新，正是因为作家、诗人、艺术家和建筑师通常会在同一家咖啡馆碰面。他们没有把自己隔离在孤岛中，召开创意写作讲座或进行设计审查。这种近距离为功能变异提供了丰富的发展环境：文学界的意识流引发了书坛令人炫目的立体主义（cubism）新观点；未来主义（futurism）人士接受了技术发展的速度，构建了新的城市规划模式。

将一种媒介中设计的话语迁移到新的环境中

功能变异的另一种范畴也大量出现：社会的共享媒介环境。20 世纪 70 年代后期，当英国音乐家、艺术家布赖恩·伊诺（Brian Eno）第一次搬到纽约市时，他住进了格林威治村中央的一间平房里。当时的城市正处于暴乱中，到处都充满了对“萨姆之子”（Son of Sam，连环杀手）的恐惧，以及随时可能破产的威胁中。不过，伊诺曾在伦敦和柏林待过，早已习惯了这种无政府状态。事实上，与欧洲的生活经历相比，让他感到最刺激的就是电台发出的狂乱混杂的声音。听了多年英国广播公司阴沉、专业的声音，美国电台怪异的咆哮声在伊诺听来像是一个疯狂的新世界。

于是，他开始录音。像许多实验型音乐家一样，伊诺一直在探索如何让磁带发出乐器般美妙的声音（他曾经在接受采访时说过，“一直以来，让我感到最欣慰的工具就是录音机，然后是键盘，贝司排在第三位”）。披头士（The Beatles）将《白色专辑》（*White Album*）里最长的音轨，保留给约翰·列侬（John Lennon）利用磁带循环拼组成的《革命之 9》（*Revolution # 9*）。20 世纪 60 年代中期，魔音琴（Mellotron）得以研发，键盘上的按键可以触发磁带循环的设置。然而，这些实验中都没有将口语作为合音或打击乐元素。毕竟，按照传统的标准,《革命之 9》中的絮叨和呢喃声，根本算不上是一种音乐形式。

脑中装载着福音传播者、无政府主义人士，以及毒舌派播音员声音的伊诺，开始与大卫·伯恩（David Byrne）合作，并开始发掘音乐的可能性。最终，伊诺发行了新专辑《我在鬼丛林当中的生活》（*My Life in the Bush of Ghosts*），这张专辑结合了非洲节奏和古怪的乐器演奏，是一种全新的结合，但缺少了伯恩的新浪潮（New Wave）声音——这是两人此前合作的脸部特写合唱团（Talking Heads）所有专辑中最突出的特色。一反传统唱法，伯恩和伊诺用一种分层、循环的口语单词来完成了这些歌曲，这种想法是由电波引发的。**这就是功能变异的一个典型实例：将一种媒介中设计的话语迁移到一个新的环境中，出人意料地形成了一种音乐。**

《我在鬼丛林当中的生活》标志着音乐借用的诞生：它不仅是一种新的音乐形式，而且还为人们提供了一种全新的方式，让人们去思考如何创造音乐（就像 50 年前，马塞尔·杜尚［Marcel Duchamp］和其他超现实主义者改变了我们对艺术的看法一样）。若干年后，当全民公敌乐队（Public Enemy）的制作人汉克·肖克利（Hank Shocklee）坐下来录制《没什么能阻挡我们》（*It Takes a Nation of Millions to Hold Us Back*）这张专辑时，他故意模仿了伊诺和伯恩的层次感和打击乐。《没什么能阻挡我们》也成为他所处时代中最有影响力的专辑之一，回声响遍更广泛的文化界——从手机、顺口溜、告示牌，到排行榜，就像《重回 61 号高速公路》（*Highway 61 Revisited*）和《宠物之声》（*Pet Sounds*）之前做的那样。可以肯定的是，伊诺的这一创新取得了辉煌的成果，而且就像“孤独的天才”顿悟的时刻：创新者将自己锁在实验室中，突然想到了一个有影响力的创意。但是这个故事有个关键点：伊诺并不是独自与录音机待在一起；他曾连接到一个有非常多种声音的网络，每种声音都以不同的频率播放着。伊诺不需要咖啡馆，他有收音机。

咖啡馆模式，弱关系下的创意空间

20世纪90年代末期，斯坦福大学商学院的教授马丁·吕夫（Martin Ruef）决定调查商业创新和多样性之间的关系。吕夫感兴趣的是咖啡馆的多样性模式，而不是政治类型的“大熔炉”；是专业和学科的多样性，而无关种族或性倾向。吕夫采访了766名去创业的毕业生。他创建了一个复杂的系统来评估他们的创新性，这个系统是基于下列因素建成的：引进新产品，或申请商标和专利。然后他开始追踪每名毕业生的社交网络——重点不是熟人的数量，而是种类。有些毕业生的社交网络中大多都是组织内部的人，有些经常联系他的朋友和家人，还有一些在朋友和同事的圈子外建立了广泛的关系网。

吕夫这项研究的发现为咖啡馆模式的社交网络提供了一种强烈的支持：**最具创意的人往往拥有广泛的社交网络，通常会延伸到组织外部，涉及不同专业领域的人。**根据吕夫的分析，多样、横向的社会网络，其创新性要比单一、垂直的社交网络高出三倍。在通过共同的价值观和长期的熟识度结合而成的群体中，从众和惯例往往会抑制潜在的创意火花。社交网络受限也就意味着企业家几乎不会从外界获取有趣的概念。但是，如吕夫所言，那些在自己的“孤岛”外面搭建起桥梁的企业家，能够从这些外部环境中引入新的想法，并把他们用于新的环境中。芝加哥大学商学院教授罗纳德·伯特（Ronald Burt）也做了一个类似的研究，他对雷神公司（Raytheon Corporation）组织网络内部好创意的由来做了调查。伯特发现，那些建立桥梁以跨越紧密群体之间“结构洞”（structural hole）的人，更容易产生创新思维。与那些能在多元化的群体中建立积极连接的人相比，只在自己部门内部分享信息的人很难为雷神公司提出有用的建议。

从某种程度上来说，吕夫和伯特的研究证实了马克·格兰诺维特（Mark Granovetter）提出的“弱连接的力量”（strength of weak ties），马尔科姆·格拉德威尔（Malcolm Gladwell）在《引爆点》（*The Tipping Point*）一书中进一步推广了这一观点。透过功能变异的镜头来看社交网络的弱连接，我们能看到一些重要的变化：这种弱连接使得信息在整个社会网络中高效流通，即信息没有被困在一个由紧密结合的团体形成的孤岛上。从创新的角度来看，从弱连接中传来的信息来自于一个完全不同的环境，也就是创新学者理查德·奥格尔（Richard Ogle）所说的"创意空间"（idea-space）：一种复杂的工具、信仰、隐喻和研究对象。从一种创意空间中开发的新技术可以通过长距离的连接转移至另一个创意空间；在新环境中，这种技术可能产生一些意想不到的属性，或触发一种会引发新突破的连接。**弱连接不仅能提高信息在网络上的传输速度，也会促使这些创意发生功能变异。**古腾堡是一位冶金学家，但他与德国莱茵兰的酿酒师之间存在一种弱连接。如果没有这种关系，他只是一位排版界的先驱，因为他对毕昇的活字印刷术进行了量化改进。但他没有让自己的思维局限于单纯的冶金领域，而是有了更重要的成就：成为印刷商。

弱连接产生的功能变异还有助于我们了解20世纪科学性顿悟的经典故事：沃森和克里克提出了DNA的双螺旋结构。然而，正如奥格尔和其他人所言，在20世纪50年代初期研究DNA问题的小小科学圈内，对分子结构有最清晰和最直接认识的人，既不是詹姆斯·沃森，也不是弗朗西斯·克里克，而是伦敦大学的生物物理学家罗莎琳德·富兰克林（Rosalind Franklin），她采用了一种最先进的技术来研究DNA的神秘链状结构——X射线晶体学。但是，富兰克林的观点受到以下两个因素的限制：首先，X射线技术并不是十全十美的，所以她只想到了螺旋结构和碱基对对称；其次，她的思想还受到工作概念的限制。她使用的是一种感应法：掌握X射线技术，然后使用收集到的信息来构建DNA模型（"我们打算让数据说出DNA的结构"，她曾对克里克这么说）。

然而，在20世纪50年代，要想"查看"DNA的双螺旋结构，除了X射线的分析外，我们还需要更多的东西。为了解开这个谜题，沃森和克里克使用了多种工具，涵盖了不同的学科，包括生物化学、遗传学、信息理论、数学，当然还包括富兰克林的 X 射线图像。甚至克里克提出的雕塑造型也对破解 DNA 的结构代码起到了至关重要的作用。与富兰克林相比，沃森和克里克就像是两个“半路出家”的学者：克里克大学学的是生物学,后来转学物理学；这两个人对生物化学领域都知之甚少。然而，DNA 问题不是掌握单一学科的知识就能解决的。为了了解分子的结构，沃森和克里克不得不借用其他领域的工具。**奥格尔曾说过：“一旦创意空间中两个很少接触的观点发生连接，它们就开始自主地对对方作出新的阐释，从而产生整体大于各部分之和的效应。”**沃森和克里克就是这样，他们一边在实验室外休息，一边去想这个问题——那些治学严谨的同僚很鄙视他们的这种行为。然而，凭借这些不同领域的弱连接和他们的创新能力，沃森和克里克一直以一种私人咖啡馆的模式来工作，并最终被授予了诺贝尔奖。

苹果公司的壁垒模式

咖啡馆这种创意模式解释了 21 世纪企业创新中存在的一些奇怪的矛盾。尽管多数高科技企业已经接受权力下放和液态网络的创新模式，然而世界上最具创新性的苹果公司仍然在实行自上而下的严密管理模式，而且还对新开发产品实行保密制度。史蒂夫·乔布斯和乔纳森·伊夫永远都不会让大众参与下一代 iPhone 的开发。如果开放和密集的网络会带来更多的创新，我们该如何解释苹果公司的这种情况呢？就开放性而言，与维基百科相比，苹果公司更像是威利旺卡（Willy Wonka）的巧克力工厂，充满了奥秘。最简单的答案就是，乔布斯和伊夫都是全能的天才，他们能保证公司开发出一系列革命性的产品。毫无疑问，这两人在专业方面都是才华横溢，但他们谁都不能独立设计、构建、策划和推销像 iPhone 这样复杂的产品，就像乔布斯和史蒂夫·沃兹尼亚克（Steve Wozniak）在传说的车库中制造苹果电脑一样。显然，苹果公司的领导层是无可匹敌的，但其中必然还存在一些其他的东西，才能保证将这种革命思想推向市场。

事实证明，虽然苹果公司在很大程度上对外界采取一种壁垒心态，然而该公司的内部结构却是条分缕析的，以方便不同观点发生碰撞和连接。乔布斯通过“概念车”的比喻来说明他们的管理方法。当你去参观车展，看到那些充满魅力的创新型概念车时，你会想，“我现在就想买它”。5 年后，这辆概念车终于上市了，但它的性能可能已经从法拉利降到福特斑马（Pinto）了——所有真正的突破性功能已被淡化或完全消除，遗留下来的特征看上去和去年的款型也没什么差别。这种遗憾的命运同样也可能发生在 iPod 身上：伊夫和乔布斯很可能会勾勒出一个辉煌的、革命性的音乐播放器，然而两年后却放了一个哑弹。是什么让创新灵感永存呢?

答案是，苹果公司的产品开发过程看起来更像是一个咖啡馆模式，而不是装配线。iPod 产品的传统生产方式就是按照线性的专业知识链执行的。首先，设计师想出一个基本的外观和功能，将它传递给工程师；工程师会去想如何实现这种功能，然后再将它传给制造商；制造商会去思考如何实现大规模的生产，最后，再将产品发送给销售人员；销售人员负责说服人们去购买它。这种模式很普遍，因为在以效率为核心的环境中，这种模式更适用，但这种模式会对创新造成灾难性的影响，因为原始想法在这种渐进环节中会被削弱。工程团队看到原始设计会说：“我们不能完全做到，只能做到 80%。”制造团队会说：“当然，我们只能完成其中一部分。”最后，原始设计变得面目全非。

相反，苹果公司的做法起初看上去很混乱，但它避免了好创意在开发过程中被“掏空”的问题。苹果公司将这种做法称为“并发”或“并行生产”。在产品开发周期内，所有团队（设计、制造、工程和销售）成员都会时不时聚在一起，集思广益，交换思想和解决方案，商讨最紧迫的问题。在一般情况下，这种交流是开放的，以接纳不同团队的观点。与传统的生产周期相比，这个过程充满了争议，还会带来很多翻译难题，但却更为自由——精通不同学科的人可以进行更多的交流。

机会总是垂青于那些具备关联性思维的人

许多历史上伟大的创新者都能成功地在日常工作中建立一个跨学科的咖啡馆环境。达尔文之所以推迟发布他的进化论，最受认可的说法是他担心理论发布之后引发的争议会影响家人，因为心爱的女儿安妮死后，他那信仰虔诚的妻子艾玛精神状况不佳。但是，达尔文有很多业余爱好，他分散了自己对进化论的注意力，开始研究珊瑚礁，养鸽子，对甲虫和藤壶进行分类研究，写了许多关于南美洲地质学的重要论文，还花了几年时间来研究蚯蚓对土壤的影响。所有这些兴趣都不是他的工作重点，但那些兴趣为进化这个问题提供了一些有用的关联，促使他最终发表了《物种起源》。

这种情况也出现在其他无数的传记中。约瑟夫·普利斯特里曾在化学、物理、神学和政治理论等领域徘徊。在成为政治家的前几年，本杰明·富兰克林还在开展电学实验，研究墨西哥湾暖流（Gulf Stream），设计暖炉，还当印刷商赚了一笔钱。19 世纪 50 年代，约翰·斯诺（John Snow）还在伦敦街头揭示霍乱之秘，他还发明了保存乙醚的先进设备，出版有关铅中毒和死胎复活的研究论文，此外，他还以全科医生的身份照顾病人。像富兰克林、斯诺和达尔文这样举世闻名的创新者，都具备一些共同的智力素质——思维敏捷，好奇心强。他们还有一些其他的特征：兴趣广泛。

历史学家霍华德·格鲁伯喜欢将这种并行工程称为“企业网络”（networks of enterprise），但我更喜欢用一个备受诟病的当代术语来形容它们：“多重任务处理”（multitasking）。当然，这并不是指现代计算机屏幕的多重任务处理：只需在几秒钟内就能从电子邮件切换到电子表格和 Twitter。我描述的事物不像数字时代那么疯狂；个人任务在向下一个项目推进时可能会留滞几天或几周。然而，仍然会出现一些稳定的变化，这种变化不是主题的变化，而是各项任务中执行工作的变化。

对于约翰·斯诺来说，他参与的这些项目包含了一些完全不同的智力活动模式：要设计一种控制氯仿温度的机械装置需要用到不同的技能，治疗病人以及为《柳叶刀》（*The Lancet*）写论文也需要不同的思维方式。用“多重任务”来形容这种工作模式最合适不过了，因为项目会一个接一个地出现，但这种对工作连续性的强调掩盖了这种心理环境的一个重要方面：在缓慢的多重任务模式下，一个项目会在数小时或数天后才会占据舞台的中心，而其他项目则会在意识的边缘徘徊。认知性的重叠使得这种模式具备创新性。当前的项目可以从边缘项目中获得灵感，从而建立新的连接。这并不是一个跳出思维框架的问题，因为思维可以在不同领域来回走动。**从一个领域移至另一个领域会迫使思维从新的角度考虑，从而打破视野盲点，或从一门学科中借用一种工具来解决另一个学科的问题。**

斯诺的故事是这样的：1854 年苏荷疫情爆发期间，他实地探查这场流行病的根源，解决了霍乱的水源传播之秘。事实是，早在 1854 年前，他就对水源理论作出了令人信服的解释。斯诺之所以能够看到盛行的“毒气”理论（miasma）周围的观点——霍乱是由有毒气体的吸入而引起，其中一个原因是他曾从事过麻醉工作，这方面的实践使他了解到气体是如何扩散到大气中的。斯诺认为如果疾病是通过有毒气体传播的，那么死亡率的地理分布也会表现出独特性：大规模的死亡人数会产生有毒气体，导致紧邻地区出现大量的死亡，当距离病源区域越来越远时，死亡率也会大幅降低。出于同样的原因，医生的经历使斯诺摆脱了“毒气”理论的盲点。通过对患霍乱病人的治疗，斯诺指出，疾病对人体的影响表明病源已被人体吸收，而不仅仅是吸入体内，因为疾病会直接损害消化系统，而病人的左肺部基本未受任何影响。从真正意义上来说，对于斯诺而言，要想在霍乱方面取得重大突破，他就必须像分子化学家和医生那样思考。因为一再缓慢地执行多重任务，在将注意力转向霍乱之秘时，手上就有了许多解释性系统可用。正如我们看到的始祖鸟的羽毛，斯诺万万没有想到，他设计的氯仿吸入器竟能使现代世界摆脱致命细菌的威胁。这正是功能变异的一种不可预知的力量，机会总是垂青于那些具备关联性思维的人。

WHERE GOOD COME FROM IDEAS

第7章
在生态圈中不断成长

创新模式7：开放式“堆叠”平台

平台建造者和生态系统工程师不仅在融合的可能性方面打开了大门，更打造了全新的场所。旧观念有时会使用新房子。新创意必须使用旧房子。“堆叠”平台的真正好处在于，你不再需要掌握所有的知识。正如燕雀不必付出钻洞和推倒大树的代价，它只需懂得怎么鸣叫就够了。

一座珊瑚礁就是一个平台

1836 年 4 月 12 日，皇家海军潜艇“小猎犬号”向基林群岛告别。在历经了两周惬意的田园生活后，达尔文得到了关键证据，以支持他早期职业生涯中的第一个伟大想法。船离开了波澜不惊的绿色潟湖①水域，经毛里求斯岛返回英格兰。菲茨罗伊船长沿着 2 000 多米长的航线，探测了环礁外围海域的深度。他发现那儿深不见底，用达尔文的话来说，菲茨罗伊的测量证实了“岛屿形成了巍峨的海底高山，高山的两侧甚至比最为陡峭的火山锥还要陡”。这个数据对达尔文来说至关重要，因为他正在脑海中创建关于“巍峨的海底高山”以及其地质遗产的理论。

早在几年前，这个理论就已经作为一个灵感浮现出来：他的导师查尔斯·莱尔的环礁形成论有个重大的缺陷，即没有解释一座山刚好下沉到只露出海平面几十厘米的概率有多高。火山岛屿的海拔变化是巨大的：有些逐渐下陷，只露出海平面几米；还有一些，如莫纳克亚山（Maunakea），则猛增上千米直入云霄。大多数火山峰位于海面以下数百米。然而，达尔文与那个时代的大多数地质学家一样，都知道海洋中居住了数量庞大的热带环礁，且都不

① 潟湖（xì，四声），指被沙嘴、沙坝或珊瑚分割而与外海相分离的局部海水水域。——编者注

同程度地高于海平面几十厘米。就像100个足球越界散射，其中有20个准确地聚集在39米线上。达尔文并不了解板块构造理论，但他明白，世界上的陆地有的在上升，有的在下沉。但令人不解的是，这些强大的力量，有很多都莫名地被海平面分界线遏止了。一座因地球传送带的强大力量而向上隆起的火山，本应该迅速冲出海面并继续攀升，就像莫纳克亚山和无数的其他火山岛那样；同理，一座向海底下沉的山也应该持续下沉。为什么这么多山的活动卡住了？

至于达尔文何时有了答案，我们并不清楚。也许站在基林群岛的白色沙滩上时，他就已经有了想法。甚至，当站在那片绿色的水域时，这个创意就渐渐地、缓缓地涌上来，其中一些小片段已逐渐清晰。创意很简单，但却难以具体化。它以一个关键原理作为开始：达尔文脚下的陆地并非地质力量的产物，而是由一种生物构成。

这种生物就是石珊瑚（Scleractinia），俗称造礁珊瑚。一条活着的石珊瑚虫是柔软的水螅体，长度不超过几毫米。石珊瑚群居生长，新的珊瑚虫会出现在"父母"两侧的肉芽上。珊瑚对海洋生态系统的重要贡献发生在死亡之后，这是海洋生物的一种奇特而又出乎意料的结果。珊瑚虫活着的时候，建立钙质骨骼，生成一种被称为霰石的矿物质，非常坚固，在宿主死亡几个世纪之后，仍然可以完好无缺。珊瑚礁就像是一座巨大的水下陵墓：上百万块骨骼组合成了满是凹痕、复杂蔓生的礁石。

待在基林群岛的那两个星期，达尔文观察到，岛上的土壤中根本没有传统的岩石。他在日记里写道："纵观整个群岛，每一个原子，从最微小的颗粒到大型的岩石碎片，都带着曾被有机物布局的力量影响过的印记。"这些岩石和颗粒绝大多数是霰石骨骼，是几十或几百年前死亡的珊瑚虫遗体。只是这一点就可以证明莱尔的理论是有缺陷的：如果达尔文站在休眠的海底火山的顶峰，脚下的岩石就会是由冷却的熔岩形成的玄武岩、黑曜石或浮石。这些岩石是在炽热的岩浆核心中被锻造出来的，而不是由微小的珊瑚虫分泌出来的。

事实上，印度洋环礁的土壤成分是有机的，由珊瑚礁演变而成，并非火山活动的产物，它本身没有为环礁的存在之谜提供一个令人满意的答案。为什么珊瑚群能在距离陆地数百公里，在广阔的海洋之中形成如此完美的椭圆形状？为了解开这个谜，达尔文引用莱尔的原始理论，但增加了一个重要的转折。他使静止的图像变成了一幅动人的画面。为了了解环礁的形成过程，达尔文发现，你得想象一座火山岛缓慢地沉入大海。当火山堤岸消失在海浪之下，水中的斜坡会成为珊瑚群繁殖的主要温床，它们在约 45 米深的浅水区繁殖生息（珊瑚虫主要以进行光合作用的藻类为食，而这些藻类无法生存在距离阳光太远的地方）。最终，山顶沉入大海，留下了由火山口边缘界定的浅水域。因为山的沉没如此缓慢，珊瑚礁成形的速度要快于山体下沉的速度。就像过分热心的开发商一样，珊瑚群在结构上不断层叠增长，已经能够直立于火山顶端，却受到水面的限制。当最初的山峰逐渐沉入海中，老一代珊瑚礁相继死亡，却继续为生长在老珊瑚礁之上的、欣欣向荣的新珊瑚礁提供结构支撑。达尔文无法精确测量这些珊瑚礁的厚度，但他预测珊瑚化石底部的火山根基距离海面大概 1 500 米。100 多年后，现代钻井技术证实了这个数字。

“小猎犬号”出发时，达尔文在日记中记录并解释了这一神奇的自然习性。“我们必须将环礁视为由无数微小的建筑师打造的不朽作品，”他写道，“为了纪念那埋葬在海洋深处的、之前存在过的陆地。”

几年后，达尔文以专题论文的形式发表了关于环礁形成的理论，这是他在科学方面的首个重大贡献，且很大程度上经受住了时间的考验。这个创意本身就是在汇集多门学科的咖啡馆里孕育出来的：为了解开谜题，他不得不同时以博物学家、海洋生物学家和地质学家的角度来思考。他必须了解珊瑚群的生命周期，观察基林群岛的岩石上有机物雕琢的微小证据，还要思考火山在海里上升与下沉的巨大时间跨度。当然，他也需要菲茨罗伊的技术专长以测量航线深度。要理解这个创意的所有复杂环节，需要一种追根究底的智慧，愿意跨越不同的学科和范围进行思考。达尔文的《乘小猎犬号环球航行》一书，记载基林群岛调查的章节描述得最棒："当旅行家告诉我们金字塔和其他令人惊叹的、巨大规模的历史遗址时，我们感到惊讶，但与那些由各种渺小而脆弱的动物汇聚而成的山石相比较，即使是最伟大的建筑也显得微不足道。这是一个奇迹，它并没有第一时间冲击肉眼，却在沉思片刻后，冲击了理性的双眼。"

在达尔文看来，那些"渺小而脆弱的动物"建造了一个平台。达尔文是走在碟状的山顶上，而不是踩在印度洋的海水里，因为那些动物已为他建造了可以站立的平台。但是从更深远的意义上来说，**一座珊瑚礁就是一个平台：沙堤、岩面、暗礁的裂缝，创造了数以百万计的物种的栖息地，成为了一座具有无限多样性的海底都市**。至今，企图精确地测算珊瑚礁生态系统所有生物种类的尝试，皆因栖息地的复杂性而遭到失败。科学家们现在相信，世界各地的珊瑚礁上生存着 100 万至 1 000 万不同种类的生物，但这些珊瑚礁仅占地球表面的 1‰。这就是"达尔文的悖论"：在这些营养贫乏的水域里，竟然能够造就出这么多令人惊叹、不可思议和多种多样的生命。

40 年前，生态学家们使用"关键物种"（keystone species）这个术语，意指一种在生态系统中具有重大影响力的生物。例如，一种食肉动物是其他物种的唯一捕食者，如果它消失了，其他物种会以无法遏制的繁殖速度淹没栖息地。移走关键捕食者，栖息地就会瓦解。大约 20 年前，美国卡里生态系统研究所（Cary Institute of Ecosystem Studies）的科学家克莱夫·琼斯（Clive Jones）认定，生态学需要另一个术语来表述一种非常特殊的关键物种：实际创造了栖息地的物种。琼斯称这些有机物为"生态系统工程师"（ecosystem

engineer)。海狸就是"生态系统工程师"的典型例子。通过啃断杨树、柳树以建造堤坝，海狸独自将温带森林转变成湿地，然后吸引并支援了一大批出色的邻居：红冠黑尾啄木鸟钻洞，将巢穴筑在枯死的树干上；林鸳鸯和加拿大雁定居到被遗弃的海狸巢穴；苍鹭、翠鸟和燕子享受着"人造"池塘的好处；连同青蛙、蜥蜴和其他缓流（slow-water）物种，如蜻蜓、蚌类和水生甲虫住在一起。就像水下的珊瑚群一样，海狸打造了一个生命体聚集的平台，能够维持惊人的多样化物种。

平台建设，就本身而言，是一种生成性（emergent）的行为。微小的珊瑚虫并没有主动尝试创造一个水下拉斯维加斯，但尽管如此，由于稳定地劳作——以水藻为食，建造霰石骨骼，一种更高级的系统出现了。这一大片荒凉而贫瘠的海水已转化成为闪亮的活动中心。海狸建造了一座大坝，以更好地保护自己远离天敌，但这项工程又带来了新的影响，为翠鸟、蜻蜓、甲虫建设了新家。**平台建造者和生态系统工程师不仅打开了相邻可能的大门，更打造了全新的场所。**

GPS 与约翰·霍普金斯大学应用物理实验室

位于马里兰州罗瑞尔市（Laurel）的约翰·霍普金斯大学应用物理实验室（APL）的自助餐厅，长期以来一直是就职于此的物理学家、技术人员、数学家、一流的黑客们非正式地讨论工作的场所。但在 1957 年 10 月 7 日周一的午餐时间，谈话异常热烈，因为周末头条新闻宣布了苏联的斯普特尼克 1 号人造卫星——史上第一颗人造地球卫星发射升空了。两位年轻的物理学家威廉·吉尔（William Guier）和乔治·韦芬巴赫（George Weiffenbach），正在与众人热烈地讨论斯普特尼克人造卫星可能发射的微波信号，似乎没人想在周末操心斯普特尼克人造卫星的信号是否可以被 APL 的设备捕获。当时，韦芬巴赫恰好正在进修微波频谱学的博士学位，他的办公室里有一台 20MHz 的接收器。

吉尔和韦芬巴赫花了一下午的时间，在接收器旁收听斯普特尼克人造卫星的音频图谱。为了防范怀疑者的论调，那些人难免会质疑整个发射过程不过是一场精心设计的骗局，是宣传共产主义的产物。苏联刻意让斯普特尼克人造卫星发送容易接收到的信号：20MHz 不间断的音频广播。傍晚时分，韦芬巴赫和吉尔已明确地锁定了信号。声音本身是不连贯的电子脉冲声，但此事件的背景将其转化为两个男人曾听过的最美妙的音乐。这似乎令人难以置信：坐在马里兰州郊区的某个房间里，收听来自太空的人造信号。年轻的物理学家捕获到卫星信号的消息传遍 APL 后，不断有人来到韦芬巴赫的门前，倾听这枚卫星的颤音。

意识到他们正在聆听历史，吉尔和韦芬巴赫将接收器与音频放大器连接，并将信号灌录到磁带里。每一段录音都包含了时间标签。当他们收听并做记录时，他们意识到可以用多普勒效应计算卫星在太空中移动的速度。多普勒效应由奥地利物理学家克里斯琴·多普勒（Christian Doppler）于一个世纪前首次观测到，它是指当信号源或接收器处于运动状态，关于波形频率变化的可预见方式。想象一个扬声器播放一个单音，比如说中央 A，其发出声波的频率是 440Hz。如果你将扬声器安装在一辆汽车的引擎盖上，车子向你驶来，声波会互相堆叠而缩短彼此间的距离。当压缩后的声波传到你的耳膜时，感知频率会高于 440Hz。当汽车倒退，多普勒效应会逆转，感知音调会降低至中央 A 以下。每当救护车响着刺耳的警笛声从你身边经过时，你就会感受到多普勒效应：当它从你身旁离开时，警笛的音调好像下降了。

多普勒效应是用途十分广泛的概念：它已被用于检测宇宙膨胀、跟踪雷暴，以及做超声波检查。因为斯普特尼克人造卫星以稳定的频率持续发射信号，并且由于微波接收器是静止不动的，吉尔和韦芬巴赫认识到，他们能根据所捕捉的微小却稳定的波形变化，计算出卫星的运动轨迹。那晚，他们想起另外一个数学技巧：通过分析多普勒位移的斜率，能够测定卫星轨道上最接近 APL 实验室的点。他们很偶然地发现了一种技术，不仅能计算卫星的运行速度，还能画出它的运行轨迹。几小时内，这两位年轻的科学家已经完成了从收听、到测量、再到跟踪俄罗斯卫星的全过程。

随后的几个星期，一个无组织的科学家团队在 APL 围绕吉尔和韦芬巴赫的直觉，补充细节，研究关于轨道卫星的理论文献，提出改善技术的建议。最终，APL 主任批准了款项，让实验室新的 UNIVAC 计算机处理数据。几个月后，他们就凭那个简单的 20Mhz 信号，完整地推断出了斯普特尼克人造卫星的运行轨迹。吉尔和韦芬巴赫的探索，后来被他们称为“生命中的奇遇”，对他们日后的职业生涯影响极大。1958 年春天，弗兰克·麦克卢尔（Frank T. McClure），传说中的应用物理实验室副主任，叫吉尔和韦芬巴赫去他的办公室。麦克卢尔有一个机密问题要问他们：如果可以利用地面接收器的已知位置来测算卫星的方位，那么问题能反过来看吗？如果知道卫星的精确轨道，能够测算出地面接收器的位置吗？吉尔和韦芬巴赫运用大脑的逻辑思维思考了几分钟，然后给出了肯定的答案。事实上，从已知轨道推断方位——而非以固定的地面位置来推断未知轨道，结果显然会更加准确。没有对这个问题的最终目的作出解释，麦克卢尔让两个男人迅速做可行性分析。在经过了几天紧张而激烈的数据计算后，吉尔和韦芬巴赫作了汇报：他们出色地解决了所谓的“反向问题”。

很快，吉尔和韦芬巴赫明白了为什么反向问题对于麦克卢尔如此重要：军方正在研发北极星（Polaris）核导弹，该导弹被设计为可在潜艇上发射。要精确地计算导弹攻击轨迹，需要精确地知晓发射场地的位置。在陆地上很容易确定比如在阿拉斯加的一个导弹发射井，但要确定一艘漂浮在太平洋某处的潜艇，却是极其困难的。麦克卢尔的创意是采取巧妙的卫星解决方案，跳脱原本的思维。军方将通过追踪地球上空已知方位的卫星轨道，来确立潜艇的未知位置。正如水手们千百年来利用星星导航一样，军方将运用人造卫星技术来引导舰队。

该项目被称为“子午仪”卫星导航系统（Transit System）。斯普特尼克人造卫星发射 3 年后，美国有 5 颗人造卫星在轨运行，为军方提供导航数据。1983 年，当韩国航空公司 007 号航班由于地面导航系统发生故障，在进入苏联领空被击落后，罗纳德·里根总统宣布：“卫星导航应作为‘公共利益’，向民用领域开放。”大约在那个时侯，这套系统改名为：全球定位系统（GPS）。半个世纪之后，大约 30 枚 GPS 卫星的导航信号覆盖了全球，从手机、数码相机到 A380 空中客车，可以为所有的一切提供导航。

如果你想在第一时间了解新兴平台不可思议的力量，只需看一看 GPS 在过去 5 年中发生了什么，就一清二楚了。建造该系统的工程师——始于吉尔和韦芬巴赫，创造了一个完整的生态系统，并且发挥了意想不到的效用。弗兰克·麦克卢尔想到，可以利用吉尔和韦芬巴赫独特的见解跟踪核潜艇，但他完全不知道，50 年后同样的系统可以在城市中心帮助青少年玩精心制作的游戏，可以使登山者探索危机四伏的山脉，也可以让摄影师将照片上传到 Flickr 地图网站中。与互联网本身一样，GPS 已经产生了巨大的商业价值，许多以盈利为目的的企业参与基础设施的扩建，以实现它这方面的价植。然而，建立 GPS 采用的创意则是卫星本身的概念，原子钟卫星依靠其精确计时，当然，还有吉尔和韦芬巴赫针对斯普特尼克卫星的独特见解—— 一切都产生自公共行业。GPS 平台的生成性本质充分反映了它的诞生环境。当吉尔和韦芬巴赫被要求解释，他们是如何从斯普特尼克卫星上偶然得到了启示时，他们都将之归功于应用物理实验室这个智慧的出产地，而非自己的特殊才能：

> APL 对于好奇的小孩来说，是一个最佳的环境，特别是其研究中心。这是一个鼓励人们拓展思维、思考问题的环境，是好奇的孩子们跟随好奇心，随心所欲行事的地方。同样重要的是，身处其中的孩子们可以带着初步的成果，去求助于通晓相关领域的同事，特别是由于实验室管理者的才能，同事们在硬件、武器和武器需求方面也具有渊博的知识。

APL 是一个小规模的平台，它鼓励并放大灵感，允许这些灵感与具有相关专业知识的思想连接。由于网络密集，21 世纪最具生产力的技术平台之一扎根了。当然，APL 不是一个完全开放式的平台，它毕竟涉及军事机密。而且，尽管吉尔和韦芬巴赫想向世界分享斯普特尼克人造卫星的发现，但在那台新鲜出炉的电脑 UNIVAC 占据一整间房间的时代，传播这项突破性进展是很困难的。但是，在那些关上的门背后，在鼓励不同领域机遇碰撞的背景下，威廉·吉尔和乔治·韦芬巴赫是受益者。这两个“孩子”在餐厅偶然发现了一个创意，并据此创立了一番完整的事业。

大多数创新的发源地都有着相似的物理空间：硅谷的家酿计算机俱乐部；弗洛伊德在柏格巷 19 号的周三沙龙；18 世纪的英国咖啡店。所有这些空间都是较小规模的实现性平台。咖啡店老板，如爱德华·劳埃德（Edward Lloyd）或威廉·昂温（William Unwin），不会想要发明现代出版业或保险业务；对于促进科学进步或引发政治动荡，他们一点儿都不感兴趣。他们只是商人而已，只想赚到足够的钱养家糊口，就像海狸筑巢是为了保护后代的安全一样。**但是劳埃德和昂温所打造的空间具有不同寻常的特点：它们促使人们改变思考方式，他们创造了一个让各种不同思想有效进行碰撞与重组的环境。**

Twitter，最具生产力的开放式平台

最具生产力的平台是“堆叠”在一起的，最典型的例子是网络的分层平台（“平台栈”[platform stack]这个词是现代编程中常见的术语）。网络可以被假想为一种考古遗址，被层层的平台埋在每个页面之下。蒂姆·伯纳斯-李能独立设计一个新媒体，是因为他能在网络平台的开发协议之上自由地构建。他不必设计一套完整的、让全球电脑互相沟通的系统，这个问题在几十年前就解决了，他所要做的是建设一个标准框架，让使用者可以撰写超文本标记语言（HTML）并经由现有的超文本传输协议（HTTP）进行分享。事实上，HTML建立在另外一个现有的平台上：即20世纪60年代由IBM公司开发的SGML。14年后，赫利、陈士骏和卡里姆着手创建了YouTube网站，他们将三个不同平台的元素拼接在一起，建立了这项服务：一个是网络本身；另一个是Adobe公司的Flash平台，用于播放所有的视频；以及Java脚本的编程语言，可允许终端用户将视频嵌入自己的网站。**在现有平台之上的建设能力，说明了为什么三个男人能在6个月的时间里创建YouTube，而一大批专家委员会和电子企业却花了20年时间才使高清电视成为现实。**

文化的发展也有赖于“堆叠”平台的信息。库恩的研究范式就相当于科学界的软件平台：一系列定义术语、数据采集以及特殊领域界限调查的规则和约定。库恩的论证常常被误认为是一种纯粹的、相对科学而言的辩护，经验主义的“真理”总是被加上问号，因为每过一段时间，新的范式就会代替原有的（看起来貌似稳固的科学真理，也仅仅只是范式机器所生产的一种全息影像）。但现代科学范式很少被推翻，相反，它们都建立在先前的典范上。现代科学范式打造了一个平台以支持新典范。达尔文的自然选择理论是一个“危险”的观点——用丹尼尔·丹尼特（Daniel Dennett）的话来说，因为它挑战了《圣经》和关于生命历程中以人为本的理论。但要度量它的科学力量，

就要看看 20 世纪有多少新领域是以其为基础的。20 世纪 40 年代，从“现代演化综论”（modern evolutionary synthesis）中出现了孟德尔（Mendel）学派和群体遗传学（population genetics）；沃森和克里克关于 DNA 的发现引发了分子遗传学革命；还有新兴的领域，如进化心理学（evolutionary psychology）和“进化发展”生物学（evolutionary developmental biology）。新的科学领域往往建立在多个平台上，最终诠释了“达尔文悖论”的学说——生态系统生态学（ecosystem ecology），站在了群体遗传学、系统论（systems theory）、生物化学（biochemistry）等平台的肩膀上。

甚至创作艺术也是通过“堆叠”平台逐步发展的。我们可能对此感到惊讶，因为我们印象中的艺术天才，通常是沉浸在他的课题中，从零开始在脑海中勾勒出一个全新的世界。我们喜欢以打破常规的方式谈论艺术创新，打开相邻可能空间，普通大脑的人根本看不见。但是，天才需要流派。在《情感教育》（*Sentimental Education*）和《一个青年艺术家的肖像》（*A Portrait of the Artist as a Young Man*）中，福楼拜和乔伊斯以教养小说流派为原型，加以曲解并破坏。狄伦（Dylan）以原声民谣（acoustic folk）惯例为原型，创作了《重回 61 号高速公路》，使整个世界为之振奋。流派提供了一套具有足够连贯性的隐性规则，使得传统主义者可以安全地在规则内行事。而热爱冒险的艺术家打破了常规，给我们带来了惊喜。流派是创意世界的平台和典范。它们在艺术家之间通过一组复杂的共享信号进行交流，将每个不同的相关元素组合在一起。百年来，谋杀之谜作为一种小说流派，其写法一直是保持连贯的。但当你真正追溯它的历史起源时，却很难确定一个发起人：它是由埃德加·爱伦·坡（Edgar Allan Poe）、狄更斯、威尔基·柯林斯组成的，还有很多没有形成自身风格的同辈人，他们为稳固该流派发挥了作用。同样，立体主义、情景喜剧、浪漫诗歌、爵士乐、魔幻现实主义、纪录片、冒险小说、电视真人秀也是如此，它们几乎都是曾经非常重要的艺术流派或模式。

然而，创意堆叠比流派更为深入。流派本身是建立在更为稳固的规则和技术之上的。迈尔斯·戴维斯（Miles Davis）以《那又如何？》(*So what?*) 宣布了他在比波普爵士乐（bebop jazz）即兴和弦规则上的突破——公开发行了《泛蓝调调》(*Kind of Blue*) 专辑，尽管他的歌曲是按照D调多利安（Dorian）音阶的规则来编曲——这种风格顾名思义,可以追溯到古希腊多利安人。当然，戴维斯从较为古老的、稳定的乐器平台开创了新的音乐风格，该风格始于戴维斯所演奏的有活塞小号，可以使小号手飞速按键。“原始状态”的小号没有复杂的活塞，几乎和多利安风格一样古老。戴维斯所用的现代有活塞小号，是在19世纪欧洲各地的乐器制造师历经几十年的改进之后，才成为标准乐器的。戴维斯之所以能够探索爵士乐创新的可能性，进而创造一个全新的流派，在某种程度上是因为他不必发明D调多利安音阶或者有活塞小号。

在网络世界里，近期最著名的、研究“堆叠”平台创新力量的案例，是快速发展的社交服务网站Twitter。Twitter的创始人杰克·多西（Jack Dorsey)、埃文·威廉姆斯（Evan Willams）和比兹·斯通（Biz Stone）得益于现有的平台，就像YouTube网站的创始人一样：Twitter传奇性的140个字符限制是基于手机短信（SMS）移动式通信平台的限制，该平台依赖于网络信息与移动手机相连接。但是，Twitter最奇妙的特点是：在短短的三年间，该平台出现了众多创意。刚问世时，Twitter被众人嘲笑为毫无价值的消遣娱乐，只是用来告诉朋友们早餐吃了什么而已。现在，它已被用于编辑并分享政治抗议的新闻、安排政府审查制度的程序、为大型企业提供客户支持、分享有趣的新项目，以及在2006年构思Twitter服务时，创始人并未想到的1 000个额外的应用程序。这不仅仅是一个文化性的功能变异的案例：原本被设计用来做一些事的工具，人们却发现了它的新用途。而且在Twitter的案例中，使用者一直在改造这个工具。用@符号回复另一个用户的规则，是由Twitter的用户群主动发明的。早期的Twitter用户从互联网中继聊天（IRC）

平台搬运过来一个规则，开始通过“#”字符号组建一个主题或事件，比如主题为“# 超级制作人”或“# 就职典礼”。搜索实时流动的微博的能力，被证明对于 Twitter 的终极商业模式是至关重要的，虽然它的广告潜力完全由另外一个新成立的企业所开发。由于这些创新，针对某个事件进行微博实况直播——例如政治辩论或剧集《迷失》(*Lost*)，已成为 Twitter 使用者最常做的事。但是在 Twitter 运行的第一年，技术上还无法实现这种交互模式。这就像有人发明了一个烤箱，一年后发现，使用者自行想出了办法，将它变成了微波炉。

关于 Twitter 平台的一个最有力造词的事实，是绝大多数用户通过第三方软件进行交互服务，有几百个 iPhone 和黑莓手机的应用程序可以管理 Twitter 交流版，所有应用程序都是由业余程序员或小型创业者创建的。这些服务能帮助你上传照片并链接到你的微博；这些程序能在地图上搜寻到你所在地理位置附近的推友们。讽刺的是，Twitter.com 网站所提供的工具在过去的两年里几乎没有改变，但是完整的 Twitter 工具却在其他地方随处可见。

Twitter 平台的多样化绝非偶然。它来自于多西、威廉姆斯和斯通从一开始就采取的深思熟虑的战略：他们首先建立了一个新兴的平台，然后创建了 Twitter.com 网站。软件中的开放式平台通常被称为 API（Application Programming Interface），指应用程序编程接口。API 是一种通用语言，其软件应用可以可靠地与他人沟通，一套标准化规则和定义允许程序设计员在其他平台上创建新的工具，或者跨平台组编信息。互联网用户使用谷歌地图制作地理插件，他们编写程序使得绘图 API 可以与谷歌的地理数据实现通信。

有些 API 仅仅显示平台底层代码的小子集，一部分原因是为了简单，也有一部分版权的原因。按照惯例，程序开发人员写好一款软件后，要经由 API 暴露一小部分功能给外界开发人员。Twitter 团队采取了完全相反的做法。他们首先创建了 API，暴露了所有关于服务的至关重要的数据，然后在 API

上创立了 Twitter.com 网站。传统软件会将 API 用户设想为不应该获得软件所有机密资源的二等公民，唯恐失去竞争优势。Twitter 的创始人认识到，完全公开不失为另外一种竞争优势：在自己的平台上建设规模最大及最多样化的应用软件生态系统，会带来合作优势。为产品想出好创意的责任不再仅仅由公司承担，在一个开放的平台上，好创意随处可见。

如 Twitter 和谷歌这样以盈利为目的的公司，已经使用了开放的 API 以鼓励创新，这种方式非常令人着迷。但更引人注目的发展在于公共部门。2008 年秋天，华盛顿特区的首席信息官维维克·昆德拉（Vivek Kundra），宣布了一个名为“民主应用”（Apps for Democracy）的程序（更换了在某种程度上比较具有煽动性的暂定名称：“开辟疆土”[Hack the District]）。软件开发者被邀请利用市政府提供的公开数据创建应用，只要能够使得政府数据库为居民、游客、企业或政府机构提供更有用的信息，该应用可以采用任何可能的形式——网站、Facebook、iPhone 应用都可以。赢家将会获得 10 000 美元奖金。

政府只给了 30 天的开发时间，但在期限截止时，仍收到了 47 个不同的应用。两个获胜的应用一个介绍了在全华盛顿地区步行浏览古迹的路线，另一个为考虑搬迁到新城区的居民提供了大量的人口统计信息。提交的其他应用包括跟踪政府在具体项目上的开支工具、城市自行车骑手导航，以及直接从街道上的停车计时器接收的实时停车数据信息。有一个独特、有趣的应用名为“安全行走”（StumbleSafety），用来帮助酒醉的用户规划出从城市里任何一个酒吧回家的最安全的行走路线。

华盛顿地区的试点相当成功，目前全世界的几十个主要城市纷纷效仿。2009 年春天，华盛顿运行了“民主应用”的第二代程序，昆德拉没有出席颁奖典礼，因为他被奥巴马总统任命为国家首席信息官，协助创建宏大的“政府数据”（Data.gov）网站项目，以及一个由阳光基金会（Sunlight Foundation）运营的“推动美国的应用程序”（Apps for America）项目。这些都是与 Twitter、谷歌和 Facebook 类似的创新平台。美国副总统戈尔在克林顿执政期间着手“再造政府”时，该项目的宏伟目标之一就是使政府机构更具创新性。但是戈尔的措施都是对内的，几乎无一例外：在政府内部组建新的组织架构，削减复杂的办事流程，鼓励跨部门合作。“民主应用”所提出的是更加开放式的观念：其中有些关于政府的好创意可能来自于政府之外。如果外界开发者团体可以为 Twitter 网站建设像搜索界面这种必不可少的应用，那么公民开发商为什么不能为政府提供与之比拟的创新呢？肯定会有人能够为纳税申请表提出更好的用户体验。

在压制创新方面，政府官僚机构的名声由来已久，但是政府拥有 4 个关键要素，使得它可以得益于新兴平台的创新机制。首先，它拥有包含大量信息与服务的资料库，只要能够妥当安排一切，对普通民众将很有价值。其次，普通民众对政府处理的信息具有强烈的兴趣，不管是关于工业区、卫生保健服务还是犯罪率的数据。再次，在能够感知到城市处于危险的时候，公民乐意付出自己的时间和聪明才智去处理问题。最后，政府机构并非私营企业，它没什么竞争压力，不需要将那些资料保密。

2004 年，霍华德·迪恩（Howard Dean）的竞选活动让大家认识到，网络技术可以帮助领导人竞选职位。但是我们还没有真正看见一旦当选，这些非凡的技术可以帮助领导人更有效地治理国家的证据。然而，考虑到政府作为一个平台——借用对网络具有远见卓识的蒂姆·奥莱利（Tim O’Reilly）的话，这可能是实现数字时代新型政治管理的一种方式。政治领导涉及一些基本要素，即决策和演说，外包给流动的网络并非是最佳的选择。但是一个优秀的政府，至少在某种程度上，针对公民的问题或者官僚主义本身所面临的问题，要能够提出创新的解决方案。这就是平台模式的魔力所在。

这种魔力的一部分是经济性的：实现性平台可以显著降低创造成本。那47个在一个月内产生的应用，华盛顿政府总共只花费了5万美元。昆德拉预计，假如市政府用传统的方式对外承包创建这些应用，花费将超过200万美元（并且，进程会超过一年）。同样的公式适用于私营企业的网络创新。如果赫利、陈士骏和卡里姆被迫从零开始编制一个在线视频标准，将会花上数年时间和上千万美元，而且只能得到一个线上的测试版本。至今，Twitter没有花一分钱去创造一个跟踪微博所在位置的地图绘制应用程序，因为许多服务是由第三方创造并推广的，对Twitter自身来说是零成本。

虽然自然界不以货币为测算单位，但是也表现出类似的经济模式。红冠黑啄木鸟在枯死的树上钻出大洞作为自己的巢穴，但它本身是没有办法让大树枯死的，所以它们主要依靠碰巧遇到自然死亡的树木。所幸，为了创造适合自己居住的森林湿地，海狸不断地啃断树木，为红冠黑尾啄木鸟造出适合它们栖息的生态系统。它们直接利用松软、柔韧的腐烂树木，而不必付出推倒大树的代价。有趣的是，啄木鸟通常会在一年后离开它们在树中构筑的家，为燕雀留下了理想的筑巢场所。燕雀得益于啄木鸟的洞穴，无须承担在木头上钻洞的代价。海狸所创造的湿地，正如Twitter的创建者所建设的平台，引发了各种变化，因为它是一个开放式的平台，大家共享并保护这里的资源。

平台的循环利用

如果你从特拉华州的印第安河入口，往正东方向航行30公里，随着湍流俯冲24米，来到大西洋的开阔水域，你会在海底发现一个欣欣向荣的水下城市：大群的比目鱼、黑鲈、隆头鱼飞速掠过轻轻摇曳的海草。你还会发现大约700个地铁车厢，这些车厢是特拉华州的自然资源和环境控制部在过去的10年里存放在那儿的。远离特拉华海岸，被安置在那儿的车厢已经形成了一个人工珊瑚礁，为那些受东北海岸砂层之苦的贝类和海绵动物提供了一个坚固耐用的避难所。人造珊瑚礁为多种多样的鱼群创造了重要的温床；自从第一辆汽车在那里沉没，特拉华州珊瑚礁上的生物量已经增长了 400%（人造珊瑚礁还有第二个作用，即避免海岸侵蚀）。由于不再需要大规模的运输，废弃的地铁车厢在“退休”后又有了新的职业——它们现在是“生态系统工程师”。

平台天生就对废弃物品有所偏好。黑鲈和贝类在“退休”的车厢里组建了一个家，就像燕雀在红冠黑尾啄木鸟废弃的窝里筑巢一样，反映了简·雅各布斯几年前在城市开发中检测出的模式：被遗弃的空间有旺盛的创新力。实现性平台的创造力是从现有资源的创造性和重复使用的经济性中获得的，任何一个都市人都会告诉你，大城市中最昂贵的资源是房地产。“如果你四下环顾就会看到，通常拥有完善的设施、高营业额、规范的或拥有巨额补助的企业，才能负担新建筑的成本，”雅各布斯写道，“商店、饭店和银行进驻新建筑，但是附近的酒吧、外国餐厅和当铺则进驻旧建筑；超市和鞋店常常入驻新建筑，书店和古董店却很少这样做。”其中的含义是：风险较高或规模较小的企业很难在城市的计划环境中获得支持，那里的建筑、街区和整个居民区失去了原本的居民和工业，有时会带来灾难性的后果（惠普、苹果和谷歌公司都在郊区扎下了最初的根基）。购物中心只有 50 年历史，相对于一些具有千年历史的城市来说是如此年轻，但是迄今为止，即使是运气最差的商场也保留了最初的功能：消费者集中购买个人用品的地方。它们还没有被表演艺术家团体、互联网创新公司、重工业回收改造。

雅各布斯在曼哈顿西村（West Village）居住了很多年，有些街道类似于现在的购物中心。但是在过去的两个世纪，那些老旧的建筑被用作一系列完全不同的用途：工业港口枢纽，城市肉类的主要供应点，行为乖僻的人和失学儿童的避难场所，同性恋权利运动的集中点。雅各布斯的重点是：大城市的狂热活力，城市版本的创造性破坏，自然而然地提供了较为老旧的、不太理想的环境，这样的环境因被渺小或古怪的人所占领而充满想象力，是费舍尔发现的对城市生活如此重要的亚文化群。艺术家、诗人和企业家是基林群岛珊瑚中生机勃勃的鱼：被原始宿主遗弃了很长时间，他们发现在外围生存更加容易。正如雅各布斯所观察到的：

> 就任何一个真正的好创意而言——不管最终是否获利或以其他方式取得成功，在新建筑的高额开销中，没有反复试验、摸索的空间。旧观念有时会使用新房子。新创意必须使用旧房子。

平台循环利用的不仅仅是建筑物。海洋生态学家在研究珊瑚礁生态系统能量的流动时，发现珊瑚礁进行了一项令人震惊的营养循环工作。科学家早就认识到，珊瑚与虫黄藻（zooxanthella）之间共生关系的重要性。两种生物有效地依赖彼此的废弃物：虫黄藻依靠光合作用获得能量，输出氧气和糖分；珊瑚依赖氧气和糖分供自身生长，同时排出废弃物，如二氧化碳、硝酸盐和磷酸盐，又可以供虫黄藻生长。随着虫黄藻数量的增加，更广大的珊瑚礁生态系统得以汲取、分享更多太阳能。虫黄藻和珊瑚是神奇的邻居，迫切需要彼此的“垃圾”，因此每晚见面都交换“垃圾桶”。

事实上，珊瑚礁在营养循环上的延伸远远超过珊瑚和虫黄藻的合作。2001 年，一个由克劳迪奥·里克特（Claudio Richter）带领的德国生态学家队伍，用内窥镜检查了红海珊瑚礁微小的内部腔体，隐藏在那些小型洞穴中的是数量庞大的海绵，它们已经适应了黑暗的珊瑚礁内部，因为珊瑚礁提供了避难所，使它们远离海胆和鹦嘴鱼这些天敌。这些海绵还吃掉了另外一种重要的光合生物——浮游植物，当它们漂过礁石的霰石洞穴时。像虫黄藻一样，海绵排出的废弃物可以给珊瑚提供养分。这些隐藏已久的海绵体现了两个平台循环的法则：一方面，它们从珊瑚骨架废弃的空间获得好处，降低了抵御天敌的成本；另一方面，作为回报，它们排出营养物质，宿主随之分泌更多的霰石，为更多的海绵创造新的栖息地。

整个珊瑚礁生态系统以其错综复杂与相互依赖的食物网络为特点，科学家现在才刚刚开始了解它整体的复杂性。一旦你理解生物平台如何建立在这个系统的废弃物上，“达尔文的悖论”就一点也不矛盾了。珊瑚和虫黄藻的共生关系增加了从光合作用中获得的总能量，如此数量众多而又密切相关的物种有效地重复利用能源，创造了紧密的营养循环网，这意味着它们的栖息地可以事半功倍地扩大。这样的环境按理说应该和海面上的沙质环礁一样荒凉，但却出现了一个令人吃惊的水下城市。推动此进程的不是竞争，而是创造性的紧密合作。

珊瑚礁平台不像潮汐河口，在河岸上游之外划开表层土壤的淡水河流每天供应丰富的营养。尽管如此，珊瑚礁平台还是生机勃勃，这多亏了珊瑚的生态系统工程，以及神奇的避难所和生物垃圾的循环利用。①相对地，水平线上的环礁则有截然不同的景观，更接近于破坏性的沙漠生态系统。大部分太阳能在沙漠环境中被浪费了，仅被能够存活在这样恶劣气候中的少数多浆植物所吸收。这些植物传递的能量足够维持数量有限的昆虫，昆虫又为偶尔出现的爬行动物或鸟类提供食物，最后，所有动植物供养了细菌。有机生物完成了整个循环，却仍有大量能量流失在外。

用污染和海水建造水下城市

如果布伦特·康斯坦茨（Brent Constantz）可以为所欲为，珊瑚礁的循环利用与平台建设的才能最终转化成为人类居住区的有形平台。20 世纪 70 年代后期，在加利福尼亚大学圣巴巴拉分校效仿达尔文主修生物学和地质学时，

① 同样的模式还出现在雨林，雨林中有不可计数的生物在利用养分循环里的每一个微小的生态席位。清除雨林是多么目光短浅的行为（追求所谓的“效率”）：雨林生态系统中的养分循环是如此紧密，以至于土壤通常十分贫瘠而不适于耕种——所有可用的能量从上到下都被汲取殆尽了。

康斯坦茨迷上了珊瑚虫生物矿化的非凡力量——它能够打造一个巨大的碳酸钙结构，且坚固耐用的程度足以持续数百万年。人类也许有理由为珍贵的建筑成就而感到自豪，如金字塔或万里长城，但这些不朽的遗迹与地球上最大的生物体构造——大堡礁（Great Barrier Reef）相比，却黯淡无光。作为一名大学生，康斯坦茨梦想着利用珊瑚虫的建筑技能以预制板创造完整的建筑物，代替浇筑混凝土或连接钢梁，仅将板材置入海水中，造礁过程犹如魔法般地变出一栋建筑物。在那个年代，这是一个奇想，但是康斯坦茨几十年来在心底深处一直保持这个奇妙的想象。

1985年，康斯坦茨终于在加利福尼亚大学圣克鲁兹（Santa Cruz）分校获得了博士学位，成为生物矿化技术的专家。在参加由美国国家科学基金会（National Science Foundation，NSF）赞助的科学考察队的路上，他短暂停留了几天，去帕洛阿尔托（Palo Alto）附近看望父母。在与身为医生的父亲一同观看足球比赛时，他拿起一本医学杂志，偶然看见了一篇文章，内容是关于骨质疏松症导致的庞大医疗费用。这是一种破坏骨密度，致使疼痛与骨折的疾病。几个星期之后，他站在了太平洋的伦吉拉（Rangiroa）环礁上，测算珊瑚建造骨骼系统的速度，并将他的观点与骨质疏松症的文章联系在一起。"如果你可以以某种方式捕捉骨骼生长的进程，"他认为，"你就可以真正帮助骨折的老太太了。"两年后，他开了一家公司，模仿珊瑚的生长原理创造用来修复骨折的黏合剂。今天，康斯坦茨制造的黏合剂被用于美国和欧洲各地大多数骨科手术室。

康斯坦茨接着创建了另外两个成功的生物医学公司，但是用珊瑚骨骼建造基础设施的最初设想还在心底徘徊。2000年，在斯坦福大学任教时，他加入了跨学科学院——伍兹环境研究院（Woods Institute for the Environment），在那里他第一次了解到制造硅酸盐黏合剂带来的巨大环境影响，是地球上人类制造的二氧化碳排放量的第三大来源。在他的脑海中，一个新的思想脉络开始成形，发展水中城市，这个大学时代的旧梦想正在苏醒。珊瑚礁创造了类似黏合剂的结构而不会污染环境，康斯坦茨经营的三家成功的公司显示：模拟珊瑚的生长机制，可以创造有用的新材料。假设利用这种机制去建设高架桥，而非修复髋部骨折又会怎样呢？

他培养了 25 年的缓慢的灵感终于找到了正确的连接。他将"绿色"黏合剂的构想告诉了硅谷具有传奇色彩的一位风险投资人维诺德·柯斯拉（Vinod Khosla），柯斯拉甚至没有看商业计划或幻灯片，就同意投资该公司（康斯坦茨为该公司命名为卡雷拉［Calera］）。康斯坦茨在洛斯加托斯（Los Gatos）建了一个实验室，开始在充满海水的运输拖车中"培育"碳酸盐水泥。他很快发现，只要在水中注入足量的二氧化碳，就像超大规格的咸苏打水，系统就会产生 8 倍量的黏合剂。一天，当柯斯拉来视察实验室时，康斯坦茨向他的投资人问道："我们从哪里能得到大量的二氧化碳呢？"柯斯拉难以置信地看着他。作为世界上最优秀的环保技术投资人之一，柯斯拉非常清楚地球上充满了不顾一切地寻找地方排放二氧化碳的工厂。市场当时正在兴起碳封存技术：将二氧化碳注入废石油及天然气井，或者将它掩埋于海洋深处。康斯坦茨却偶然想到了一个更有效的创意，不必掩埋二氧化碳，而是用于建造材料。

卡雷拉公司的故事仍然在继续。我们未来的城市是否因为要给虚拟珊瑚礁喂食工业废气而建造在水下，仍然是一个悬而未决的问题。这样的说法听起来很不可思议，但是不会比 10 亿年前大堡礁的创意更加稀奇。**大自然早已通过回收可用的资源建立了自己的平台，包括其他生物产生的废弃物。既然地球上最不缺的就是污染和海水，为什么不尝试用它们来建设城市呢？**

构建网络生态系统

网络的"堆叠"平台也取决于循环利用。"生态系统"这个词已经成为时髦的字眼，以形容与 Web2.0 相关的、各种各样的网站与服务的集合。像大多数的术语一样，它隐喻一个重要的真相，那些穿越网络的信息流动类似于通过自然生态系统的能量流动。但是也像大多数术语一样，这个比喻太笼统，其宽泛的范围的确使我们难以看到过去 15 年网络发展历程中最重要的事情。网络不仅是一个生态系统，还是一个特殊的生态系统。它一开始是座荒漠，随后稳步转变成为一座珊瑚礁。

蒂姆·伯纳斯–李网络架构的美妙与力量，有一部分在于其简单：网站是由超文本页面组成的，可以通过一个主管道去连接网络上的其他信息：链接。想象一下现在是 1995 年，你决定在你的“主页”上发送一篇关于波士顿后湾区（Back Bay）附近新饭店的短评。在发送饭店的评论中，你向网络生态系统贡献了新信息。就像虫黄藻从阳光中捕获能量一样，你也提取了外在环境创造的信息（在大脑本身的神经网络中），并且将之添加到网络可用的信息资源里。

问题是，一旦将信息加入系统会发生什么？你可以将它链接到饭店自身的主页，如果有的话。从那一刻开始，来访者只要单击鼠标，就可以跟踪链接。根据基本的理念，通过链接原始的饭店网站，你将循环利用存储在那里的信息，使评论的信息量更大。另外一个热爱美食的人也许会偶然发现你的评论，并且链接到他（她）自己的网站，或者在一封电子邮件中将你的评论转发给几个朋友。但是大多数情况下，加入系统的信息仍然封存在你原始的页面上，像一棵孤独的仙人掌等待几只昆虫偶然地发现它。

快进到现在。你正坐在同一个饭店里，刚刚愉快地喝完了一碗奶油浓汤，拿出手机编写了 140 个字的对浓汤的高度好评，加上了饭店网站的链接，恰好在结账之前发布到 Twitter 上。与以前一样，你正在用微博向网络生态系统中添加新的信息，但是当你在手机上按下“提交”之后，这条信息会怎样呢？

对于信息发布者来说，这条信息将以我们在 1995 年无法想象的方式在生态系统中传播。在你编写这个短评的几秒钟内，它将被推送给你所有的 Twitter

关注者，有时会直接发送到他们的手机上。由于“转发”（re-tweeting）的功能，最初的奶油浓汤微博很容易与 Twitter 上的其他美食微博一起发送。但这只是旅程的开端。通过支持 GPS 的移动设备链接到的地理数据，现实世界的社交网络四方（Foursquare）会自动将奶油浓汤的微博散布到所有最近来访过附近酒吧、饭店或者其他公共场所的用户们（甚至是咖啡馆！），微博作为无数 Twitter 地图上的一颗小图钉突然出现了，这是开发者们过去数年来创造的结果。

网络城市新闻平台 outside.in（几年前我所协助创建的）会解析这条微博里的地理数据并检测出微博中的饭店名称，然后自动将它附加到关于饭店的讨论页面，以及所有关于后湾区附近的新闻和评论的页面，以及专门介绍波士顿饭店风景的网页。一份波士顿的报纸用 outside.in 公开发行商的平台构建了附近地区新闻的网页，它将这条微博发表在后湾区美食小道消息的板块里。谷歌会将与该饭店网页相关的链接都检测出来，并将它们都视为“投票”认可该页面有效性的链接，这导致人们在谷歌查询其名称时，搜索结果页面的排名进一步升高。这条微博甚至会出现在饭店老板的收件箱里，因为他设定了谷歌快讯（Google Alert）功能，即当线上出现的任何事情中提及他的饭店名字时，都会自动发送电子邮件给他。许多网页，包括谷歌的相关报纸网站、出现附近其他业务的当地广告，都会像飞蛾一样，被这条微博中地点关键词的明亮火焰吸引而来。

整个过程在几分钟之内发生，你不必去考虑任何事情，除了编写那 140 个字符，并且记得点击“提交”。

这些并不是强调网络时代信息流通速度的陈词滥调。信息不仅在系统中流转，在循环过程中还会派上新用场。通过生态系统中多样化网络的转化，每一个物种都具有独特的功能。你写一条关于午餐吃什么的微博，几分钟内这个信息就被用于推动完成各种不同且数量惊人的任务：邻居编造新的人脉关系，美食家寻找一碗美味的韭菜汤，餐厅从业者从顾客那儿得到坦率的反馈，谷歌组织世界上所有的信息，报纸以更低的成本提高邻里的覆盖面，当地企业寻求与其相关的团体对象的注意。140 个字符真不错。

但是，关键点当然是那 140 个字符是有用的。过程中的每一步都属于“堆叠”平台的某一步。发送信息简单与否对于社交网络的追随者来说，取决于 Twitter 的 API 和基本数据库；它们作为文本信息可以依靠 SMS 通信协议（还有基站和卫星网络）立刻传到手机上；outside.in 使用开放的 RSS 平台散布邻近数据；地理数据嵌入原始微博依赖于经过改造的军事情报技术 GPS；所有 Twitter 地图都得通过 API 召唤谷歌的地图服务；当然，整个流程由类似于珊瑚和虫黄藻的底层协议 HTTP 和 TCP/IP 协议来维持。所有的服务和标准对于从 140 个字符中获利的网络信息来说都是必要的，但是没有任何一方要求签订业务开发协议，交付授权费，或者哪怕是一个不再时尚的握手。你可以在其上进行建设而不用经过许可；当你不必事事征求许可的时候，创新就会蓬勃发展。当吉尔、韦芬巴赫和麦克卢尔设计系统以帮助美国潜水艇发射北极星导弹对抗苏联时，他们从未想过，有朝一日，一些人会使用他们的平台，对附近的陌生人极力地夸奖一碗韭菜汤。“堆叠”平台就是这样：你认为你是在冷战中战斗，实际上却是在帮助人们去哪里吃午餐。

有趣的是，“堆叠”平台的真正好处在于，你不再需要掌握所有的知识。你不必知道怎样向卫星发射信号，或者解析地理数据发送微博并通过网络生态系统进行传播。迈尔斯·戴维斯不必建造有活塞的小号，或者发明 D 调多利安音阶去录制《泛蓝调调》专辑。燕雀待在一个废弃的啄木鸟巢穴中，无须知道怎样在白杨树上钻一个洞，或者怎样推倒一颗百米高的大树。这就是“堆叠”平台所产生的力量。正如燕雀不必付出钻洞和推倒大树的代价，是因为这条链上的其他物种已经公开提供了做这些事情的知识，它只需懂得怎么鸣叫就够了。

结 语
第四象限，伟大创意的诞生

空调，重新划分美国社会与政治版图

在格兰街（Grand Street）和摩根大道（Morgan Avenue）交汇处的一个角落里，布鲁克林区的威廉斯堡（Williamsburg）街区显得有些冷清。那里矗立着一栋五层楼的建筑，采用的是一个世纪前备受工业设计师们青睐的罗马式建筑风格。现在，它改头换面，成为 20 多个年轻人的聚居之地，处在纽约最繁华的一个街区边缘，里面是一些小型企业，大多是信息产业。一个世纪前，这栋建筑只有一个租客：萨基特 – 威廉姆斯印刷公司（Sackett-Wilhelm Lithography Company）。如果你站在它位于格兰街的前门，或细看一楼窗口的酒吧和装货平台上的涂鸦，没有什么能显示这里的历史意义。但它的确是有历史意义的：萨基特 – 威廉姆斯印刷公司在此配备了一台新型机器，它对于改变人类居住模式的贡献，可能是 20 世纪除汽车以外所有发明中最为显著的。

1902 年，萨基特 – 威廉姆斯印刷公司的彩色出版物打印业务收益颇丰且在持续增长，其中就有广受欢迎的幽默杂志《法官》（*Judge*）。但是，他们遇到了一个烦人的难题：空气。湿度的微小变化都会使打印过程变得复杂：纸张吸收漂浮在工厂空气中的水分就会胀大，墨水流动速度不一，风干的过程也变得缓慢。潮湿的天气会更加拖慢整个生产过程，萨基特–威廉姆斯的主管们很难向客户承诺可靠的交付日期。

自从发明了火，人类就开始人为地调节空气温度。19世纪见证了机械加热系统的成长趋势。为了降低室内温度，少数来自异国的方案早已在尝试当中，但所有方案都是让大量冰块冷却空气（位于曼哈顿的麦迪逊广场电影院［Madison Square Theater］每晚要使用4吨冰块，他们的顾客才能忍受炎热的夏日夜晚）。但那些方法都不能解决湿度问题。受到1900—1901年连续两年的热浪侵袭之后，萨基特–威廉姆斯的业主们开始联系水牛公司（Buffalo Forge Company）在纽约的办公室，该公司专门为大型产业提供机械加热系统。既然他们是空气升温方面的专家，那么能否让空气的湿度降低呢？

这次咨询实在恰逢其时，因为水牛公司的创始人威廉·文特（William F. Wendt），正好听从了一位年仅25岁、却野心勃勃的电气工程师的要求，建立了一项"研究计划"。通过这一计划，这位名叫威利斯·开利（Willis Carrier）的电气工程师就可以开展更多高风险项目。要解决降低湿度这种问题，开利的实验室正是绝佳的研究基地，开利兴致勃勃地投入到了这个项目当中。在同事提出的一些方案失败之后，开利遵循自己的直觉，建立了一个奇妙的装置：让冷水流过加热的环形管道。这种环形管道通常被用来传导蒸汽。通过参照气象局的露点温度表，他建立了一个系统，可以将空气降温至那个会产生55%湿度的露点温度，而这正是萨基特–威廉姆斯公司需要的理想湿度。到了1902年夏末，一套由开利设计的系统，已经在萨基特–威廉姆斯的工厂里进行运作了。它从自流井中取水，并由一台氨冷却系统提供额外的冷却作业。在炎炎夏日，这个系统24小时的降温效果就相当于50吨冰块融化。

接下来的几年，开利对他的系统做了进一步完善。为萨基特–威廉姆斯设计的系统已经取得了成功，不过钢铁管道使用一段时间后容易生锈。一天晚上，他在费城等火车，看到浓雾席卷站台时，突然灵光一闪。他可以把空调系统做成一个微型雾化机器：让空气通过装置内部的水雾，将水本身当作冷凝表面。由于分子之间具有牢固的氢键，水雾中的水蒸气分子会将空气中的水分吸引出来，这样既调节了湿度，又解决了生锈的问题。（开利在其自传中写道："水不会生锈。"）开利于 1904 年 9 月为他的"空气调节装置"申请了一项专利。进入 1906 年的第二天，这项专利正式属于他。不久以后，开利和几名同事从水牛公司辞职，随后创立了开利工程公司（Carrier Engineering Corporation），专门制造空气调节系统，即现代空调的前身。这份买卖让开利成了富豪，同时也让空调实现了由好奇心的产物到奢侈品再到普通家用电器的转变。2007 年，开利公司已成为联合技术公司（United Technologies）的子公司，其销售额达到 150 亿美元。**由于开利的奇思妙想，20 世纪下半叶，美国民众掀起了迁往阳光地带和南方腹地的宏大移民潮。在空调普及前，这些地方的气候是让人难以忍受的。毫不夸张地说，开利的创意重新划分了美国社会与政治版图。**

哪个象限最能产生优秀的创意

开利的故事是现代创新的典范。一个富有智慧的个体工作于一个私人实验室，受到远大抱负和财富梦想的激励，突发奇想，然后改变世界。没错，真正的故事稍微复杂一些。他本来是想调节湿度的，而非要对温度进行研究；最终的解决方案也花费了数年时间，才得以确立；他的一些技术方案也是建立在前人的创意上。但是，这未免吹毛求疵。开利的故事符合天才企业家的经典模型。我们在前面章节提到的模式，它几乎都没有：没有液态网络（如果水雾排除不计）；没有咖啡馆的功能变异；也没有显著的错误。最后还成功地取得了专利。

这一切都不可避免地指向一个问题：威利斯·开利是不是特例？

这个问题确实存在着政治和社会风险，因为市场资本主义视为无与伦比的创新引擎，长期以来一直依靠像威利斯·开利创造的冷却装置这样传奇的故事，作为其信念的基石。[①]计划经济本质上体现的是层次而非网络，这意味着新型创意必须先得到当局的认可，才能在社会上传播。相比之下，市场经济则会允许创意遍地开花，任意播撒。用现代的科技术语来说，市场促使创新在网络边缘蓬勃发展。计划经济则更像互联网出现前的大型计算机系统，每个参与者都必须从中央主机处获得授权，才能开展新工作。20世纪90年代，弗里德里希·哈耶克（Friedrich von Hayek）发表了具有重大影响的论证，内容是关于市场经济价格信号的重要性。当时，他观察到一个相关的现象：市场的分散定价机制让企业家可以自行评估其创新的相对价值。如果你设计出一个有趣的新型装置，你不需要苦苦说服某个政府委员会去相信它的价值。你只需找买家就行了。

围绕着开利的创新模式，整个制度和法律框架已然建成，更不必说传统智慧早已根深蒂固。但是，如果他是例外而非常态呢？

解决这样一个复杂的问题主要有两种方法。你可以深入研究一个故事，设法说服听众，让他们相信它代表着广泛的社会现实（这就是我在之前两本书中，叙述约翰·斯诺和约瑟夫·普利斯特里的故事，以及塑造他们工作的创新环境所采用的策略）。这种方法的优势在于，你可以非常详尽地考查一个案例。劣势是受众必须相信你选择的案例确实具有广泛的代表性。第二种方法我在本书前面的章节使用过，即围绕许多轶闻建立论点，轶闻可以取自不

① 创新不是世界上大多数人接受资本主义生活方式的唯一原因。经济学家和社会历史学家们详细叙述了推动市场进程的多重因素：资本主义经济体GDP长期增长，成绩斐然，更为优秀；经济参与者在个人选择方面，具有更多的自由；自身经济利益对人类而言，是不可抗拒的驱动力。但是少有为资本主义经济的辩护提到其千变万化的力量。甚至连其批评者都承认市场对创新的驱动作用，正如约瑟夫·熊彼特（Joseph Schumpeter）著名的理论“创造性破坏”（creative destruction）所说的一样。

同背景、不同历史时期。这种轶闻式的方法牺牲深度以换取广度。而且，也难免有择优挑选之嫌。如果相对 1 个蒂姆·伯纳斯－李，存在着 100 个威利斯·开利，那么将蒂姆·伯纳斯－李的故事串联起来根本不能证明什么（事实上，这样做很可能是误导）。

要避免案例研究和趣闻分析的潜在扭曲，你需要透过单一的镜头看整个创新领域。不能只通过研究其自传的亮点，就认定威利斯·开利异乎寻常，而是需要一个更广阔的视角。因此，我们不妨利用创新历史的可用数据，开展一项实验。选取过去 600 年间，大约 200 项最重要的创新作为研究对象，从古腾堡的印刷技术开始，从爱因斯坦的相对论到空调的发明，再到万维网的问世，将每项成就都划分到图 1 的四个象限里。

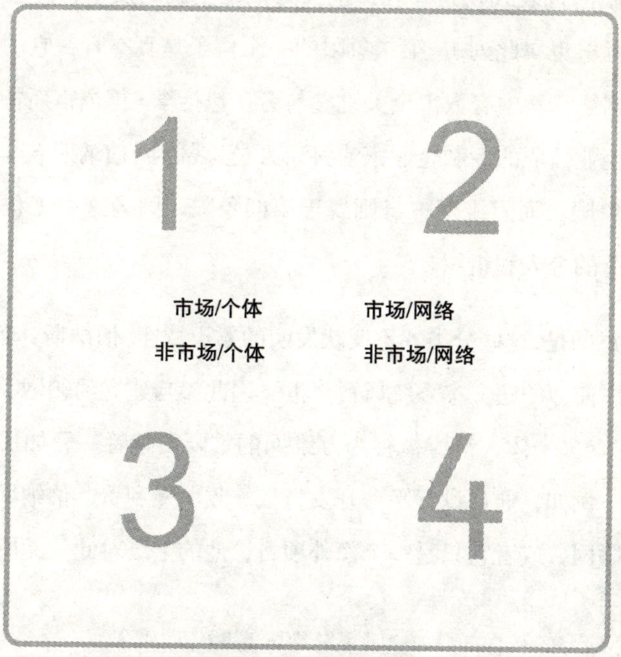

图 1　创新的分类

将组织内部的某个协作型小团队，或者更高级的独立发明人负责的创新划分为“个体”型。通过集体化、分布式的流程发展，由众多团队共同完成的创新划分为“网络”型。发明人计划直接从销售和专利授权中获利的划分为“市场”型；希望其创意免费流入信息域的属于“非市场”型。**四个象限归类结果是：第一象限表示私企或个人创业家；第二象限表示多家私企相互影响的市场；第三象限表示免费分享创意的业余科学家或爱好者；最后，第四象限表示资源共享或学术性的环境，可以通过大型、协作式网络建立或改造创意。**

这个长远的角度能帮助我们回答前面的问题：威利斯·开利的创新模式有多普遍？[①]哪个象限产生好创意的记录最为突出？

第一象限的代表人物是开利，他独力推动空调的发明，并且有明确的商业企图（古腾堡也属此列）。第二象限的一个例子是真空管，它的发明牵涉一个分散化的网络，其中有数十个关键参与者，包括李·德福雷斯特。他们几乎都是在大型企业任职的专利企业家或科研人员。蒂姆·伯纳斯－李发明的万维网属于第三象限。而万维网本身则属于第四象限，因为这一工程的建造涉及公共领域广泛的个人和组织。

应该注意的是，这些分类并不反映发明的累积特性。伯纳斯－李需要网络的开放平台，以使他的超文本系统风行于世，因此参与建立阿帕网（ARPANET）和 TCP/IP 的众多个体，都应被视为万维网的重要贡献者。假如那些平台为少数人专有——例如，通过设置平台开发特权，收取专利费，伯纳斯－李也许就不会创建万联网，或者它只是一个额外项目，他的上级对此一无所知。

① 这个框架取自约凯·本克勒（Yochai Benkler）的著作《网络的财富》（*The Wealth of Networks*）。本克勒的观点是，我们对于四个组合中的三个都非常熟悉。私企属于集中型的，以市场为基础。市场本身是分散型的，很明显也以市场为基础。计划经济属于集中型、非市场机制。不过，真正神奇的要数第四象限：分散型、非市场机制。这一组合既不能套入资本主义的标准，也不符合社会主义的模式。但是在近些年，这一象限却成为了孕育创新的温床，很大程度上得益于网络的开放式体系结构。

好创意建立在前人的基础上。从某种意义上来说，每一项重大的发明本质上都是集体成果。不过，为了明确界定，不可在此处过多纠缠，以免模糊了“个体”和“网络”之间的界线。不错，古腾堡从葡萄酒制造者身上借鉴了螺旋压榨技术，但是印刷术作为集体成果，却显然与万维网有很大的区别，所以古腾堡和伯纳斯-李被划分在“个体”这个范畴中。

对于这些分类，并不存在切实可行的数学公式。并且在一定程度上，它们都牵涉主观性的因素。但是我认为，就整体而言，它们也揭示了一个有趣的模式。它让我们可以从数据中得到启发。我们习惯于以这种浓缩、延时的方式，看待特定的历史进程，通常着眼的是人口发展的进程。我们观察图表揭露出来的城市、市场，或国家的人口增长情况，图表以一个世纪为一个时间段。通过这些延时的视角，发现了一些隐藏的真相，而这却是现时的调查或者个别的叙述所不能办到的（马尔萨斯的《人口论》对达尔文和华莱士都有极大的启发作用，为世人提供了对那种特殊影响的早期解读）。不过，我们很少以这种方式衡量文化变革。历史上众多的观念一如达尔文发表《物种起源》之前的漫长岁月：分析单一物种，描述其关键特征，再将它放入适宜的类别。通过这种途径，我们可以很好地理解某个创意在某个时刻形成的原因。但是，如果你想要解决这一链条上延伸的问题，比如好创意如何产生，就需要从不同的角度思考了。趋近以计算藤壶的数量是可以的，不过有时却要把镜头拉远。

我运用这个方法时，其实是借用了文史学家弗朗哥·莫雷蒂称为“远读”（distant reading）的一种技术。在过去10年出版的一系列具有影响力的书籍与文章中，莫雷蒂打破了传统的英语专业采用“细读”（close reading）的方式，对个人文学作品进行详尽地分析。是否带着疑问去细读是无关紧要的，这是针对艺术家非凡的天赋或政治化解构的一种老派的称颂——你可以仔细阅读文字，以发现作者的才干，或揭露他潜藏的同性恋倾向。但在每次细读时，你所分析的每一句话都是一个潜在的数据点。（“实际上，”莫雷蒂写道，“这是一场神学运动——十分认真、庄严地对待极少数的著作。”）远读采用全局预览文学景观的方式，寻找口口相传的历史故事中影响更为深远的典范。在一则典型的、具有创造性的分析中，莫雷蒂跟踪 1740—1915 年间，英国流行小说的风格演变，针对叙事形式的广博分类——间谍小说、流浪汉小说、志异小说、航海故事、推理小说以及许多其他的独特形式，绘制了英国文学生态系统中优势种类的生命周期，如图 2 所示。

采用远读的方式能够领会在段落和页面、甚至整本书的范围内都完全见不到的典范。即使你阅读过许多银叉小说和教养小说，也看不出莫雷蒂的图表中所揭示的最惊人的事实：不寻常的、相似的生命周期，使得形式的多样化达到惊人的平衡，莫雷蒂将此归因于潜在的更新换代。每 25~30 年，新的流派占据了优势地位，新一代的读者会搜寻新的文学惯例。**如果你想要理解单一作品的含义，务必要进行细读；但如果你对文学系统的整体特性感兴趣，如其本身的创新模式，有时你必须远读。**

在科学或技术创新的研究中，与细读等同的是伟大发明家详尽的传记，或是一项独立技术的沿革：例如收音机或个人电脑。这些不管多么重要，也都有自身的限制。细读告诉你每一个个体或发明的特有风格，而非普遍规律。当你纵览创新的历史，你虽然失去了细节，但却赢得了视角。将 200 个好创意分类到四个象限中，肯定更难学到每个创新的具体知识，但这的确可以使我们回答一开始提出的问题：“什么样的环境才能产生创新？”

创新源于历史的改变，其中有许多正是在信息传播的影响力中创新的结果，四个象限在不同的历史时期表现出独特的形态。我们从 1400—1600 年，自古腾堡的印刷机诞生，到启蒙运动的开端，来审视这段时期突破性的创意（见图 3）。

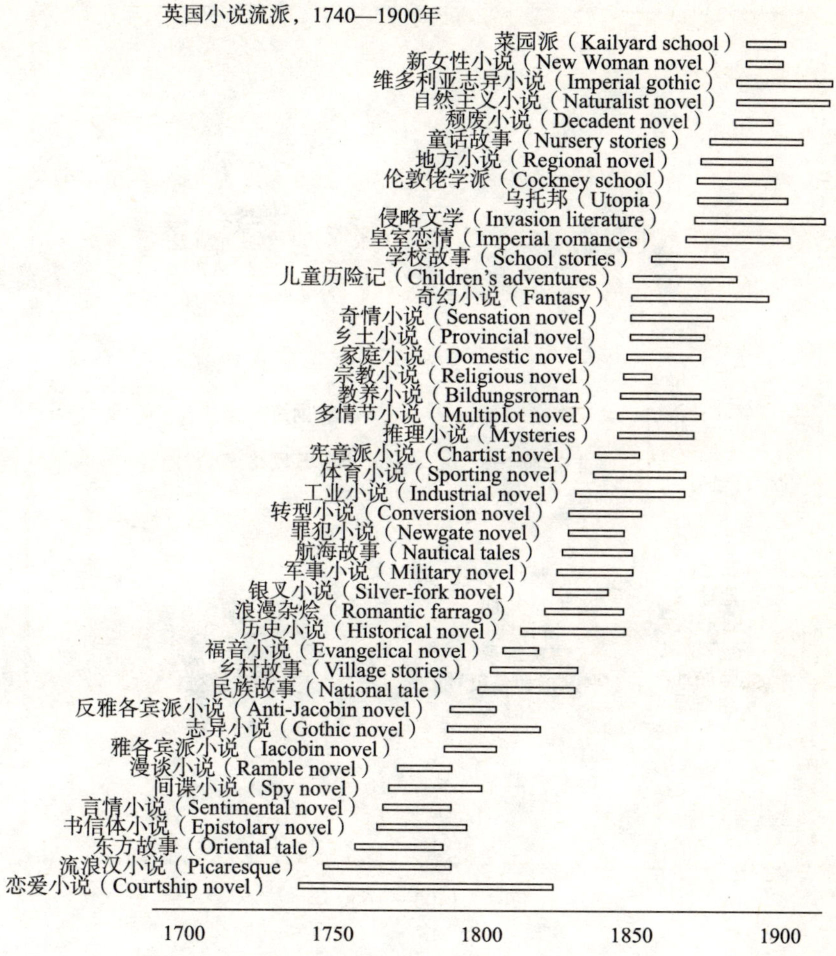

图 2 莫雷蒂绘制的英国文学生态系统

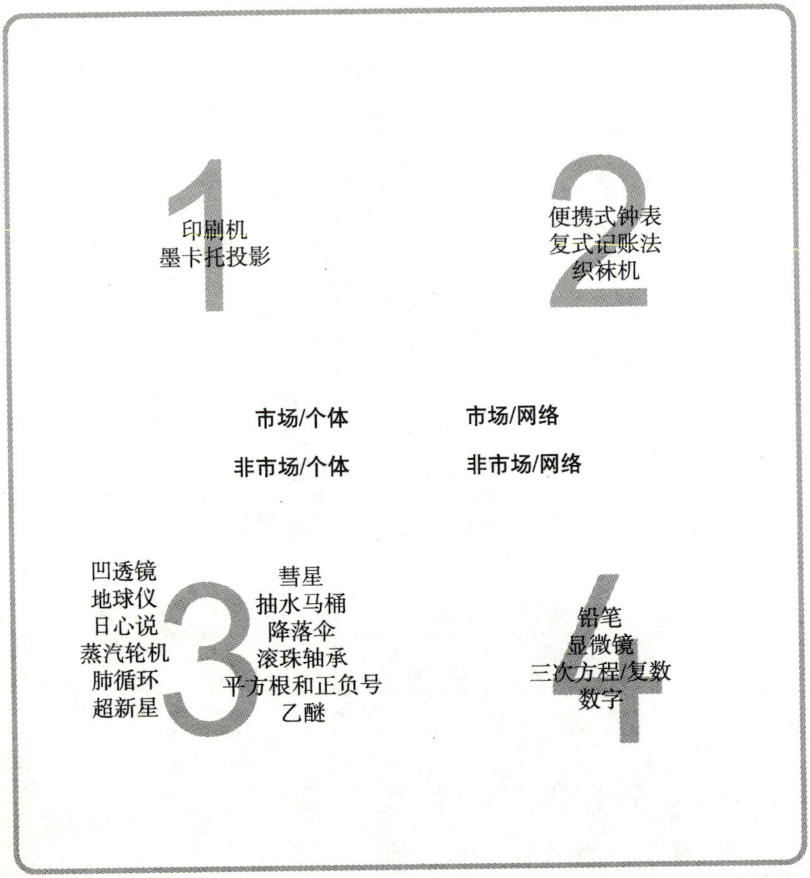

图 3　1400—1600 年

这是我们“远读”文艺复兴时期的创新得来的图形。**大多数的创新位于第三象限：非市场 / 个体。一小部分创新异常均匀地分布在其他三个象限**。这是在信息网络缓慢、不可靠，企业经济成规不发达的时候形成的模式。在印刷机和邮政系统仍然是新鲜事物的时候，很难与他人分享创意。没有实力雄厚的买家和庞大的投资者市场，要将这些创意商业化就会显得动机不足。因而，这个时代是由单独行动的大师所掌控的：业余研究者在他们的私人领域通常做得很好。这一时期标志着具有现代观念的天才发明家的诞生，这些离群的空想家不知何故看到了限制住同辈人视野之外的世界——达·芬奇、哥白尼、伽利略。其中有一些孤单的大师（伽利略的例子最有名）在广大群体之外工作，是因为他们的研究可能对当时的政权构成重大威胁。少数创新是从网络中涌现的——便携式发条手表最早出现在1480年的纽伦堡（Nuremberg）；意大利商人开发了复式记账法，因为那里的信息网络更加稳固。在第一象限里，秘密地制造产品，以确保最终可以获利的独立企业家，几乎是不存在的。古腾堡是例外，而非常规。

审视接下来的两个世纪，我们看见该模式发生了戏剧性的变化（见图4）。

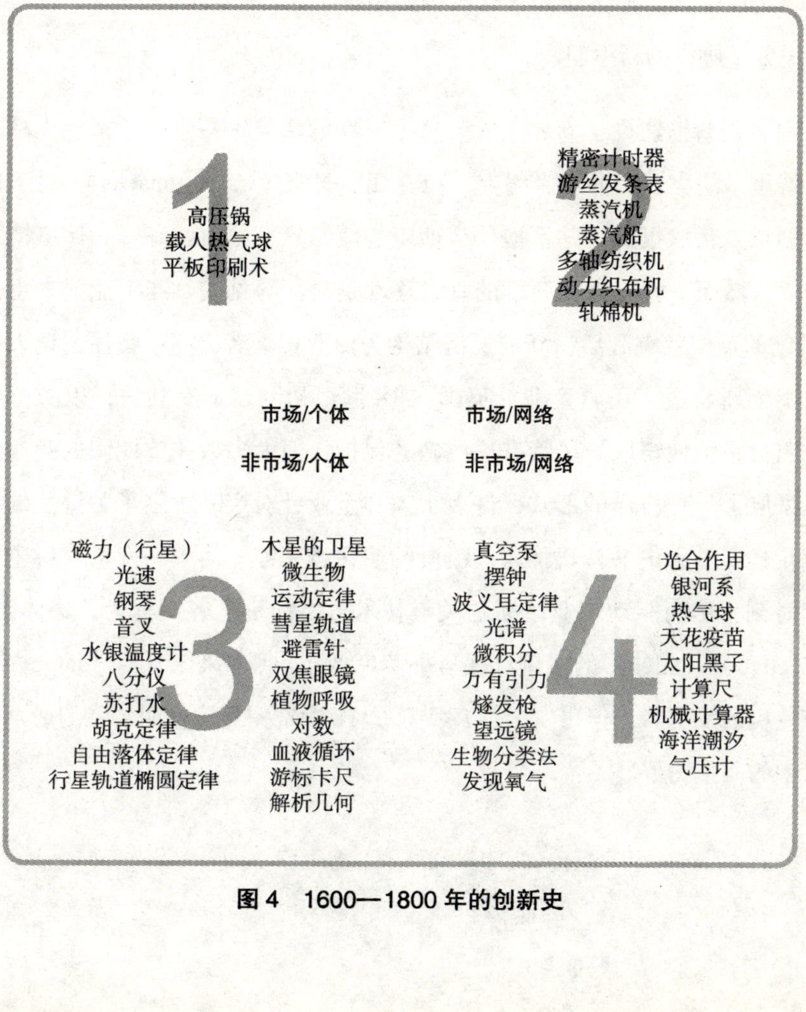

图4　1600—1800年的创新史

独立、业余的创新（第三象限）不再独领风骚，而是被迫与崛起的网络和商业力量(第四象限)分享其领先地位。最戏剧性的变化出现在水平轴线上，个体的突破（左边）大量迁移到团体的创造力（右边）。文艺复兴期间只有不到 10% 的创新源自社会网络，两个世纪后，多数突破性的创意出现在相互协作的环境中。从古腾堡的印刷机开始，多元化发展促成了转变，这种转变在长期研究进行了一个半世纪、《圣经》首次上架、科学思想以书籍和宣传册的形式储存并分享之后，才开始产生了实质性的影响。横跨欧洲繁荣起来的邮政系统对于启蒙时代的科学极为重要的邮政系统遍布了整个欧洲；城市中心的人口密度增加；咖啡馆和正式机构如皇家学会（Royal Society），建立了促进知识分子协作的新枢纽。

很多创新枢纽设于商界之外。这个时期的伟人——牛顿、富兰克林、普利斯特里、胡克、杰弗逊、洛克、拉瓦锡、林奈（Carl Linnaeus），对于用他们的创意来获取报酬，并不抱什么期望，他们只是尽力做好每一件事情并积极传播。然而，朝着市场激励的垂直移动是显而易见的。当工业资本主义在 18 世纪的英格兰崛起后，新的经济结构为商业冒险者提高了赌注：诱人的奖励吸引创新者进入民营企业。英国在 18 世纪初制定了专利法，以防范好创意被明目张胆地窃取。尽管有这些新的保护，但大多数在此期间的商业创新还是采取了一种协作的形式，许多个人和企业针对产品贡献了关键性的调整和优化建议。历史书喜欢将这些缓慢的演化过程缩短为单一发明家所主宰的瞬间时刻，然而驱动工业革命的关键技术，大都是学者们称为“集体发明”（collective invention）的案例。教科书草率地指出詹姆斯·瓦特（James Watt）是蒸汽机的发明者，但事实上，瓦特只是 18 世纪完善该发明装置的、众多创新者中的其中一位。

第四象限，人类创造力和洞察力的杰出场所

让我们在这个近代与现代的交点休息片刻，猜测一下千禧年的最后两个世纪会形成何种模式。我觉得大多数人都预期，第一象限会聚集数目惊人的创新活动，因为市场经济已进入成熟发展阶段，已跨越大批量生产和消费型社会的时代。所有因素似乎都预言了第一象限的大爆发：越来越多的富裕人群愿意在新玩意上花钱；知识产权执法力度的强化；企业研发实验室的涌现；正在成长的私人资本愿意投资投机性事业。如果现代资本主义的竞争市场是我们这个时代伟大的创新引擎，按理说，第一象限应该在最后两个世纪的活动中处于支配地位。

然而，相反地，另一种模式出现了（见图 5）。

出人意料地，第一象限中人数最少。威利斯·开利终究是个特别的案例，这种发明模式的案例数量，与集体发明真空管或电视之类的案例相比较，是 1∶6。在私营企业，在封闭的实验室中所实现的专利性突破并不多。阿尔弗雷德·诺贝尔在斯德哥尔摩的郊外秘密地发明炸药，后者取决于由利益驱使组成的多元化公司，他们设法通过分散式网络创造一种具有重要意义的新产品。我们称爱迪生（Edison）是电灯泡的发明者，但事实上，电灯泡是爱迪生和他的竞争对手之间复杂的交互网络所形成的。在这个过程中，每个人都为这一难题贡献了关键的力量。像爱迪生和德福雷斯特这样的企业家，都因物质奖励而受到充分的激励，也都尽其所能地申请专利。**但是建立在别人创意上的实用性往往比白手起家更有价值。你可以在一间上锁的房间里开发小创意，与竞争者的灵感和见解隔绝。但如果你想要闯出一大片相邻可能空间，你需要同伴。**

然而，更引人注目的是第四象限的大爆发。

尽管缺乏经济刺激，为什么还是有这么多好创意在第四象限欣欣向荣呢？

一个答案是经济激励对于好创意的发展和采纳，比我们通常想象的关系要复杂得多。丰厚利润的承诺鼓励人们提出实用的创新，但同时迫使人们保护这些创新。经济学家将“有效市场”定义为信息均匀地分布在空间里所有买家和卖家的市场。效率，通常而言，是所有经济体的共同目标。如果创意毫无拘束，企业家就无法从创新中获利，因为竞争对手会立刻采纳这些创意。因而就创新而言，我们刻意建立了低效率的市场：保护版权、专利、商业秘密，以及其他许多为了避开他人的想法所设置的阻碍。

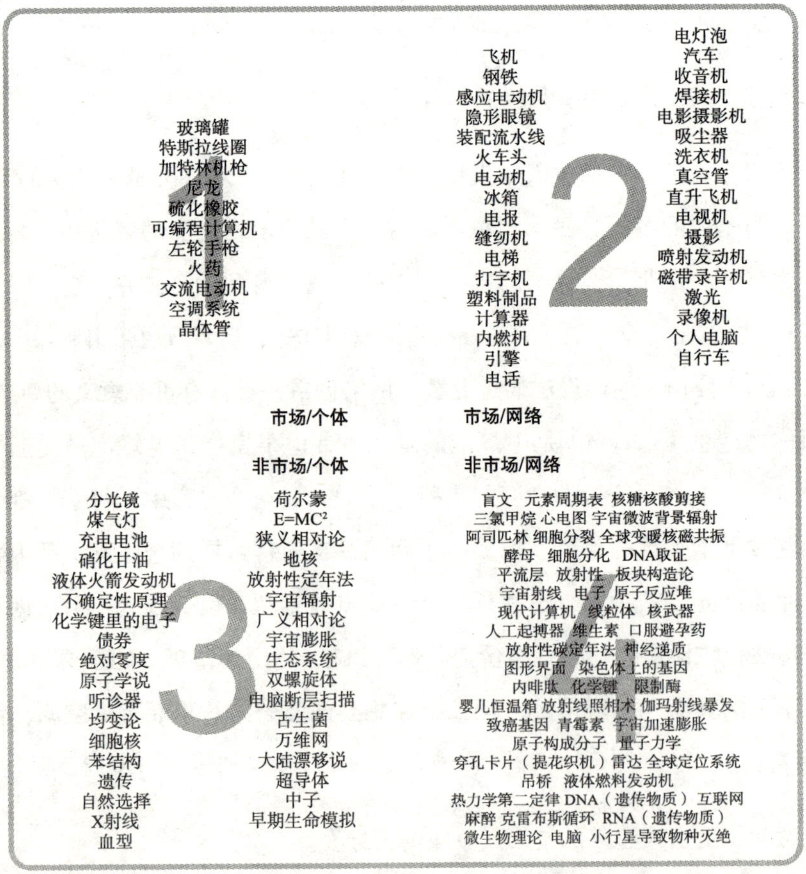

图 5　1800 年至今

刻意的低效率并不存在于第四象限。不，这些非市场、分散式的环境没有丰厚的财务性报酬来鼓励参与者。但是其开放性为好创意开枝散叶创造了其他有利的机会。所有我们在之前的章节里观察到的创新模式：液态网络、缓慢的灵感、意外的收获、噪声、功能变异、开放式平台，都符合下面这条规律，即在开放的环境里，好创意能随意流通，这有助于它们发挥效力。在受约束的环境里，创意的发展自然受到严格限制和阻碍。假如每次尝试获得一个意外发现的新连接，都需要支付关税，缓慢的灵感就很难找到另一个可以使之完整的灵感；假如各个学科的边界都有哨兵守卫，功能变异就无法随意地越过警戒线。然而在开放式的环境里，创新模式很容易确立并增长。

与任何复杂的社会现实一样，建立一个创新环境也会面临许多权衡取舍。在其他因素都不变的情况下，物质奖励的确会鼓舞创新，但关键是，其他因素从不会维持不变。当你将物质奖励引入一个系统，障碍和秘密就会浮现，开放式的创新模式将更难发挥它的魔力。所以，问题是：什么才是良好的平衡？可以想象，有谁不想大赚一笔？财务报酬弥补了知识产权法和研发实验室的低效率。大多数关于现代创新根源的讨论都是基于这个假设，且主要以自由市场在那段时期的创新纪录为论证基础。人们仿佛已经达成共识：刻意以市场为基础途径的低效率必须具备超越其成本的利润。

但是，正如我们所看到的，这是一个错误的对比。我们测试的不是市场是否比计划经济（command economy）更成功，真正测试的是市场的表现是否比第四象限好。当私营企业经历了过去两个世纪的发展，它的翻版在公共部门同时成长：现代研究型大学。今天，大部分的学术研究，就其研究路径而言，都属于第四象限：新创意对外发表，并允许其他参与者修改且使之完善，或以它们为基础建立新创意。任何人都可以将它们散布到任何地方，唯一的条件是说明来源。诚然，这并非纯粹的无监管状态。你不能随意剽窃同事的创意，而没有适当的引证。但是，起诉专利侵权和要求加注说明之间有一个根本的区别。专业学者是要支付工资的，而且，成功的创意可以带来极为抢手的终身教授职位。但是与私营企业相比较，这种经济奖励是微不足道的。关键是，这些奖励并不需要在信息网络中人为地引入低效率。一位历史学家开拓了关于工业革命起源的新理论，可能会因此获得常春藤盟校的教授职位，但是该理论本身在这个环境中可以自由传播，可能会被挑战、被放大、被扩充、被循环利用。当今的大学系统已近似大型企业，专利在一些专业领域的确发挥了作用，但最主要的作用是保留了信息共享。

大学常被称为与现实世界隔绝的象牙塔。但有一个不可否认的事实，20世纪出现的大多数科学和技术典范思想都起源于学术研究。这不只适用于物理这样“纯粹”的科学，也适用于更直接的商业用途。例如，口服避孕药在过去半个世纪为大型制药公司赚取了数十亿美元，但推动其发展的关键性研究，大部分是在哈佛、普林斯顿和斯坦福大学的实验室里完成的。引用第7章的一句话，学术研究者的开放式网络经常创造生成性的平台，在那里商业发展成为可能。未来10年很可能会看见一波由基因体科学（genomic science）制成的药品，但其基础的科学平台，也是最为关键的、确定并映射DNA序列的能力，几乎完全是在20世纪六七十年代，由一个个分散的科学家团队在私营企业之外研发的。这是我们在现代社会一次又一次见到的模式：**第四象限的创新创造了一个新的开放式平台，商业机遇随之改善并重新包装原有的突破，或在此基础平台上开发突现的创新。**

另外一项关键性的发展辅助了第四象限的创新：增长的信息流量。信息外溢需要文艺复兴时期的城市地理密度，虽然邮政系统在启蒙运动时期创造了小型的、分散式的创新网络，但今日的互联网更是有效地降低了分享好创意的运输成本。信息外溢在伽利略时代的效益和今日一样高，但创造这种意外收获与功能变异的液态网络则要困难得多。现代生活的连接性意味着我们要面对相反的问题：阻止信息外溢远比让它流通要难得多。结果是，专注于保护知识资产的私营公司必须投入时间和金钱，建设“人为稀缺”（artificial scarcity）的障碍物。第四象限的参与者没有花费这些成本：他们可以集中精力想出新创意，不用围绕旧点子建设壁垒。并且，由于这些创意可以自由地在信息空间流通，他们就可以通过网络完善别人的观点并发展这些创意。

我们没有现成的政治词汇来称呼这个第四象限，尤其是围绕开源社区发展起来的非机构形式的合作。因为这些开放的系统与常规的自由市场激励机制背道而驰。一位天才的法学教授劳伦斯·莱西格（Lawrence Lessig）提出的“混合经济体”（hybrid economy）概念中，包含一些对此现象的描述，这个词融合了知识共享领域的开放式网络元素，以及私人领域的专属权城墙和关税。

这一切并不意味着市场是创新的敌人，也不是说竞争公司之间的竞赛不会产生实用的新产品（毕竟，第二象限充满了许多完美的创意，能让我们的生活变得更美好）。官僚体制仍旧是创新的深坑。但对我们来说幸运的是，不用在分散式的市场以及命令与控制式的政权之间作出选择。过去数个世纪所取得的很多历史成就，大都是在两种社会制度之间不太正式的场所产生的：研究生课堂、咖啡馆、爱好者之家的实验室，以及电子公告板。**第四象限提醒我们：创新不只有一个模式。现代生活的奇迹并不是只出现在私人公司间的专利冲突中，它们也出现在开放式的网络中。**

竞争，从来不是好创意的唯一来源

1859 年，在达尔文出版《物种起源》几个月后，马克思在写给恩格斯的一封信中，有几行文字对达尔文的生物学基本原理表示赞同。“尽管是用粗糙的英式风格来写作，但这本书包含了我们眼中的自然历史基础。”“粗糙的英式风格”显然是指达尔文没有使用黑格尔辩证法（Hegelian dialectics）来阐述他的观点（很奇怪，很多人都认为那是达尔文的写作优点）。马克思和恩格斯显然因达尔文的观点受到了激励，并且在这个看似多重革命（科学与社会）的边缘时代，将他视为志趣相投的人。目前还不清楚，达尔文是否以同样的方式看待他的这两位崇拜者。

从科学的角度来说，马克思和恩格斯很聪明，他们能够如此早地在达尔文“危险”想法的争论中，表达对他的支持。后来，达尔文的理论在 20 世纪被自由市场的守护者广泛引用。事实上，将市场与动物世界相提并论，反而使市场看起来更自然。如果大自然通过自私、无情的竞争法则，制造出如此绚丽多彩的地球，我们的经济体系为什么不能遵循同样的规则呢？

然而，大自然并非只存在自私、无情的竞争，达尔文自己也意识到了这一点。《物种起源》以科学史上最著名的一段话作为结尾，呼应了他在 20 多年前离开基林群岛时写在日记上的话：

> 有趣的是，凝视一条错综复杂的河岸，岸边各种各样的植物，鸟儿在灌木丛中歌唱，各种昆虫飞来飞去，蚯蚓在潮湿的泥土中爬行，思考这些精心构筑的形式，彼此之间是如此不同，又以如此复杂的方式互相依赖，我们周围的一切都产生了规律……于是，自然界的战争、饥荒和死亡，有了我们能够设想到的最崇高的目标：产生高等动物。这么看来，生命是极其壮丽的……

达尔文的这段话摇摆于主宰他所有作品的两种结构性隐喻之间：错综复杂的河岸和自然战争之间的复杂关系；生态系统和适者生存的共生关系。达尔文理论的流行漫画总是强调竞争高于一切，但他的理论启发的众多见解，却揭示了自然世界中协作与连接的力量。

我们一直生活在假想的关于文化创新的类似漫画之中。以长远的眼光审视过去的 5 个世纪，有一个事实立刻出现在眼前：**以市场为基础的竞争并没**

有垄断创新。竞争和利益的确激励我们将好创意转化为产品，但是创意本身多半来自于别的地方。无论政治局势如何，第四象限是人类发挥创造力和洞察力的杰出场所。即使没有经济奖励，第四象限的环境在好创意的培育与传播过程中，已经扮演了一个非常重要的角色——现在比以往任何时候更是如此。用达尔文的话来说，错综复杂的河岸上开放式的连接，就像自然战争一样具有生产力。斯蒂芬·杰伊·古尔德用鞋类收藏的暗喻有力地证明了这个论点。“从达尔文开始，竞争一直被认为是创新和进步的一般形式，”他写道，“但是我认为，诡异多变、不可预测的功能变异（轮胎制鞋原理），才是我们所谓的一切进步的主要来源。”内罗毕的企业家在一个露天市场卖凉鞋，也许的确是与其他鞋匠竞争，但他之所以能开始做这项生意，则是因为废车场堆满了轮胎，等待着被大量地转变成凉鞋。事实上，将轮胎变成凉鞋这个好创意，因为没有许可协议的限制，可以通过简单的观察在鞋匠之间进行传播。

大型组织是否能更好地驾驭第四象限的创新涡轮

1813 年，波士顿厂主艾萨克·麦克弗森（Issac McPherson）与费城的发明家奥利弗·埃文斯（Oliver Evans），陷入了一场漫长而沮丧的专利纠纷。埃文斯几年前获得了自动磨粉机的专利，他的设计才能出众，而与之相匹配的，就是他好打官司的个性——他在积极实行自己的专利权方面臭名昭著。而且，他也是 1790 年联邦专利系统诞生之后，最早一批利用这种新专利法的制约力量的人。埃文斯的发明专利的独创性具有高度争议：磨粉系统依赖于斗式提升机、传送带和阿基本德式螺旋抽水机——而所有这些发明无疑都已在公共领域出现很久了。当埃文斯控告麦克弗森侵犯了他的专利时，这位波士顿的实业家决定联系美国第一位专利局长，也就是现居于弗吉尼亚州乡下的前政治家与发明家托马斯·杰弗逊（Thomas Jefferson）。于是，1813 年夏天，麦克弗森写了一封信给杰弗逊，请求他针对埃文斯的说法给予解释。

8月13日，杰弗逊回了信。如今，任何人去读这封回信，都会惊叹于杰弗逊广博的智慧。他先将重点缩小到埃文斯的发明及其技术细节上，再扩展到其悠久的历史背景。（“阿基米德式螺旋抽水机的历史非常悠久，至少与2000多年前去世的那位数学家一样久远。狄奥多罗斯·西库路斯［Diodorus Siculus］分别在史蒂文斯［Stevens］1559年对开本的版本中，在第一卷第21页和第5卷第217页，以及维特鲁威［Vitruvius］的第7章节提到过它。”）他用法学学者的锐利眼光回顾相关的法律，指出他认为有根本性缺陷的部分。但是，当杰弗逊谈到创意本身的特质时，最激动人心的部分出现了：

> 稳定的所有权是社会律法的一项馈赠，而且此项馈赠从社会发展的角度来说，算是晚了的。然而，有件事情倒是让人好奇，也就是说，倘若一个创意——某人大脑瞬间的灵光一现，都可以被视为理所当然而且固定的财产，那么会出现什么样的情况呢？如果大自然所做的任何一件事比所有其他人的专属财产少一些影响，这种思考动力的行为可以称为一个创意，只要他远离别人，就是专属于他的；但此刻它被泄露了，迫使它成为了每一个人的财产，接受者无法不拥有它。它独特的特性也是这样，没有人拥有的更少，因为所有人都拥有全部。他从我这里接收到一个创意，同时并没有减少我所拥有的；就像他从我的蜡烛上点燃了他的蜡烛，接收到了光，并没有使我的蜡烛变暗。创意应该一个接一个地自由传遍世界，人类才能传播道德和教诲，才能有效地得到沟通，条件才能得到改善。它似乎一直是独特的，具有天然的仁慈。它像火一样照亮所有的地方，而没有减少一点亮度；它像空气一样移动，真实的存在着，无法约束，也不能占为己有。本质上，发明不能成为某人的财产。

杰弗逊指出，创意有偏向第四象限的自然倾向。创意的自然状态是流动、外溢、连接，是社会束缚了它们。

这意味着我们必须去除知识产权法吗？当然不是。第四象限的创新并不意味着专利应该被废除，一切形式的信息都可以自由地传播，但它绝对应该修正这种占统治地位的说法：知识产权如果没有人为短缺，创新就会慢慢停止。有足够多的理由可以理解，为什么法律会让创新者或组织更容易从他们的发明中获利。在社会中，我们很容易做的决定是，人们从好创意中获利是应该的，所以我们必须引入一点人为短缺，以确保这些奖励。但是从长远来看，关于约束本身会促进创新的争论，则完全是另一回事。

如劳伦斯·莱西格争辩了数年之久的论点，知识产权专利法导致的人为短缺现象，一点都不“自然”。这些法律是人类智慧创造出的刻意干预，并且几乎完全是由非市场的力量在强制执行。在给麦克弗森的信中，杰弗逊认为，如果你真的想要参与争辩哪种系统更加“自然”，那么水到渠成的好创意会一直胜过人为短缺的专利。创意本质上不像食物和燃料那样可以进行复制，你必须设置屏障，以防止创意流通。

在我看来，当今时代，我们面临的重要问题是，大型组织是否能更好地驾驭第四象限系统的创新涡轮——无论是公共、私营企业，还是政府部门。在私营企业这一块，像谷歌、Twitter和亚马逊（Amazon）这些公司的成功表明，适量的开放就能带来巨大的利益这一点至少是适用于软件领域的，而这些公司也都以不同的方式对第四象限的创新作出贡献并从中获利。我预计在未来10年内，这样的例子会变成惯例。不过，我发现更有意思的改变是发生在公共部门，因为政府和其他非市场化机构，长期受到臃肿的官僚机构创新乏力的掣肘。如今，这些机构迎来了一个大好的机会——彻底改变它们培育和推行新创意的方式。政府越是把自己当作一个开放的平台，而不是一个中央集权的官僚机构，越是有利于我们所有人，包括市民、积极分子和企业家。

政府部门迎来的这一历史性的机遇，在一定程度上是因为它们在世界范围内催生的一项创新，即互联网。这本身就是一个大大的讽刺，当然，这几乎称得上是公共和私营部门的创新可以互补的最显而易见的例子。互联网这个具有生产力的平台已经创造了一块宝地，在过去的30年间，这里积累了无数财富。不过，平台本身是由全世界松散的信息科学家联盟创造的，大部分是由美国联邦政府投资。这里不但有好创意，还有促进其他好创意产生的好创意。YouTube是一个好创意，通过网络这个更胜一筹的好创意成为可能。这些产生创意的平台都是在私营部门之外开发出来的，这绝非偶然。有些专属平台达到临界点——例如，微软视窗系统（Microsoft Windows）大受欢迎，iPhone的平台在最开始的三年格外具有创新性，但它们是罕见的。**具有生产力的平台需要我们在前文叙述的所有创新模式：它们需要创造一个能让灵感、意外收获、功能变异和循环利用欣欣向荣的空间。**在隐秘花园里也许可以创造这样一个地方，但是将你的平台放到“公共园地”（commons）里，收获会更多。

分享与合作，打开无数的创新之门

也许“公共园地”在我们试图想象的环境中是一个错误的单词，尽管它在知识产权专利法中具有悠久而神圣的历史。与条款相关的问题是双重的。对于发起者来说，它与市场的竞争性斗争是对立的。最初的英国乡村“公共园地”消失了，在17～18世纪被私人围起的农业资本主义所吞没。但我们所探索的创新环境不必对竞争和利益有敌意。然而，更重要的是，“公共园地”的比喻没有令人想起创新地点的循环利用、功能变异、重组的模式。当你想象一个“公共园地”时，你会想到一个干净的牧场，以单一的资源控制来放牧。你不会想到一个生态系统。“公共园地”是只有单一作物的草原，而非一条错综复杂的河岸。

我更喜欢借鉴大自然的另外一个比喻：珊瑚礁。你仅仅需要观察一个珊瑚礁（或者一片雨林）几分钟，就可以看见这个空间富含资源竞争，正如达尔文的发现。但那不是神奇的生物多样性的来源。生存的竞争在自然界很普遍。沙漠生态系统中的少数居民，完全与珊瑚礁一样富有竞争力。使礁石如此富有创造力的不是生物体之间的竞争，而是它们已经学会了合作的方式——珊瑚、虫黄藻和鹦嘴鱼借助并重新使用彼此的产品。这是“达尔文的悖论”最终的解释：珊瑚礁由于其分享的方式，才打开了如此之多的创新可能性大门。

珊瑚礁帮助我们理解其他谜题：城市和网络中不受约束的创新。这是将大部分有价值的资源强制连接并混合起来的环境：信息。像网络一样，城市是一个平台，使私人商业成为可能，但它本身是在市场之外的。你在大城市做生意，但城市本身属于每个人。正如老话说的那样，“城市的空气是自由的空气”。观念的碰撞、突现、重组；新企业在早先主人遗弃的壳内发现了家；非正式的枢纽允许互相借用不同的规则。这些地方长期支持创新，从8 000年前第一批美索不达米亚的移民，到支持当今网络的无形软件层。

正如庞加莱所说，各种创意纷纷诞生。它们起源于液态网络，在那里，连接比保护更受重视。所以如果我们想要建设产生好创意的环境，不论是在学校、公司、政府，还是我们的个人生活中，都需要牢记那段历史，不要简单地设想竞争市场是可靠的好创意的唯一来源。是的，市场是个很棒的创新引擎，但珊瑚礁也一样。

我意识到，我们大部分人不能直接地表达出在更广泛的社会里，盛行怎样的宏观形势和经济组织。尽管我们的确直接地影响着结果，但却只能在私营或公共部门之间作出选择。然而，“长焦距视角”的美丽之处在于：该模式会在其他范围中重现。你也许无法将政府变成一座珊瑚礁，但是你可以在日常生活中创造类似的环境：

在你的工作场合里、在消费媒介的方式上、在扩增自己的记忆容量方面。这些模式很简单，但它们作为一个整体，比各个部分的总和更加聪明。出去散步；培养直觉；写下每一件事情，但保持你的文件夹凌乱；拥抱意外的收获；犯生成性的错误；拥有多种兴趣爱好；常去咖啡馆和其他液态网络；跟着连接走；让其他人依赖你的创意；借用、循环、改造。建设一条错综复杂的河岸……

附 录

人类 600 年重要发明创新年表（1400—2000）

◆ **复式记账法（DOUBLE-ENTRY ACCOUNTING，1300—1400 年）**

1494 年，复式记账法首次由圣方济会修士和数学家卢卡·帕乔利（Luca Pacioli）编写成典前，意大利银行家和商人采用此法已超过两个世纪之久。一些证据表明，该记账方法是由信奉伊斯兰教的企业家发展而来，后经威尼斯和热那亚的贸易中心传播到意大利。

◆ **印刷机（PRINTING PRESS，1440 年）**

虽然印刷机的组成元素，包括活字印刷的概念，可以追溯到早期的中国发明家身上。但是第一台真正意义上的、结合了螺旋压力机和金属活字排版的印刷机，是由约翰内斯·古腾堡于 1440 年左右创造的。

◆ **凹透镜（CONCAVE LENS，1451 年）**

人类使用镜片来放大图像和生火已经有数千年之久，但是德国枢机主教尼古拉斯·库萨（Nicholas of Cusa）被认为是第一个将凹透镜用于矫正近视的人，时间是 1451 年。

◆ **降落伞（PARACHUTE，1483 年）**

1483 年，列昂纳多·达·芬奇在笔记本的边缘画了降落伞的最初设计图。该设计的第一次物理试验发生在1783年，路易·塞巴斯蒂安·勒诺尔芒德（Louis-Sébastien Lenormand）在他设计的早期降落伞的帮助下，从法国蒙彼利埃天文台（Montpelier Observatory）一跃而下，并且安全着陆。2000年，有人完全仿照达·芬奇的设计造出降落伞，并且通过测试，证实可行。

◆ 地球仪（TERRESTRIAL GLOBE，1492年）

15世纪90年代早期，在广泛游历西非之后，德国纽伦堡的制图师马丁·倍海姆（Martin Behaim）制造出了世界上第一个地球仪。他将之称为"Erdapfel"，字面意思就是"地球苹果"（earth apple）。

◆ 滚珠轴承（BALL BEARINGS，1497年）

滚珠轴承这一想法于1497年由达·芬奇构想并勾勒出来，目的是减少摩擦。但是，第一项滚珠轴承的专利于1794年被授予菲利普·沃恩（Philip Vaughan）。

◆ 便携式手表（PORTABLE WATCHES，1500年）

这是一个集体发明的典型例子。16世纪初，便携式手表由以彼得·亨莱因（Peter Henlein）为首的一群德国纽伦堡的钟表师傅们研发而来。亨莱因发明的手表虽然便携，但不是很精准，经过纽伦堡的同行们持续的改善后，才日趋完善。

◆ 日心说（EARTH ROTATES AROUND SUN，1514年）

大约在1514年，尼古拉·哥白尼编写了一本小册子，第一次提出了"日心说"（heliocentric）的观点。但是，因为害怕这一观点将引发争议，直到20多年之后，此观点才得以正式公布。他的这一激进学说公布以后，在受欧洲启蒙运动影响的人群中得到了广泛的传播。但是，直到1543年，这一学说才得以在他的遗作《天体运行论》（On the Revolutions of the Heavenly Spheres）中正式发表。

◆ 平方根和正负号（SQUARE ROOT AND PLUS AND MINUS SYMBOLS，1525年）

1525年，德国数学家克里斯托夫·鲁道夫（Christoph Rudolff）在他的著作《未知数》（Coss）中，发明了现代数学符号，即“+”用作正号，“-”用作负号，而用“√”表示根号——这是德国数学家第一次全面明确代数符号。

◆ 三次方程和复数（CUBIC EQUATIONS AND COMPLEX NUMBERS，1530—1540 年）

伊斯兰复兴运动（Islamic Renaissance）时期的数学家发表过数篇重要的论文，讨论他们对三次方程和复数概念的理解——这是确定物体的面积和体积必不可少的因素。但是，谈到解开这些问题的现代技巧时，大家通常会联想到意大利数学家和工程师尼可罗·塔尔塔利亚（Niccolò Tartaglia）。1530 年，塔尔塔利亚赢得了一场知名比赛，期间他就展示了他解三次方程的方法。同时期的意大利数学家，希皮奥内·德尔·费罗（Scipione del Ferro）和塔尔塔利亚的学生安东尼奥·菲奥里（Antonio Fiore）也对此数学问题作出了贡献。

◆ 肺呼吸（PULMONARY RESPIRATION，1535 年）

西班牙宗教激进分子迈克尔·塞尔维特（Michael Servetus），在巴黎大学医学院研究过肺动脉的大小之后，第一次力证血液在肺部换气。

◆ 乙醚（ETHER，1540 年）

1540 年，德国植物学家瓦勒里乌斯·科达斯（Valerius Cordus）发现并描述了一种新的乙醚合成方法，称之为“甜浓硫酸”（the sweet oil of vitriol）。大约同一时期，瑞士医生帕拉塞尔苏斯（Paracelsus）发现乙醚具有麻醉作用。

◆ 汽轮机（STEAM TURBINE，1551 年）

1551 年，土耳其全能天才塔基·丁（Taqi al-Din），在他的著作《聪慧装置完美的方法》（The Sublime Methods in Spiritual Devices）一书中，描述了一台能运作的汽轮机，旨在为旋转烤肉叉带来动力。

◆ 铅笔（PENCIL，1560 年）

16 世纪 60 年代中期，英国坎布里亚地区（Cumbria）的一个小村庄的居民偶然发现了大量的石墨。村民最初使用这种物质来标记他们的牛、羊，后来才偶然想到在石墨外边套上一个木管。不过，直到两个世纪之后，橡皮擦的最终发明，才表明铅笔的发明真正完成了。

◆ 墨卡托地图投影（MERCATOR MAP PROJECTION，1569 年）

荷兰佛兰德斯（Flanders）的制图师杰拉德·墨卡托（Gerard Mercator）发明了墨卡托投影——这是一个图上世界，让航海家能遵循两个位置之间的等角线，确定罗盘方位。

◆ 超新星和彗星（SUPERNOVAS AND COMETS，1572—1577 年）

1572 年，丹麦贵族第谷·布拉赫（Tycho Brahe）发现了一颗新的恒星，并切实地证明了这颗超新星相对其他行星的位置是不变的——这打破了当时盛行的、认为天体不变的正统学说。数年之后，布拉赫对一颗彗星同等精确的观测表明，彗星是远离月球的，它不属于地球大气层。

◆ 针织机（STOCKING FRAME，1589 年）

英国牧师威廉·李（William Lee）创造了第一台机械针织机，纺织行业用它来模仿、替代手工针织。威廉·李过世后，他的一名助手对针织机进行了一系列的改进，极大程度地完善了它的功能。

◆ 复式显微镜（COMPOUND MICROSCOPE，1590 年）

虽然关于到底是谁发明了复式显微镜这一话题，学术界一直没有统一的定论，但是大部分历史学家都相信，要么是荷兰眼镜制造商查卡里亚斯·詹森（Zacharias Janssen）和他的儿子汉斯（Hans），要么就是德国眼镜制造商汉斯·利珀希（Hans Lippershey）。1609 年，伽利略在詹森的基础上，进一步改善了复式显微镜，使之更高效。17 世纪 70 年代，安东尼·凡·列文虎克（Antoni van Leeuwenhoek）第一次将显微镜应用到了生物学领域。

◆ 抽水马桶（FLUSH TOILET，1596 年）

抽水马桶是 16 世纪末由约翰·哈林顿爵士（Sir John Harrington）发明的，

他为其教母伊丽莎白女王（Queen Elizabeth）在里士满宫殿（Richmond Palace）安装了一个可用的马桶。但是，直到18世纪后期，钟表师傅亚历山大·卡明斯（Alexander Cumings）和橱柜制造商约瑟夫·布拉玛（Joseph Bramah），在对哈林顿的设计进行完善并申请了专利之后，该装置才引起广泛的关注。

◆ 行星磁学（PLANETARY MAGNETISM，1600年）

英国科学家威廉·吉尔伯特（William Gilbert）认识到地球本身就是一块磁铁。1600年，他在其论文《论磁》（*On the Magnet*）中首次提到了这一发现。吉尔伯特认为是地球磁场的特性使得指南针能帮助航海家。事实上，亚里士多德（Aristotle）和古代的一些中国人都对磁铁的特性进行过研究。

◆ 望远镜（TELESCOPE，1600—1610年）

望远镜也是一个集体发明的典型例子。第一台望远镜和小型望远镜于17世纪初期在欧洲开始出现。1608年，荷兰有两项相关设计的专利申请。而1609年，伽利略利用他自创的、具有20倍放大率的望远设备凝视星空，并在此过程中发现了木星的卫星。

◆ 椭圆轨道（ELLIPTICAL ORBITS，1605—1609年）

虽然是建立在友人和临时雇主第谷·布拉赫收集的数据之上，德国天文学家、数学家约翰尼斯·开普勒却是第一个记录行星沿椭圆形轨道绕太阳运转的人。

◆ 木星的卫星（JUPITER'S MOONS，1610年）

在望远镜的帮助下，伽利略首次观测到了环绕着木星运转的卫星，从而证实了哥白尼体系的基本原则——宇宙并非绕地球旋转。另一位科学家，西蒙·马留（Simon Marius）声称，他比伽利略早5周发现了那些卫星，但从未将他的观测结果公开。

◆ 燧发枪（FLINTLOCK，1610年）

1610年，法国朝臣马林·勒·包尔吉欧耶斯（Marin le Bourgeoys）把第一支工艺完全成熟的燧发枪献给了国王路易十三（King Louis XIII），不过，该枪支直到 19 世纪才成为标准的武器配备。当然，包尔吉欧耶斯的这一发明参考、汇聚了众多前人的发明研究，对从火绳枪（matchlock）到打火枪（snaphance）的击发装制都有所借鉴。

◆ 黑子（SUNSPOTS，1610 年）

黑子，呈暗黑色，是太阳表面的磁性斑点。借助望远镜，一大批天文学家几乎同时观测到了黑子的存在，包括伽利略、托马斯·哈里奥特（Thomas Hariot）、大卫·法布里奇乌斯（David Fabricius），以及约翰内斯（Johannes）父子。

◆ 对数（LOGARITHMS，1614 年）

在努力简化大数乘法的过程中，数学家约翰·纳皮尔（John Napier）构想出了对数，即以某个底数的次方来表示一个数字，例如，100 为 102，或 10×10。后来，对数在科学和工程领域发挥了重要的作用。

◆ 血液循环（BLOOD CIRCULATION，1628 年）

英国医生威廉·哈维（William Harvey）提出了血液在心脏的推动下，不断地在人体内循环的理论，驳斥了人体存在两个独立循环系统的理论。

◆ 游标卡尺（VERNIER SCALE，1631 年）

游标卡尺是由法国数学家皮埃尔·韦尼耶（Pierre Vernier）发明的，它可以搭配较大的尺，一起用来进行极其精密的小尺寸测量。后来被广泛地应用在导航系统中。

◆ 海洋潮汐（OCEAN TIDES，1632 年）

遵循古人的步伐，伽利略把海洋的潮汐运动与太阳运动联系在一起。而开普勒提出了“海洋潮汐运动是由地球和月亮的相对位置的变化所导致的”这一正确观点。进而在 1687 年，艾萨克·牛顿在科学界给出了海洋潮汐运动的充分解释。

◆ **计算尺（SLIDE RULE，1632 年）**

计算尺最早的版本通常被认为是由英国数学家威廉·奥特雷德（William Oughtred）发明的。当时的计算尺有两条平行的对数刻度，一条可以相对另一条滑动，以进行高级计算。奥特雷德改进了埃德蒙·冈特（Edmund Gunter）较基本的模型设计，也借鉴了伽利略和约翰·纳皮尔早期的理论。

◆ **自由落体定律（LAW OF FALLING BODIES，1634 年）**

两千多年来，亚里士多德一派都认为“重的物体比轻的物体落得更快”，直到伽利略设计了几个巧妙的实验颠覆了这种观点，并制定了一个数学方程式来形容我们如今所说的等加速度(uniform acceleration)。虽然在伽利略之前，就存在不少相关的观察和记录，但是伽利略的记录是首次出现的确切记录。

◆ **解析几何（ANALYTIC GEOMETRY，1637 年）**

法国数学家和哲学家勒内·笛卡儿（René Descartes）发明了我们如今所说的解析几何，即以坐标系来表示几何形状和属性。通过解析几何结构，包括二维、三维形状到数值表现，数学家们能够对其进行代数化研究和分析。解析几何也为后来艾萨克·牛顿发展微积分奠定了一定的基础。

◆ **气压计（BAROMETER，1643 年）**

气压计是用以测量空气压力的仪器，其前身是意大利物理学家伊万奇里斯特·托里切利（Evangelista Torricelli）协助他的老师伽利略，来帮助钻井人把水从井中抽出来所制造的设备。通过采用一种密度比水大的物质——汞，托里切利发现玻璃管里的水银柱的高低变化受到气压的影响。不过，历史学家推测，加斯帕罗·贝尔蒂（Gasparo Berti）在此之前几年，就已经在不知不觉中发明了气压计。

◆ **机械计算器（MECHANICAL CALCULATOR，1645 年）**

法国数学家和哲学家布莱斯·帕斯卡（Blaise Pascal），发明了我们如今所说的帕斯卡计算器，它是现代计算器最重要的前身之一。帕斯卡计算器通过采用旋转齿轮从 0 转到 9，来进行加减运算。虽然帕斯卡是第一个向公众展示自己的发明的人，但是德国人威廉·希尔德（Wilhelm Schickard）在他之前，就已经在约翰·纳皮尔作品的基础上，构想并创造了一个类似的设备。

◆ 真空泵（VACUUM PUMP，1654 年）

就像气压计一样，真空泵的发明源于科学家想改善抽吸泵的能力。通过一系列的实验，奥托·冯·格里克（Otto von Guericke）发现能够抽出密封容器中的空气或水，创造一个真空。他在国王斐迪南三世（Ferdinand III）面前展示了这一原理——两匹马也无法将两个真空吸合在一的碗拉开。奥托·冯·格里克在发明真空泵的时候，借鉴了托里切利的发明。此后，罗伯特·波义耳（Robert Boyle）和罗伯特·胡克（Robert Hooke）又进一步完善了格里克的发明。

◆ 摆钟（PENDULUM CLOCK，1656 年）

摆钟的发明，又是建立在伽利略的创意上实现的。荷兰科学家克里斯蒂安·惠更斯（Christiaan Huygens）利用摆锤的规律性摆动，并采用机械设备进行微调，发明了截至当时世界上最精确的时钟。

◆ 游丝腕表（BALANCE SPRING WATCHES，1660 年）

游丝腕表的发明，大大提高了早期钟表的精确度。其操作原理是借助调节器，由游丝控制钟表各个部位的速度，以确保整个机制尽可能保持一致。此项发明的出现要归功于罗伯特·胡克和克里斯蒂安·惠更斯两人。而大约在 1680 年，托马斯·汤皮恩（Thomas Tompion）设计出了当时最有效的调节器。

◆ 波义耳定律（BOYLE’S LAW，1662 年）

波义耳定律，由英国化学家罗伯特·波义耳提出，他认为给定一个固定的温度值并且在一个封闭的系统中，气体的压力和体积成反比，即一方增加，另一方就按比例减少。波义耳的助手罗伯特·胡克协助他发现了此条定律。虽然法国化学家埃德姆·马略特（Edme Mariotte）几乎同时发现了这条定律，但是波义耳率先将之发表了出来。

◆ 光谱（LIGHT SPECTRUM，1665 年）

早期的观点认为是棱镜使光线着色，为了纠正这一说法，牛顿通过一系列的实验表明，太阳光线照射穿过棱镜时，棱镜仅仅会将光线分裂成多个部分。通过棱镜分离出的一束光，照射穿过另一个棱镜时，它的颜色并未改变，证明棱镜并未影响光的色泽。

◆ 微生物（MICROORGANISMS，1674—1680 年）

荷兰科学家安东尼·凡·列文虎克是第一个直接观测到单细胞生物——当时被称为“微型动物”（animalcule）的人。他之所以能够观测到单细胞生物的存在，一定程度上要归功于他自身对显微镜技术的完善。

◆ 光速，第一次定量测量（SPEED OF LIGHT，FIRST QUANTITATIVE MEASURE，1676 年）

虽然伽利略已经证实光速远超音速，但是丹麦天文学家奥劳斯·罗默（Olaus Roemer）为了解释他进行日食观察时的偏差，意识到罪魁祸首就是光进行空间旅行所需的时间。通过先进的天文计算，罗默估算出了与现代测算值相差无几的光速。

◆ 胡克定律（HOOKE'S LAW，1676 年）

胡克定律也被称为弹性定律，英国科学家罗伯特·胡克发现物体的位移或变形，与施加在其上的压力是成正比的。换句话说，在恢复到原来的形状之前，弹簧的伸长量和施加在其上的压力成正比。

◆ 压力锅（PRESSURE COOKER，1679 年）

法国物理学家丹尼斯·帕潘（Denis Papin）发明了他称为“蒸煮器”（steam digester）的装置，即一个装有液体的封闭容器，受热时，就会在封闭的容器内催生气压，进而提高该液体的沸点，进而缩短烹饪时间。

◆ 微积分（CALCULUS，1684 年，1693 年）

虽然前几个世纪已经出现有关现代微积分原理的记载，但是，大多数历史学家都将微积分的发明归功于牛顿和戈特弗里德·威廉·莱布尼茨（Gottfried Wilhelm Leibniz）——因为他们对微积分的方法和原理大规模的系统化，超过了以往任何时候所能达到的程度。微积分是数学的一个分支，可以用来解释物理学的原理。牛顿和莱布尼茨都声称发明了微积分，虽然两者采用的是不同的符号系统，但是历史证明这两位数学家曾经独立地得出了许多相同的结论。

◆ 万有引力定律（LAW OF UNIVERSAL GRAVITATION，1686 年）

虽然牛顿被苹果砸中的故事可以说是个人灵感的典型例子，不过万有引力的来源并没有那么清晰明了，而其中就牵涉一场著名的争论——罗伯特·胡克和牛顿两者争辩，到底是谁率先发现了万有引力的平方反比定律。

◆ 三大运动定律和彗星轨道（THREE LAWS OF MOTION AND ORBITS OF COMETS，1687 年，1705 年）

1687 年 7 月，牛顿的三大运动定律首次发表在他的开创性著作《自然哲学的数学原理》（*Philosophie Naturalis Principia Mathematica*）中。之后，牛顿的朋友和出版商埃德蒙·哈雷（Edmund Halley）依据这些定律，成为了第一个精准地预测出彗星绕地球运行轨道的人。

◆ 钢琴（PIANO，1700 年）

在美第奇宫廷（Medici Court）任职的巴尔托洛奥·克里斯托夫里（Bartolomeo Cristofori），试图在大键琴（harpsichord）和古钢琴（clavichord）的基础上，发明一种类似的乐器，能让乐手既能表现控制力，又能呈现更广的音域。他称之为“pianoforte”，之后被简写为“piano”。

◆ 音叉（TUNING FORK，1711 年）

由英国音乐家约翰·肖尔（John Shore）设计的音叉，或“草叉”（pitch-fork），能发出非常纯正的音调，可据此精准地调整乐器的音调。

◆ 蒸汽机（STEAM ENGINE，1712 年）

建立在丹尼斯·帕潘和托马斯·萨弗里（Thomas Savery）前期发明的基

础之上，英国铁匠托马斯·纽科门（Thomas Newcomen）通过冷凝蒸汽，利用大气压力向上和向下推动活塞，使得发动机能将井中的水抽出来。这是同类产品中首次取得商业化成功的设备。

◆ 水银温度计（MERCURY THERMOMETER，1714 年）

虽然伽利略和牛顿两人都构想出了简单的温度计，但是，德国物理学家丹尼尔·加布里埃尔·华伦海特（Daniel Gabriel Fahrenheit）发明了第一台全功能的水银温度计：一根装有水银的玻璃管根据受热的程度来记录温度，并划定水的沸点和冰点。

◆ 八分仪（OCTANT，1730 年）

几乎在同一时间，托马斯·戈弗雷（Thomas Godfrey）和约翰·哈德利（John Hadley）两人都发明了八分仪。八分仪是一个跨越 45°（1/8 圆周）的航海设备，搭配加装的镜子和一个小型望远镜，可协助水手在海上定位。

◆ 飞梭（FLYING SHUTTLE，1733 年）

飞梭的发明催生了英国工业革命。虽然飞梭大大提高了织布效率并且减少了人力需求，但是直到发明者约翰·凯（John Kay）过世后，飞梭才开始被广泛地应用于织布领域。

◆ 林奈生物分类法（LINNEAN TAXONOMY，1735 年）

虽然现代生物分类法仍然以瑞典植物学家和动物学家卡尔·林奈的名字命名，但是他的分类模型建立在已经进化了数百年之久的分类系统之上。不过，林奈的确做了几个至关重要的补充，其中最为重要的就是以二项式结构命名每个生物体，如在“智人”的命名上所进行的实践。

◆ 精密计时器（CHRONOMETER，1735 年）

虽然自 16 世纪初以来，已经出现过无数种不同的精密计时器，但是木匠托马斯·哈里逊（Thomas Harrison）发明的版本是最为完备的。该精密计时器可以为航海家提供精确的时间，计算出自己所在的经纬度。

◆ 避雷针（LIGHTNING ROD，1750 年）

本杰明·富兰克林在他 1750 年所写的一封信中，第一次提出了避雷针的构想。最终，他对避雷针的描述被翻译成法文，因此对富兰克林提出的这一理论构想的首次实践于 1752 年发生在法国。

◆ 珍妮纺纱机（SPINNING JENNY，1764 年）

关于“珍妮纺纱机是否由詹姆斯·哈格里夫斯（James Hargreaves）发明”这一问题，一直存在争议。珍妮纺纱机的发明大大提高了棉纺织行业的效率。一些证据表明，哈格里夫斯仅仅是对一名叫作托马斯·海斯（Thomas Highs）的工匠的设计进行了一些改造。可以明确的是，从第一台珍妮纺纱机的诞生开始，哈格里夫斯的设计后来被英格兰北部地区的纺织工人一次次地改进，从而得到了很大程度的完善。

◆ 苏打水（CARBONATED WATER，1767 年）

牧师约瑟夫·普利斯特里发现，在水中添加二氧化碳，可以创造出一种泡腾饮料——也就是今天所说的苏打水。虽然普利斯特里从未把握住这个商机，但是在他身后的很多发明家都做到了。

◆ 光合作用（PHOTOSYNTHESIS，1770—1800 年）

虽然奥地利医生简·英格豪斯（Jan Ingenhousz）是最常与光合作用联系在一起的人，但是光合作用机制却是在 30 年间慢慢地被发现的——其中最早的是在 1770 年，约瑟夫·普利斯特里做了一系列关于光合作用的实验，并撰写了大量与之相关的文章。不过，直到 18 世纪 90 年代，光合作用完整的原理，即在可见光的照射下，二氧化碳被转换和消耗，并释放出氧气的过程，才最终被瑞士博物学家吉恩·谢尼伯（Jean Senebier）所提出。

◆ 植物的呼吸作用（PLANT RESPIRATION，1772—1773 年）

虽然约瑟夫·普利斯特里通常都是与分离出氧气联系在一起，但是大约在 1773 年，通过和好朋友本杰明·富兰克林通信，两人共同发现了植物的呼吸作用。普利斯特里在这方面的贡献也值得被关注。

◆ **氧气（OXYGEN，1772—1776 年）**

这是科学界关于合作和竞争的伟大故事之一：18 世纪 70 年代，氧气被三位科学家分离了出来，即瑞典化学家卡尔·威尔海姆·舍勒；英国博物学家约瑟夫·普利斯特里，受当时占支配地位但并不准确的燃素理论（phlogiston）的影响，他把这种气体叫作“脱燃素空气”（dephlogisticated air）；还有安东尼·拉瓦锡（Antoine Lavoisier），他将这种化学元素命名为“氧气”。

◆ **双光眼镜（BIFOCALS，大约 1780 年）**

虽然不能明确具体的发明时间，但是在 18 世纪 80 年代中期，本杰明·富兰克林写信给朋友，表达了他对于“发现了双光眼镜，既能用来看远处的物体，也能用来看近处的物体，让我的双眼和以前一样好用”的兴奋之情。

◆ **汽船（STEAMBOAT，1780—1810 年）**

罗伯特·富尔顿（Robert Fulton）通常被誉为汽船的发明者，但事实上，富尔顿仅仅是第一个成功地把汽船商业化的人。而之前的 20 年间，像约翰·菲奇（John Fitch）和詹姆斯·拉姆齐（James Rumsey）一样的工程师，建造过许多可用的汽船。

◆ **载人热气球（MANNED HOT AIR BALLOON，1783 年）**

虽然热气球可以追溯到公元一世纪的中国，但是第一个载人飞行的热气球是由法国企业家约瑟夫 – 米歇尔·孟戈菲（Joseph-Michel Montgolfier）和雅克 – 艾蒂安·孟戈菲（Jacques-Etienne Montgolfier）兄弟设计的。

◆ **银河（MILKY WAY，1785 年）**

许多天文学家和科学家，包括阿布·赖哈尼·比鲁尼（Abū Rayhān al-Bīrūnī）和伽利略都对发现银河系是恒星集群作出了贡献，不过在 1785 年，首次尝试绘制银河系形状的则是威廉·赫歇尔（William Herschel）和他的妹妹卡罗琳（Caroline）。

◆ 动力织布机和轧棉机（POWER LOOM AND COTTON GIN，分别是 1785 年和 1793 年）

1785 年，英国牧师埃德蒙·卡特赖特（Edmund Cartwright）设计发明了动力织布机，不过就像伊莱·惠特尼（Eli Whitney）的轧棉机一样，该设备依赖许多工程师的后续改进，才得以推动纺织工业的革命。

◆ 天花疫苗（SMALLPOX VACCINE，1796 年）

自 1500 年起，为接种人使用小剂量的天花病毒——通常使用的是受感染患者的皮肤上提取的结痂，这一疫苗接种方法被广泛地应用于中国、伊朗和非洲地区。但是，基于相关的牛痘病毒，发明了能催生对天花的免疫力、降低天花感染死亡率的天花疫苗第一人，是英国科学家爱德华·詹纳（Edward Jenner）。

◆ 石版印刷术（LITHOGRAPHY，1796 年）

石版印刷术始于剧作家阿罗斯·塞纳菲尔德（Alois Senefelder）。当时，他试图找到一种能低成本印刷自己作品的方法，最终，他发现可以用酸和针在铜板上蚀刻。之后，他以这个创意为基础，对此印刷方法进行了改进，并将其取名为“石印”（stone printing）。后来，这种印刷方法在欧洲和美国得到了广泛而迅速的传播。

◆ 电池（ELECTRIC BATTERY，1800 年）

意大利的亚历山德罗·伏特伯爵（Alessandro Volta）利用锌盘和铜盘，制造出了世界上第一个电池，而他创造的灵感则来源于和同行路易·吉尔瓦尼（Luigi Galvani）的一次争吵——吉尔瓦尼认为电来源于动物的肌肉组织。

◆ 原子理论（ATOMIC THEORY，1800—1810 年）

虽然极大程度地依赖于由安东尼·拉瓦锡带头的化学革命，但是第一个严密论证“物质是由各种特定原子所组成”的人，是英国化学家约翰·道尔顿（John Dalton）。他在 19 世纪初期率先提出了原子理论。

◆ 分子（MOLECULES，1800—1810 年）

原子组成更大的复合单位，其中最基本的就是分子。这一概念在 1800 年左右首次提出，并借鉴了法国化学家约瑟夫·普鲁斯特（Joseph Proust）、约翰·道尔顿，以及意大利阿伏伽德罗（Avogadro）伯爵的相关理论。

◆ 吊桥（SUSPENSION BRIDGE，1800—1830 年）

19 世纪上半叶，吊桥得到了很多关键性的改善。第一座投入使用、能让行人和马匹通行的吊桥是杰卡斯吊桥（Jacob's Creek Bridge），这座吊桥是由美国法官和业余工程师詹姆斯·芬利（James Finley）于 19 世纪初建造的。

◆ 蒸汽机车（STEAM LOCOMOTIVE，1805 年）

18 世纪末期，有不少工程师建造了能以蒸汽为动力运行的车辆，有的针对公路设计，有的针对轨道设计。不过，历史学家普遍认为，由理查德·特里维西克（Richard Trevithick）于 1805 年在威尔士设计的列车，才是第一辆完整的蒸汽机车。

◆ 穿孔卡片（PUNCH CARDS，1805 年）

使用穿孔卡片设计机械织机的想法，一般都认为是由约瑟夫－玛丽·雅卡尔提出的，然而事实上，在 18 世纪初期就有大量织工尝试过用穿孔卡片来控制轻纱，纺织工人鲁修（Basile Bouchon）和琼·福尔肯（Jean Falcon）都有过这方面的尝试。

◆ 光谱仪（SPECTROSCOPE，1814 年）

德国镜头制造师约瑟夫·冯·弗劳恩霍夫（Joseph von Fraunhofer）发明了光谱仪，用于测量光线的属性，以研究光谱里一些粗细不一的暗线。后来，他发现这些暗线是光被吸收掉的光谱区域。

◆ 听诊器（STETHOSCOPE，1816 年）

法国医师勒内·雷奈克（René Laennec）在给一位女性心脏病患者听诊时，随兴用纸卷成管状，后来他发明了听诊器。

◆ 自行车（BICYCLE，1817—1863 年）

有两个轮子、可控制方向的自行车，是由德国的卡尔·冯·德莱斯爵士（Karl von Drais）研发的。而在接下来的 10 年间，众多欧洲企业家模仿生产了这种自行车。但是，直到 19 世纪 60 年代，自行车才开始加装脚踏板和回转曲柄。

◆ 盲文（BRAILLE，1821 年）

法国盲人路易斯·布莱叶（Louis Braille）在 15 岁时发明了盲文，即一种依靠触觉的阅读方式。布莱叶发明的盲文是建立在一套更基本的、由凸点和触觉文本（夜间写作）所组成的系统之上的，而这是由陆军上尉查尔斯·巴比尔（Charles Barbier）构想出来的。

◆ 电动机（ELECTRIC MOTOR，1821—1850 年）

18 世纪上半叶，十多名科学家和企业家推动了电动机的发明。1821 年，英国化学家和物理学家迈克尔·法拉第（Michael Faraday），率先示范了第一个将电能转换成机械能的系统。

◆ 热力学第二定律（SECOND LAW OF THERMODYNAMICS，1824 年）

多年来，热力学第二定律在不同的科学家手中得到了进一步的发展，包括萨迪·卡诺（Sadi Carnot）和鲁道夫·克劳修斯（Rudolf Clausius）。这个定律阐述了熵（entropy）的理论，否认了永动机的可能性。

◆ 地质均变论（GEOLOGICAL UNIFORMITARIANISM，1830 年）

地球的面貌是均一的力量持续作用很长一段时间所形成的——这一观点主要源于查尔斯·莱尔的《地质学原理》（*Principles of Geology*）一书。不过，“地质均变论”这个术语却是出自威廉·惠威尔（William Whewell）针对莱尔的这本书所著的一篇评论。莱尔的这一观点也成为达尔文提出生物进化论的基础。

◆ 氯仿（CHLOROFORM，1831 年）

氯仿，一种无色有机化合物——几乎同时被来自三个不同国家的科学家所发现，他们分别是尤金·苏贝兰（Eugene Soubeiran）、塞缪尔·格思里

（Samuel Guthrie）和尤斯图斯·冯·李比希（Justus von Liebig）。它被用于治疗哮喘，并且可以替代乙醚充当麻醉剂。

◆ 冰箱（REFRIGERATOR，1834 年）

在获得一项蒸汽压缩式制冷系统的专利之后，机械工程师雅各布·帕金斯（Jacob Perkins）于 1834 年发明了第一台实用冰箱。而在 1805 年，美国发明家奥利弗·埃文斯也发明过一台制冷机器。

◆ 左轮手枪（REVOLVER，1836 年）

1836 年，通过改进火枪的燧发装置，美国发明家塞缪尔·柯尔特（Samuel Colt）设计发明并获得了左轮手枪的专利。左轮手枪的特色是弹仓能旋转，内含多个弹巢。

◆ 可编程计算机（PROGRAMMABLE COMPUTER，1837 年）

虽然从未成功搭建过一个可运行的版本，但是查尔斯·巴贝奇在他传奇的分析机中，勾勒出了可编程计算机的基本原则——包括我们现在所说的软件、CPU 和内存的概念，而他首次在作品中公开描述分析机则是在 1837 年。另外，拜伦的女儿阿达·奥古斯塔为这台分析机编写了首个计算机算法。

◆ 电报（TELEGRAPH，1838 年）

为了改善复杂的无线电报模型，发明者塞缪尔·莫尔斯（Samuel Morse）和他的助手阿尔弗雷德·韦尔（Alfred Vail）创建了单线模式电报，即使用电信号传递电磁铁在纸上记录的图案，这也就是我们今天所熟知的莫尔斯电码。

◆ 摄影术（PHOTOGRAPHY，1839 年）

大多数历史学家认为，法国化学家路易·达盖尔发明了世界上第一个实用的摄影术，其实质就是让一块表面有化学物质的银版曝光，实现定影。事实上，达盖尔的方法应用了法国人约瑟夫·尼塞福尔·涅普斯（Joseph Nicephore Niépce）的许多创意。

◆ 硫化橡胶（VULCANIZED RUBBER，1839 年）

经过多年的实验和不断的失败，查尔斯·固特异（Charles Goodyear）几乎是偶然地发现了硫化橡胶。它与天然橡胶不同，即便暴露在较高的温度和压强下也不会变形。硫化橡胶发明后不久，托马斯·汉考克（Thomas Hancock）就获得了这项专利。查尔斯奋其余生都在为自己的发明争取专利权。

◆ 缝纫机（SEWING MACHINE，1845 年）

现代实用型缝纫机的发明主要归功于两人，一是美国机械师伊莱亚斯·豪（Elias Howe），他为缝纫机发明了一种双线连锁缝纫法；二是美国发明家艾萨克·辛格（Isaac Singer），他首创垂直穿针法。他们二人对于这一发明所做的贡献可谓难分高下。

◆ 硝化甘油（NITROGLYCERINE，1846 年）

还是在做珀卢伊（J.T.Pelouye）教授助理的时候，阿斯卡尼奥·索布雷洛（Ascanio Sobrero）首度发现并合成了硝化甘油。见识到其威力后，索布雷洛警告要慎用硝化甘油，甚至还对这一发明感到后悔。

◆ 绝对零度（ABSOLUTE ZERO，1848 年）

通过借鉴早期科学家对温度的研究，开尔文（Kelvin）确立了开氏温标（Kelvin Scale）。最低点叫作绝对零度，表示处于该温度下的所有物体动能为零。它大约为 –273.15ºC。

◆ 生铁 / 炼钢法（PIG IRON/STEELMAKING，1850—1860 年）

美国发明家亨利·贝塞麦（Henry Bessemer）发明了历史上第一种大规模生产钢铁的方法，之后数年一直被不断改进。他通过将生铁氧化，生产出大量高品质的钢铁。这项发明也促成了高楼大厦的出现。

◆ 电梯（ELEVATOR，1853 年）

早在中世纪，升降机（lift）就已经出现了。继 1850 年前后蒸汽和液压电梯问世，美国发明家伊莱沙·奥的斯（Elisha Otis）于 1853 年发明了安全制动装置后，人们才开始广泛使用电梯。

◆ **本生灯（BUNSEN BURNER，1856 年）**

为了进行一些元素的特殊辐射试验，德国化学家罗伯特·本生（Robert Bunsen）创造了这一发明。当时，进行这类实验的技术尚未问世。由于之前使用的煤气灯温度不高，而本生灯的温度很高但是火焰却几乎看不见，因而成为了标准的实验燃烧器，至今仍广泛应用。

◆ **梅森瓶（MASON JAR，1858 年）**

为了改进当时颇为常见的玻璃瓶，锡匠约翰·梅森（John L. Mason）发明了一种带有密封螺旋盖和橡胶衬里的广口玻璃瓶。后来，这种玻璃瓶以其名字命名。梅森瓶主要用于保存易腐烂的物质。

◆ **铅酸电池（LEAD-ACID BATTERY，1859 年）**

法国物理学家加斯东·普兰特（Gaston Plante）在做薄铅板和硫酸的导电功率试验的时候，发明了第一个可充电电池。

◆ **自然选择（NATURAL SELECTION，1859 年）**

早在 19 世纪 30 年代末期，查尔斯·达尔文就提出了自然选择理论，但是直到 1859 年，他才在自己的著作《物种起源》中发表这一观点。然而，他是受到另一位英国博物学家阿尔弗雷德·拉塞尔·华莱士的启发，华莱士曾独立地发展出相似的理论。

◆ **加特林机枪（GATLING GUN，1861 年）**

发明家理查德·加特林（Richard Gatling）相信，旋转机关枪能减少参战士兵的数量，从而降低战场上的伤亡率。于是，他发明了加特林机枪—— 一种安置在两个轮子上的手摇式持续快速射击武器。

◆ **吸尘器（VACUUM CLEANER，1861 年）**

虽然在 19 世纪末 20 世纪初，许多发明家创造了我们今天所知的吸尘器版本，但是早在 1861 年，艾夫斯·麦加菲（Ives W. McGaffey）就获得了清扫机（sweeping machine）的第一个专利。销售广告特别强调它清洁地毯的能力。

◆ 塑料（PLASTIC，1862 年）

英国冶金学家亚历山大·帕克斯（Alexander Parkes）发明了第一种商用人造塑料。它是一种经硝酸处理过的合成纤维材料，1862 年首度亮相于伦敦举办的世博会。经历 19 和 20 世纪，这种材料又得到了改进。

◆ 微生物理论（GERM THEORY，1862 年）

虽然微生物携带传染病的观点并非新闻，但是法国化学家路易斯·巴斯德（Louis Pasteur）是率先开展实验并证明这一理论的几人之一。

◆ 火药（DYNAMITE，1863 年）

为了更有效地爆破岩石，瑞典工业家阿尔弗雷德·诺贝尔用硝酸甘油进行了实验，并发明了雷管（利用强震引发爆炸）。1863 年，他获得了这一发明的专利。

◆ 元素周期表（PERIODIC TABLE，1864 年）

英国化学家约翰·纽兰兹（John Newlands）认为，化学元素可以根据其原子质量进行编排。在此基础上，俄国化学家德米特里·门捷列夫于 1864 年提出了更为全面的元素周期表，它展现了元素的周期性。

◆ 苯结构（BENZENE STRVCTVRE，1865 年）

继 1825 年苯被发现之后，关于这种有机化合物的结构，德国化学家约瑟夫·劳施密特（Joseph Loschmidt）和奥古斯特·凯库勒，提出了相似的理论，即由六个碳原子构成一个六元环，每两个碳原子之间由单键和双键交替排列。凯库勒的这一发现是受到梦中吞尾蛇的启发。

◆ 遗传（HEREDITY，1865 年）

父母向后代遗传某些特征的观点，最初是由奥地利科学家格雷戈尔·孟德尔（Gregor Mendel）从植物的研究中发现的。20世纪初，其遗传定律又经托马斯·亨特·摩尔根(Thomas Hunt Morgan)发展成为一个更为广泛的遗传学理论。

◆ 打字机（TYPEWRITER，1868 年）

继1829年一种低效率的排印机器问世后，美国发明家克里斯托夫·拉森·肖尔斯（Christopher Latham Sholes）在同伴的帮助下，于1868年获得了第一台实用打字机的专利。他创立了一个铅字连动杆系统，以及避免卡键的QWERTY键盘布局。

◆ 电话（TELEPHONE，1876 年）

美国工程师亚历山大·格雷厄姆·贝尔（Alexander Graham Bell）和电气工程师伊莱沙·格雷（Elisha Gray）针对电话的专利权展开了激烈竞争。最终，贝尔获得了这一利用电流传导声音信号的装置的专利。

◆ 酶（ENZYMES，1878 年）

1878年，德国医生威廉·屈内（Wilhelm Kühne）首度将加快化学反应的催化剂命名为酶。德国化学家爱德华·布赫纳（Eduard Buchner）和法国化学家路易斯·巴斯德（Louis Pasteur）所做的研究则加深了人们对酶的了解。

◆ 电灯泡（LIGHTBULB，1879 年）

通过电流把灯丝加热到白炽状态而发光，美国发明家托马斯·爱迪生发明了电灯泡。之后，它取代了煤气灯，成为照明的主要来源。虽然爱迪生通常被认为是电灯泡的发明者，但是其发明至少建立在六位前人的基础上，其中包括约瑟夫·斯万（Joseph Swan）和威廉·索耶（William Sawyer）。

◆ 细胞分裂（CELL DIVISION，1879 年）

细胞分裂是由德国生物学家华尔瑟·弗莱明（Walther Flemming）、爱德华·施特拉斯布格尔（Eduard Strasburger）和爱德华·凡·贝内登（Eduard van Beneden）共同发现的。细胞分裂包括有丝分裂，即生物体内一个母细胞分裂为两个子细胞的过程。

◆ **地震仪（SEISMOGRAPH，1880 年）**

日本政府聘请三位英国科学家研究微震和地震，他们运用钟摆的原理，发明了一种测量和划分地震强度的仪器，也就是现在所说的地震仪。在这三人中，约翰·米尔恩（John Milne）贡献最大。

◆ **婴儿恒温箱（INFANT INCUBATORS，1881 年）**

因为受到小鸡孵化器的启发，法国妇产科医生斯蒂芬·塔尼开始将婴儿恒温箱（婴儿用暖床）投入医院的常规使用中。然而，婴儿恒温箱最初是由法国外科医生让－路易－保罗·德努希（Jean-Louis-Paul Denucé）和德国妇科医生卡尔·克雷德（Carl Credé）设计的。

◆ **焊接机（WELDING MACHINE，1885 年）**

1885 年，俄国发明家尼古拉·贝纳尔多斯（Nikolai Bernardos）和斯坦尼斯拉夫·欧斯祖斯基（Stanislav Olszewski）发明了第一个电弧焊机。不过焊接的基本原理，即加热把金属连接在一起，早已被应用了好几个世纪。

◆ **摩托车（MOTORCYCLE，1885 年）**

德国发明家戈特利布·戴姆勒（Gottlieb Daimler）将尼古拉斯·奥托（Nikolaus Otto）发明的内燃机和自行车组合在一起，创造出采用汽油驱动的装置，取代了人力。1867 年，类似于现代摩托车的蒸汽机装置问世。

◆ **汽车（AUTOMOBILE，1885 年）**

1885 年，德国工程师戈特利布·戴姆勒和威廉·迈巴赫（Wilhelm Maybach）创造了一辆四冲程的四轮汽车。几乎是同一年，德国工程师卡尔·本茨（Karl Benz）设计了一辆利用内燃机与汽油驱动的汽车，而他也被大多数历史学家认为是现代汽车的发明者。

◆ **感应电动机（INDUCTION MOTOR，1885 年）**

意大利物理学家伽利略·费拉利斯（Galileo Ferraris）和奥地利发明家尼古拉·特斯拉（Nikola Tesla）于同一年为感应电动机申请专利。这种交流电动机的主要原理是电磁感应。

◆ 计算器（CALCULATOR，1885 年）

人类为发明实用可靠的计算器努力了几个世纪之久。直到 1885 年，美国发明家威廉·苏厄德·巴勒斯（William Seward Burroughs）制造出第一台“计算的机器”，为计算器的进一步发展奠定了基础。

◆ 隐形眼镜（CONTACT LENSES，1887 年）

据说达·芬奇是第一个勾勒出矫正视力镜片的人，但是镜片的设想是由德国吹玻璃技师穆勒（F. A. Muller）首度提出的。它模仿人眼的形状，能够改善视觉效果。德国物理学家阿道夫·尤金·菲克（Adolf Eugen Fick）在助手的帮助下，改善了镜片的设计，制造出比以前的版本更舒适的镜片。

◆ 心电图（EKG，1887 年）

心电图的演变经历了一个漫长的过程，其中贡献最为突出的要数奥古斯塔斯·沃勒（Augustus Waller）。1887 年，沃勒通过将静电计与投影仪连接得到心电图，从而成为第一位发现心电图的科学家。

◆ 电影摄像机（MOTION PICTURE CAMERA，1888 年）

美国发明家托马斯·爱迪生获得了一个早期电影摄影机的专利，他将之称为“活动电影放映机”（kinetoscope）。不过，他的发明吸收了 19 世纪英国摄影师埃德沃德·迈布里奇（Eadweard Muybridge）和其他摄影实验者的大量成果。

◆ 线粒体（MITOCHONDRIA，1890 年）

德国病理学家理查德·阿尔特曼（Richard Altmann）通常被认为是线粒体的首位发现者，他猜测这些颗粒是细胞活动的基本单位。线粒体是为细胞提供化学能量的细胞器。20 世纪有很多科学家都在为进一步了解线粒体而努力。

◆ 特斯拉线圈（TESLA COIL，1891 年）

捷克发明家尼古拉·特斯拉发明了特斯拉线圈。它是一种高频变压器，可以获得大量的电压，主要用于照明和无线电传输。

◆ 无线电广播（RADIO，1896 年）

意大利工程师古列尔莫·马可尼（Guglielmo Marconi）通常被认为是现代无线电广播的发明者。他使用无线电波创造了一个无线电报系统（1896 年获得了该专利）。不过，在其他发明者当中，尼古拉·特斯拉、卡尔·费迪南德·布劳恩（Karl Ferdinand Braun）以及海因里希·赫兹对这一发明的最终成型也是功不可没。

◆ 放射性（RADIOACTIVITY，1896 年）

波兰化学家玛丽·居里（Marie Curie）和他的丈夫皮埃尔·居里（Pierre Curie）建立了放射性理论，阐述了早期德国物理学家威廉·伦琴（Wilhelm Roentgen）和法国物理学家亨利·贝可勒尔（Henri Becquerel）的发现。该理论主要描述原子核的自发衰变。

◆ 阿司匹林（ASPIRIN，1897 年）

自希波克拉底（Hippocrates）时，柳树皮的止痛特性就被发现并得以应用，实际上是其中的水杨苷成分在发挥作用。但是，使用这种药材会带来一定副作用，主要是胃痛。后来，法国化学家查尔斯·格哈特（Charles Gerhardt）发现，添加钠和乙酰氯能减少对肠道的刺激，从而改良其疗效。

◆ 电子（ELECTRON，1897 年）

在爱尔兰物理学家约翰·汤森德（John Townsend）和英国物理学家威尔逊（H. A. Wilson）的帮助下，英国物理学家汤姆逊（J. J. Thomson）在开展阴极射线实验时发现了电子。他称那些射线是由带负电荷、比原子更小的粒子构成。他最初称它为微粒（corpuscle），后改名为电子。

◆ 血型（BLOOD TYPES，1901 年）

1901 年，奥地利医生卡尔·兰德斯泰纳（Karl Landsteiner）发表了其研究成果。他提出人类有四种不同的血型（区别在于存在特定抗体和抗原），并且只有当两个人拥有相同的血型时，输血才可能成功。

◆ 空调（AIR CONDITIONING，1902 年）

在一次解决印刷工厂纸张受温度和湿度不良影响的尝试中，威利斯·开利设想利用反向加热的过程来冷却空气，从而控制空气中的水分含量。后来，开利创办了一家致力于生产空调的公司。不久，空调就成为了家用电器。

◆ 平流层（STRATOSPHERE，1902 年）

1902 年，德国气象学家理查德·阿斯曼（Richard Assmann）和法国气象学家里昂·泰斯朗·德波尔（Léon Teisserenc de Bort）都发现了平流层。它是地球大气层的第二层。

◆ 机动飞机（ENGINE-POWERED AIRPLANE，1903 年）

在受到德国航空工程师奥托·李林塔尔（Otto Lilienthal）研究工作启发之后，莱特兄弟（Wright）以滑翔机做飞行试验，并最终发明了第一架机动飞机。1903 年，这架飞机成功实现了持续飞行。

◆ 维生素（VITAMINS，1905 年）

几个世纪以来，人们一直都知道吃某些特定食物可以预防疾病。1905 年，英国医生威廉·弗莱彻（William Fletcher）发现吃糙米有助于预防脚气病，而其他种类的米却没有这种功效。这让他相信糙米中具有特别的养分，而摄取这些养分能增强人们抵御疾病的能力。

◆ 荷尔蒙（HORMONES，1905 年）

英国生理学家欧内斯特·亨利·斯塔林（Ernest Henry Starling）和威廉·马多克·贝利斯（William Maddock Bayliss）向人们展示，由身体某个部位分泌的一种化学物质能通过血液传播，影响身体其他部位的功能。荷尔蒙的发现促成了日后口服避孕药和胰岛素的发明。

◆ 质能等价理论（MASS–ENERGY EQUIVALENCE，1905 年）

理论物理学家阿尔伯特·爱因斯坦在其 1905 年发表的一篇论文中指出，物体的质量与其所含能量相等，可表达为著名的方程式 $E=mc^2$，即能量等于质量乘以光速的平方。

◆ 狭义相对论（SPECIAL RELATIVITY，1905 年）

1905 年，爱因斯坦创立了狭义相对论。狭义相对论考虑的是粒子以接近光速的速度移动时的表现，它基于两个假设：一是无论观察者状态如何，光速都保持不变；二是所有惯性参考系中的物理规律具有相同的形式。

◆ 地核（EARTH'S CORE，1906 年）

爱尔兰地震学家理查德·奥尔德姆（Richard Oldham），研究了地震波在地球核心传播的速度比地幔（mantle）中的速度慢的原因。他由此推断，地核是由比岩石密度小、流动性较高的材料构成。

◆ 神经递质（NEUROTRANSMITTERS，1906 年）

西班牙医生圣地亚哥·拉蒙·卡哈尔（Santiago Ramón y Cajal）借助意大利物理学家卡米洛·高尔基（Camillo Golgi）的方法，彻底颠覆了 20 世纪早期的神经系统结构理论。卡哈尔提出神经系统由数以亿计的微小神经元中心（现称为神经元）组成。他的这一理论导致了神经递质的发现，即一种在突触传递中担当“信使”的化学物质。

◆ 洗衣机（WASHING MACHINE，1908 年）

通过将电动机安装到传统手摇洗衣机上，美国工程师阿尔瓦·约翰·费希尔（Alva John Fisher）发明了第一台电动洗衣机。1908 年，总部位于芝加哥的赫尔利机器公司（Hurley Machine Company）推出了这一产品。

◆ 染色体上的基因（GENES ON CHROMOSOMES，1910 年）

美国胚胎学家托马斯·亨特·摩尔根使用黑腹果蝇开展了基因突变的实验。他和他在哥伦比亚大学的学生团队发现了染色体携带的基因是如何决定遗传的。

◆ 超导性（SUPERCONDUCTIVITY，1911 年）

1911 年，荷兰物理学家海克·卡末林·昂内斯（Heike Kamerlingh Onnes）

在测试液氦温度下多种金属（包括铅、锡、汞等）的特性和表现时，发现在极低温度时这些金属的电阻消失了。这种性质被称为超导性。

◆ 宇宙射线（COSMIC RAYS，1913 年）

宇宙射线是指从大气层外部轰击地球的粒子流。它的发现是 20 世纪早期许多科学家的共同成果。其中，德国物理学家维尔纳·柯尔霍斯特（Werner Kolhörster）因为其对新兴领域的研究和成就获得诺贝尔奖。柯尔霍斯特的实验很大程度上是基于维克多·赫斯（Victor Hess）和西奥多·沃尔夫（Theodor Wulf）的早期发现。

◆ 电子在化学键中的作用（ELECTRON'S ROLE IN CHEMICAL BONDING，1913 年）

1913 年，丹麦物理学家尼尔斯·玻尔（Niels Bohr）提出了他的电子模型（借鉴了英国化学家欧内斯特·卢瑟福［Ernest Rutherford］的模型），假设电子围绕原子核在固定轨道上高速旋转，他还进一步推断元素的化学性质取决于原子轨道上的电子数。波尔的发现揭示了电子在化学键中的基本作用。

◆ 装配流水线（MOVING ASSEMBLY LINE，1913 年）

1913 年，福特汽车公司（Ford Motor Company）在福特的领导下建立了一条汽车的装配流水线，它加快了生产速度，降低了汽车的价格，也预示着大规模生产时代的到来。装配线的灵感来源于 19 世纪美国中西部的肉类加工厂。

◆ 大陆漂移（CONTINENTAL DRIFT，1915 年）

1915 年，德国气象学家和地质学家阿尔弗雷德·魏格纳（Alfred Wegener）出版了一本书。在书中，他表示地球上的大陆曾经都是一块巨大陆地的一部分，他称这块巨大的陆地为盘古大陆（pangea），随着时间的流逝，盘古大陆慢慢分裂才有了现在的模样。魏格纳的想法最初并不为人们所认可，直到 20 世纪 60 年代才被普遍接受。

◆ **广义相对论（THEORY OF GENERAL RELATIVITY，1915 年）**

1915 年，理论物理学家阿尔伯特·爱因斯坦提出，物质会扭曲空间和时间，质量大的物体能使光线弯折。这一理论的开创性体现在，爱因斯坦认为重力场与以适当加速度运动的参考系是等价的。1919 年，爱因斯坦的理论在日食的研究中得到证明。

◆ **直升机（HELICOPTER，1920 年）**

经历了多次失败之后，阿根廷发明家劳尔·帕泰拉斯·佩斯卡拉（Raúl Pateras Pescara）终于创造出直升机的最初模型。佩斯卡拉的直升机首次实现了周期变距和旋翼桨叶操纵。1924 年，他创造世界纪录，在 4 分多钟的时间内飞行了近 800 米。

◆ **量子力学（QUANTUM MECHANICS，1925 年）**

量子力学是关于原子和亚原子尺度的物理学。对于这一领域的研究可以追溯到 1925 年。当时，沃纳·海森堡（Werner Heisenberg）发表了他在相关话题上的第一篇论文，其中吸收了 20 世纪初期至 20 世纪 30 年代许多科学家的研究成果，包括爱因斯坦、波尔、普朗克（Planck）等人。

◆ **液态燃料火箭（LIQUID ENGINE ROCKET，1926 年）**

美国物理学家罗伯特·戈达德（Robert H. Goddard）推翻了许多对其新式火箭想法的批评和指责。1926 年，他在新英格兰的一块卷心菜地里发射了第一枚液态燃料火箭，成为了该领域的先驱。

◆ **不确定性原理（UNCERTAINTY PRINCIPLE，1927 年）**

1927 年，德国物理学家沃纳·海森堡首次在一封信中提出不确定性原理。他指出，已知亚原子粒子的位置越精确，该粒子的动量就越不确定。对于这一理论有多种解读，其中最具影响力的是观察行为改变了被观察对象。

◆ **电视（TELEVISION，1927 年）**

1927 年，美国发明家菲洛·法恩斯沃思（Philo Farnsworth）为第一台完整的电子电视申请了专利。事实上，造就出此成果的多项技术（阴极射线管、三极真空管），都离不开 19 世纪许多工程师和发明家作出的贡献。

◆ 青霉素（PENICILLIN，1928 年）

早在古代文明时期，医生就认识到霉菌可以用于治疗某些感染。苏格兰生物学家亚历山大·弗莱明在实验室中犯下的一个错误，最终让人们注意到青霉素是一种神奇的抗生素。当时，有些青霉菌（penicillium notatum）的孢子飘进了一个包含霉菌的培养皿中，弗莱明随后观察得知青霉素能抑制细菌的生长。

◆ 宇宙膨胀（EXPANSION OF THE UNIVERSE，1929 年）

在加利福尼亚州的天文台工作时，美国天文学家埃德温·哈勃（Edwin Hubble）推断宇宙正在膨胀，通过测量遥远星系的红移（以光子的频率偏移），发现它们正以和它们之间的距离成正比的速度离开对方。

◆ 喷气发动机（JET ENGINE，1930 年）

喷气发动机的发明要归功于德国工程师汉斯·冯·奥海恩（Hans von Ohain）和英国皇家空军军官弗兰克·惠特尔（Frank Whittle）。他们二人都独立研发了这一发动机的模型。它通过点燃、压缩空气进行推动，依据的原理是牛顿第三定律。

◆ 中子（NEUTRON，1932 年）

1932 年，英国物理学家詹姆斯·查德威克（James Chadwick）发现了中子，这也为原子弹的发明迈出了第一步。中子是一种不带电荷的亚原子粒子。

◆ 雷达（RADAR，1935 年）

苏格兰气象学家罗伯特·沃森-瓦特（Robert Watson-Watt）在前人研究的基础上，利用无线电波感应恶劣天气。1935 年，他利用短波雷达成功地探测到空中的一架轰炸机。在不列颠之战（Battle of Britain）中，这一发明有效地提升了英国的防御力量。

◆ 磁带录音机（TAPE RECORDER，1935 年）

20 世纪 30 年代初期，德国技术公司开始推出磁带录音机。1935 年，出生于德国的工程师塞米·约瑟夫·贝根（Semi Joseph Begun）发明了第一台家用磁带录音机，又称“音镜”（Sound Mirror）。该磁带录音机由表面特殊处理过的纸张和塑料构成。

◆ 生态系统（ECOSYSTEM，1935 年）

“生态系统”一词最初于 1935 年被提出。英国化学家阿瑟·坦斯利（Arthur Tansley）赋予了它完整的定义：所有物质和有机元素共存，并作为一个完整的单元共同运转。

◆ 尼龙（NYLON，1937 年）

美国化学家华莱士·卡罗瑟斯（Wallace Carothers）担任杜邦公司（DuPont）研发部门主管时，发明了尼龙。尼龙，又称“神奇纤维”，是一种人造合成橡胶。由于当时美国与日本的贸易关系不稳定，丝绸紧缺，所以开发尼龙作为丝绸的一种替代品。

◆ 克雷布斯循环（KREBS CYCLE，1937 年）

1937 年，德国化学家汉斯·克雷布斯（Hans Krebs）提出克雷布斯循环。克雷布斯循环是细胞呼吸系统运作的一种机制。它的发现得益于过去 10 年中，多位科学家认为细胞将营养物质转化为能量的方式所取得的广泛进展。

◆ 原子反应堆（ATOMIC REACTOR，1938 年）

20 世纪 30 年代，美籍意大利物理学家恩里科·费米（Enrico Fermi）和匈牙利物理学家利奥·齐拉特（Leo Szilard）创建了第一个核反应堆。这一成就正是基于费米及其同事对于 β 衰变和中子理论的研究。

◆ 计算机（COMPUTER，1944 年）

人们通常认为在 1944 年，德国工程师康拉德·楚泽（Konrad Zuse）根据二进制发明了第一台功能完备的现代计算机。不过，查尔斯·巴贝奇、阿兰·图灵（Alan Turing）和约翰·文森特·安索夫（John Vincent Ansoff）也发明了其他形式的计算机。

◆ DNA 是遗传物质（DNA AS GENETIC MATERIAL，1944 年）

1944 年，著名的埃弗里 – 麦克劳德 – 麦卡锡（Avery-MacLeod-McCarthy）实验证明了 DNA 携带遗传物质的观点。实验表明，DNA 可以导致细菌的改变，由此看出，它在基因遗传中发挥重要作用。

◆ 微波炉（MICROWAVE OVEN，1946 年）

在一次电磁辐射的实验中，美国工程师珀西·斯宾塞（Percy Spencer）为雷神公司建立磁控管时，发现自己口袋里的糖果竟然融化了。由此，他发现了研制微波炉的可能性。

◆ 晶体管（TRANSISTOR，1947 年）

实验理论家比尔·肖克利（Bill Shockley）、物理学家沃尔特·布拉顿（Walter Brattain）和约翰·巴丁（John Bardeen）加入了改善真空管的行列，他们在贝尔实验室（Bell Labs）进行半导体的实验，最终研制出一种可靠的、可以放大并切换电子信号的晶体管。

◆ 放射性碳定年法（RADIOCARBON DATING，1949 年）

美国物理学家威拉德·利比（Willard Libby）在芝加哥大学时，曾与他的同事一起开发放射性碳定年法：一种通过测量碳 14 的衰变程度来确定该有机物年龄的方法。这对考古学而言是一项重大革命。

◆ 心脏起搏器（ARTIFICIAL PACEMAKER，1950 年）

虽然 1950 年以前曾出现过几个心脏起搏器的原始版本，但是加拿大工程师约翰·霍普斯（John Hopps）通常被认为是这一设备的发明者。他发明的心脏起搏器采用电脉冲调节和模拟心脏的正常跳动模式。直到 1958 年，体内起搏器才得以面世。

◆ 口服避孕药（ORAL CONTRACEPTIVE，1951 年）

20 世纪 50 年代，由美国节育倡导者玛格丽特·桑格（Margaret Sanger）提供部分资金，一群组织松散的科学家研制出了口服避孕药。其中贡献最为突出的是哈佛大学教授约翰·洛克。美国化学家卡尔·杰拉西（Carl Djerassi）带领美国兴泰（Syntex）制药公司的研究团队研发了一种类固醇激素可的松（cortisone），这一发明最终促成了炔诺酮（norethindrone）的合成。炔诺酮是一种孕激素（progestogen），它后来成为了第一种口服避孕药的基本组成部分。

◆ 模拟早期生命（EARLY LIFE SIMULATED，1953 年）

为了了解地球上的早期生命生活的环境，美国化学家斯坦利·米勒和美国物理化学家哈罗德·尤里创造了一个密闭的装置，里面装有他们认为在原始地球大气层中也含有的成分，如氢气、甲烷和水。米勒和尤里发现在这样的环境下，很容易合成氨基酸。

◆ 双螺旋（DOUBLE HELIX，1953 年）

通过借鉴对 DNA 中核苷酸的前期研究，美国分子生物学家詹姆斯·沃森和英国分子生物学家弗朗西斯·克里克，用纸和电线尝试了不同的核苷酸组合模型，并最终确定交织的两条核苷酸链——也就是我们今天所说的双螺旋。

◆ 录像机（VCR，1956 年）

美国工程师查尔斯·保尔森·金斯伯格（Charles Paulson Ginsburg）通常被认为是录像机的发明者，或者说是盒式录音机（cassette recorder）的发明者。他在美国安培公司（Ampex Corporation）工作时，通过在磁带上施加高频信号，实现了这一发明。

◆ 激光（LASER，1958 年）

美国物理学家亚瑟·肖洛（Arthur L. Schawlow）和查尔斯·汤斯（Charles H. Townes）在贝尔实验室工作的时候，开始大幅研究红外线或可见光辐射，最初开发了所谓的“微波激射放大器”（maser），后来演变成了“受激辐射式光频放大器”（light amplification by stimulated emission of radiation），即激光。

◆ 全球定位系统（GPS，1958 年）

全球定位系统，一个使用卫星作为参照点来计算地理位置的导航系统，是由美国工程师伊万·格廷（Ivan Getting）和他的团队在美国国防部门的授意下，在雷神公司研制的。GPS 的研发是立足于吉尔和韦芬巴赫在 1957 年，对斯普特尼克号（Spuntnik，苏联发射的人类第一颗人造卫星）的卫星轨道进行跟踪的基础之上的。

◆ 宇宙微波背景辐射（COSMIC MICROWAVE BACKGROUND RADIATION，1965 年）

在贝尔实验室检测接收系统所收到的信号时，美国天文学家阿尔诺·彭齐亚斯和罗伯特·威尔逊被一个他们无法识别的信号困扰了很久，最终他们才意识到，这是宇宙微波背景辐射——宇宙大爆炸时残留的无线电痕迹。

◆ 脉冲星（PULSARS，1967 年）

脉冲星看起来就像是在眨眼的一颗中子星。1967 年，当时还是研究生的乔斯林·贝尔·伯内尔（Jocelyn Bell Burnell）观测和发现了脉冲星。伯内尔的指导教授、英国天文学家安东尼·休伊什（Antony Hewish）后来因此获得了诺贝尔奖。

◆ RNA 也具有遗传性（RNA ALSO GENETIC，1967 年）

与之前 DNA 携带遗传物质的发现交相辉映，1967 年，美国微生物学家卡尔·乌斯（Carl Woese）提出了 RNA（核糖核酸）也能够存储基因之类的信息，并指出“它可能参与了早期细胞出现之前的生命发展”的理论。

◆ 限制性内切酶（RESTRICTION ENZYMES，1968 年）

1968 年，限制性内切酶首次被遗传学家史密斯（H. O. Smith）、威尔考克斯（K. W. Wilcox）和凯利（T. J. Kelly），在约翰·霍普金斯大学（Johns Hopkins University）从细菌中提取出来。限制性内切酶能剪开特定的 DNA 序列，为未来 DNA 分子重组的研究开辟了一条道路。

◆ 图形用户界面（GRAPHICAL USER INTERFACE，1968—1974 年）

在电脑屏幕上运用视觉隐喻来代表数据，以及将鼠标作为定位设备的概念可以追溯到斯坦福大学道格拉斯·恩格尔巴特教授的著名演示。1963 年，伊凡·萨瑟兰（Ivan Sutherland）的“绘画板”（Sketchpad）项目也体现了图形用户界面的一些元素。20 世纪 70 年代，这一想法被施乐帕克实验室（Xerox PARC lab）改善并拓展。

◆ 因特网（INTERNET，1970—1975 年）

在许多计算机科学家的协助下，基于前期对分组交换网络的研究和实验，美国科学家文顿·瑟夫（Vinton Cerf）在美国国防部高级研究计划署（Advanced Research Projects Agency，ARPA）的支持下，设计和创建了互联网的原始模型。

◆ CT 扫描仪（CT SCAN，1971 年）

在英国卫生和社会服务部（British Department of Health and Social Services）的资助下，英国电气工程师高弗雷·豪斯费尔德（Godfrey Hounsfield）构想并设计了第一台 CT 扫描仪（计算机化 X 射线轴向分层造影，computerized axial tomography）——通过多束围绕人体发射的 X 光，形成一个近似三维的立体图像。

◆ 核磁共振成像（MRI，1974 年）

建立在早期发明者的基础之上，雷曼·达马迪安（Raymond Damadian）发现可以利用核磁共振成像来辨别肿瘤组织与正常组织。

◆ 内啡肽（ENDORPHINS，1975 年）

内啡肽几乎在同一时间被两个独立的研究小组所发现。美国科学家约翰·休格斯（John Hughes）和出生在德国的英国生物学家汉斯·科斯特利茨（Hans Kosterlitz）进行了一项研究，即从猪脑中移除了一个氨基酸分子，他们相信这将有助于研究大脑的吗啡受体。在他们发表的研究结果中，内啡肽首次被人类所提及。

◆ 个人计算机（PERSONAL COMPUTER，1976年）

1976年，据传是在一个车库中，从大学辍学创业的史蒂夫·沃兹尼亚克和史蒂夫·乔布斯发明了第一台个人计算机，或者说是微型计算机——第一代苹果机（Apple I）。虽然在这之前就有过许多重要的电脑模型，包括牛郎星（Altair），但是第一代苹果机是第一台使用单一电路板的电脑。

◆ 致癌基因（ONCOGENES，1976年）

1970年，美国免疫生物学家迈克尔·毕晓普（J. Michael Bishop）和细胞生物学家哈罗德·瓦尔姆斯（Harold Varmus）发现了第一个人类致癌基因，增进了人们对癌症以及恶性肿瘤形成原因的理解。

◆ RNA剪接（RNA SPLICING，1977年）

因为独立发现了基因剪接（gene-splicing）技术——去除内含子（introns），英国生物化学家理查德·罗伯茨（Richard J. Roberts）和美国人菲利普·夏普（Phillip A. Sharp）共享诺贝尔奖。不过，对于罗伯茨的同事并未受到应有的关注一事，人们还是有所争议。

◆ 古细菌（ARCHAEA，1977年）

因为意识到许多生物体并不适用于植物或动物的传统分类，美国微生物学家卡尔·乌斯和他的同事们创造了一个新的生物类群：古细菌（archaebacteria）。

◆ 全球变暖（GLOBAL WARMING，1970—1980年）

虽然在整个20世纪，人们都认为二氧化碳增多有可能导致全球变暖，但是对于全球变暖的科学研究一直都没有达到临界量，直到20世纪七八十年代，一大群不同领域的科学家才开始追踪、模拟地球大气层的变化。

◆ 小行星撞击导致大规模物种灭绝的理论（ASTEROID EXTINCTION，1980 年）

1980 年，科学家路易斯（Luis）和沃尔特·阿尔瓦雷斯（Walter Alvarez）父子，在大量地质证据的基础上，提出了一颗小行星于 65 万年前撞上了地球，并造成了恐龙灭绝的理论。

◆ DNA 鉴定（DNA FORENSICS，1984 年）

英国遗传学家亚历克·杰弗里斯（Alec Jeffreys）在 DNA 实验中查看 X 射线时，意外地发现 DNA 在亲属之间有差异，从而发现了 DNA 指纹图谱。杰弗里斯很快就意识到，DNA 指纹图谱可以作为身份识别的工具。不过，杰弗里斯的方法在被众多科学家完善之后，才得以在刑事案件中应用。

◆ 宇宙加速膨胀（UNIVERSE ACCELERATING，1988 年）

基于对白矮星爆炸产生的恒星的观测，由天文学家亚当·里斯（Adam Riess）和布莱恩·施密特（Brian Schmidt）领导的高红移超新星搜寻小组（High-Z Supernova Team，HZT），确定宇宙正在加速膨胀。

◆ 万维网（WORLD WIDE WEB，1989—1992 年）

英国软件工程师蒂姆·伯纳斯–李在欧洲粒子物理实验室（CERN）任职时，几乎是完全独立地设计出万维网的程序，企图创造一个“超文本的笔记本”，而他的灵感则是来源于童年时期对一部百科全书的记忆。

◆ 伽玛射线暴（GAMMA RAY BURST，1997 年）

伽玛射线暴于 1976 年首次被非机密军事卫星观测到——它是从遥远的外太空照射过来的伽玛射线。伽玛射线暴让科学家们很困惑，因为科学家不能确定它的性质或者来源。直到 1997 年，意大利和荷兰合作研制的人造卫星 BeppoSAX 号，定位了伽玛射线暴的位置之后，科学家们才了解，这些射线是由残余的 X 射线辐射所形成的。

湛庐，与思想有关……

如何阅读商业图书

商业图书与其他类型的图书，由于阅读目的和方式的不同，因此有其特定的阅读原则和阅读方法，先从一本书开始尝试，再熟练应用。

阅读原则1 二八原则

对商业图书来说，80%的精华价值可能仅占20%的页码。要根据自己的阅读能力，进行阅读时间的分配。

阅读原则2 集中优势精力原则

在一个特定的时间段内，集中突破20%的精华内容。也可以在一个时间段内，集中攻克一个主题的阅读。

阅读原则3 递进原则

高效率的阅读并不一定要按照页码顺序展开，可以挑选自己感兴趣的部分阅读，再从兴趣点扩展到其他部分。阅读商业图书切忌贪多，从一个小主题开始，先培养自己的阅读能力，了解文字风格、观点阐述以及案例描述的方法，目的在于对方法的掌握，这才是最重要的。

阅读原则4 好为人师原则

在朋友圈中主导、控制话题，引导话题向自己设计的方向去发展，可以让读书收获更加扎实、实用、有效。

阅读方法与阅读习惯的养成

（1）回想。阅读商业图书常常不会一口气读完，第二次拿起书时，至少用15分钟回想上次阅读的内容，不要翻看，实在想不起来再翻看。严格训练自己，一定要回想，坚持50次，会逐渐养成习惯。

（2）做笔记。不要试图让笔记具有很强的逻辑性和系统性，不需要有深刻的见解和思想，只要是文字，就是对大脑的锻炼。在空白处多写多画，随笔、符号、涂色、书签、便签、折页，甚至拆书都可以。

（3）读后感和PPT。坚持写读后感可以大幅度提高阅读能力，做PPT可以提高逻辑分析能力。从写读后感开始，写上5篇以后，再尝试做PPT。连续做上5个PPT，再重复写三次读后感。如此坚持，阅读能力将会大幅度提高。

（4）思想的超越。要养成上述阅读习惯，通常需要6个月的严格训练，至少完成4本书的阅读。你会慢慢发现，自己的思想开始跳脱出来，开始有了超越作者的感觉。比拟作者、超越作者、试图凌驾于作者之上思考问题，是阅读能力提高的必然结果。

好的方法其实很简单，难就难在执行。需要毅力、执著、长期的坚持，从而养成习惯。用心学习，就会得到心的改变、思想的改变。阅读，与思想有关。

［特别感谢：营销及销售行为专家 孙路弘 智慧支持！］

我们出版的所有图书，封底和前勒口都有“湛庐文化”的标志

湛庐文化
Cheers Publishing
a mindstyle business 与思想有关

并归于两个品牌

财富汇　　心视界

找“小红帽”

为了便于读者在浩如烟海的书架陈列中清楚地找到湛庐，我们在每本图书的封面左上角，以及书脊上部47mm处，以红色作为标记——称之为**“小红帽”**。同时，封面左上角标记**“湛庐文化** Slogan”，书脊上标记**“湛庐文化** Logo”，且下方标注图书所属品牌。

湛庐文化主力打造两个品牌：**财富汇**，致力于为商界人士提供国内外优秀的经济管理类图书；**心视界**，旨在通过心理学大师、心灵导师的专业指导为读者提供改善生活和心境的通路。

阅读的最大成本

读者在选购图书的时候，往往把成本支出的焦点放在书价上，其实不然。

时间才是读者付出的最大阅读成本。

阅读的时间成本=选择花费的时间+阅读花费的时间+误读浪费的时间

湛庐希望成为一个“与思想有关”的组织，成为中国与世界思想交汇的聚集地。通过我们的工作和努力，潜移默化地改变中国人、商业组织的思维方式，与世界先进的理念接轨，帮助国内的企业和经理人，融入世界，这是我们的使命和价值。

我们知道，这项工作就像跑马拉松，是极其漫长和艰苦的。但是我们有决心和毅力去不断推动，在朝着我们目标前进的道路上，所有人都是同行者和推动者。希望更多的专家、学者、读者一起来加入我们的队伍，在当下改变未来。

湛庐文化2008-2013年获奖书目

《大数据时代》
国家图书馆“第九届文津奖”十本获奖图书之一
CCTV“2013中国好书”25本获奖图书之一
《光明日报》2013年度《光明书榜》入选图书
《第一财经日报》2013年第一财经金融价值榜“推荐财经图书奖”
2013年度和讯华文财经图书大奖
2013亚马逊年度图书排行榜经济管理类图书榜首
《中国企业家》年度好书经管类TOP10
《创业家》“5年来最值得创业者读的10本书”
《商学院》“2013经理人阅读趣味年报•科技和社会发展趋势类最受关注图书”
《中国新闻出版报》2013年度好书20本之一
2013百道网•中国好书榜•财经类TOP100榜首
2013蓝狮子•腾讯文学十大最佳商业图书和最受欢迎的数字阅读出版物
2013京东经管图书年度畅销榜上榜图书，综合排名第一，经济类榜榜首

《爱哭鬼小隼》
国家图书馆“第九届文津奖”十本获奖图书之一
《新京报》“2013年度童书”
《中国教育报》“2013年度教师推荐的10大童书”
新阅读研究所“2013年度最佳童书”

《牛奶可乐经济学》
国家图书馆“第四届文津奖”十本获奖图书之一
搜狐、《第一财经日报》2008年十本最佳商业图书

《影响力》（经典版）
《商学院》“2013经理人阅读趣味年报•心理学和行为科学类最受关注图书”
2013亚马逊年度图书分类榜心理励志图书第八名
《财富》鼎力推荐的75本商业必读书之一

《影响力》（教材版）
《创业家》“5年来最值得创业者读的10本书”

《大而不倒》
《金融时报》•高盛2010年度最佳商业图书入选作品
美国《外交政策》杂志评选的全球思想家正在阅读的20本书之一
蓝狮子•新浪2010年度十大最佳商业图书，《智囊悦读》2010年度十大最具价值经管图书

《第一大亨》
普利策传记奖，美国国家图书奖
2013中国好书榜•财经类TOP100

《卡普新生儿安抚法》（最快乐的宝宝1•0~1岁）
2013新浪“养育有道”年度论坛养育类图书推荐奖

《正能量》
《新智囊》2012年经管类十大图书，京东2012好书榜年度新书

《认知盈余》
《商学院》“2013经理人阅读趣味年报•科技和社会发展趋势类最受关注图书”
2011年度和讯华文财经图书大奖

《神话的力量》
《心理月刊》2011年度最佳图书奖

《真实的幸福》
《职场》2010年度最具阅读价值的10本职场书籍

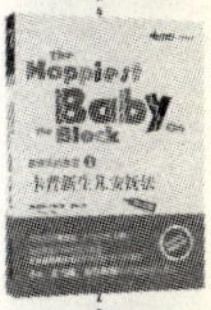

湛庐文化 Cheers Publishing
a mindstyle business 与思想有关

延伸阅读

《富足》

◎ X 大奖创始人、奇点大学执行主席彼得·戴曼迪斯震撼之作！

◎ 戴曼迪斯以丰富而有力的证据告诉我们：指数型增长的技术、“DIY”创新者、科技慈善家和崛起中的 10 亿人是实现人类富足的 4 大力量，未来比我们想象的更美好！

◎ 李嘉诚案头最显眼的重磅著作，政府、行业和企业家通向未来的战略路线图。

扫码直达本书购买链接

《技术的本质》

◎ 复杂性科学奠基人、首屈一指的技术思想家、“熊彼特奖”得主布莱恩·阿瑟最新力作。

◎ 谷歌 Java 程序开发的灵感源泉，技术理论体系的先河之作，前所未有的关于技术产生和进化的系统性理论，一次打开“技术黑箱”的尝试性创新探索。

◎ 谷歌董事长埃里克·施密特 、硅谷精神教父凯文·凯利、汪丁丁、段永朝、陈劲、包国光联袂推荐。

扫码直达本书购买链接

《大数据时代》

◎ 大数据时代的预言家、《科学》《自然》等著名学术期刊最推崇的互联网研究者之一维克托·迈尔 - 舍恩伯格经典力作。

◎ 展示了谷歌、微软、亚马逊、IBM、苹果、Facebook、Twitter、VISA 等大数据先锋们最具价值的应用案例，是迄今为止全世界最好的一本大数据专著。

◎ 宽带资本董事长田溯宁，微软全球资深副总裁张亚勤，知名 IT 评论人谢文，云华时代智能科技有限公司董事长郭昕等重磅推荐。

扫码直达本书购买链接

《第三种创新》

◎ 创新管理权威专家，米兰理工大学管理学院与设计学院教授，意大利设计界最高荣誉“金罗盘奖”得主罗伯托·维甘提最新力作。

◎ 本书对企业管理人员来说无疑是一本实用指南，书中详细描述了创新团队是如何集合到一起通力合作，并创新出让消费者惊喜的新产品。

扫码直达本书购买链接

图书在版编目（CIP）数据

伟大创意的诞生：创新自然史 /（美）约翰逊著；盛杨燕译．—杭州：浙江人民出版社，2014.8

ISBN 978-7-213-06075-5

Ⅰ．①伟…　Ⅱ．①约…　②盛…　Ⅲ．①企业管理　Ⅳ．①F270

中国版本图书馆 CIP 数据核字（2014）第 096557 号

浙江省版权局
著作权合同登记章
图字:11-2014-87 号

上架指导：创新管理 / 创新史

伟大创意的诞生：创新自然史

作　　者：［美］史蒂文·约翰逊　著
译　　者：盛杨燕　译
出版发行：浙江人民出版社（杭州体育场路347号　邮编　310006）
市场部电话：（0571）85061682　85176516
集团网址：浙江出版联合集团　http://www.zjcb.com
责任编辑：金　纪
责任校对：朱晓阳
印　　刷：藁城市京瑞印刷有限公司
开　　本：720mm × 965mm　1/16　　**印　　张：**16.25
字　　数：21.2 万　　**插　　页：**4
版　　次：2014 年 8 月第 1 版　　**印　　次：**2014 年12月第 2 次印刷
书　　号：ISBN 978-7-213-06075-5
定　　价：52.90 元

如发现印装质量问题，影响阅读，请与市场部联系调换。